**최고의 팀은 무엇이 다른가**

『최고의 팀은 무엇이 다른가』 개정증보판은
대니얼 코일의 2018년작 『THE CULTURE CODE』와
2022년 출간한 『THE CULTURE PLAYBOOK』을 합본하여 개정한 판본입니다.

# THE SECRETS OF

# 최고의 팀은 무엇이 다른가

대니얼 코일 지음 | 박지훈 · 박선령 옮김

# HIGHLY
# SUCCESSFUL
# GROUPS

웅진 지식하우스

**일러두기**

1. 『최고의 팀은 무엇이 다른가』는 박지훈 역자가, 뒤쪽에 새롭게 덧붙인 『팀워크를 예술로 만드는 60가지 방법』은 박선령 역자가 우리말로 옮겼습니다.
2. 단행본은 『 』, 신문과 잡지는 《 》, 영화 · TV프로그램 · 예술작품 제목은 〈 〉로 표기했습니다.

팀워크란 공통의 비전을 향해
함께 일하는 능력이자, 평범한 사람들이
비범한 성과를 달성하도록 만드는 연료다.

**– 앤드류 카네기**Andrew Carnegie

최고의 성과를 내는 조직의 비결은 도대체 무엇일까? 많은 리더와 경영자가 가장 찾고 싶은 답을, 이 책은 누구나 배우고 단련할 수 있는 3가지 원칙으로 선명하게 제시한다. 소속 신호, 취약성을 드러내는 협동, 그리고 공통의 비전 설정이 바로 그것이다. 특히 리더가 자신의 취약성을 기꺼이 드러내고 구성원에게 도움을 청하는 것이 최고의 팀들의 비결이라는 통찰은 매우 놀랍다. 이번 합본판에 담긴 상세한 실천 기법들과 함께라면, 어떤 조직이든 '최고의 팀'이 될 수 있으리라 확신한다.

— 신수정(KT Enterprise 부문장, 『일의 격』, 『통찰의 시간』 저자)

오랫동안 이 책을 기다려왔고, 상상했던 것보다 훨씬 훌륭하다. 대니얼 코일은 위대한 집단 속에 숨겨진 마법을 매우 영리하고 매혹적으로 정리해냈다. 이 책만 있으면, 조직 문화를 다룬 다른 책들은 모두 물에 던져버려도 좋다.

— 애덤 그랜트(와튼스쿨 조직심리학 교수, 『오리지널스』, 『기브 앤 테이크』 저자)

성공하는 집단의 비밀을 알고 싶다면, 이보다 더 확실한 가이드는 없을 것이다. 그들이 전달하는 신호, 그들이 말하는 언어, 창의력을 자극하는 단서가 담긴 이 책은 빛나는 통찰과 현실감각을 겸비한 경이로움 그 자체다.

— 찰스 두히그(『습관의 힘』, 『1등의 습관』 저자)

더 효율적이고 행복한 팀을 만들기 위해 이보다 핵심적인 가이드는 없다.
팀을 이끄는 리더와 팀의 구성원 모두에게 강력하게 추천한다.

— **라즐로 복**(전 구글 인사 담당 수석 부사장, 『구글의 아침은 자유가 시작된다』 저자)

환상적인 팀워크를 어떻게 만들지 고민하고 있다면, 이 책을 꼭 읽어라.
날카로운 통찰이 담긴 유쾌하면서도 실용적인 조언들을 따라가다 보면,
분명 원하는 성과를 이룰 것이다.

— **에이미 에드먼슨**(하버드 경영대학원 교수, 『두려움 없는 조직』 저자)

엘리트에 대한 낡은 환상을 능수능란하게 깨고 제대로 된 노하우를 제시
한다. 누군가를 이끌고, 좋은 조직을 만들고, 최고의 문화를 이루고자 하
는 모든 사람들에게 없어서는 안 될 책이다.

— **리치 디비니**(전 네이비실 수석 사무관, 배리웨이밀러리더십연구소 소장)

놀랍다. 모든 페이지마다 깊은 통찰과 아이디어가 한가득 담겨 있다. 우
리가 어떻게 일해야 하는지, 사람들을 이끄는 방법과 세계를 변화시킬 만
한 이야기들이 파노라마처럼 펼쳐진다.

— **세스 고딘**(『이카루스 이야기』, 『마케팅이다』 저자)

# 유치원생들은
# 어떻게 MBA 팀을 이겼을까

질문을 하나 해보자. 아마 인류 역사에서 가장 오래된 질문일지도 모르겠다. 왜 어떤 집단은 구성원을 합친 것보다 커지는데, 어떤 집단은 합친 것보다 작아지는 걸까?

몇 년 전, 노키아의 최고경영자인 피터 스킬먼(Peter Skillman)은 이 비밀을 밝혀보려고 나섰다. 그는 경영대학원생부터 변호사, 공학자, 디자이너, 건축가, 유치원생까지 다양한 집단에 속한 사람들에게 문제를 냈다. 다음의 소품을 이용해 바닥에 세웠을 때 가장 높은 탑을 쌓는 미션이었다.

- 조리하지 않은 스파게티 20봉지
- 투명 테이프 1미터
- 노끈 1미터
- 일정한 사이즈의 마시멜로

단, 규칙 하나를 지켜야 했다. 마시멜로를 탑 꼭대기에 올리는 것이었다. 실험 자체보다도 참가자들의 행동이 훨씬 흥미로웠는데, 그중에서도 특히 경영대학원생으로 이루어진 팀과 유치원생으로 이루어진 팀이 확연한 차이를 보였다.

경영대학원생들은 물 만난 고기처럼 적극적으로 의견을 교환하고 전략적으로 사고했다. 소품을 살피며 아이디어를 나누고, 오랜 고민 끝에 난해한 질문을 던졌다. 그들은 몇 가지 안을 마련한 다음 가장 가능성 높은 아이디어를 다듬었다. 아주 전문적이고 합리적이며 지적인 과정이었다. 하나의 전략을 세운 그들은 역할을 나눠 작업을 시작했다.

그러나 유치원 아이들은 접근 방식이 달랐다. 아이들은 전략을 세우지 않았다. 분석을 하거나 경험을 나누지도 않았다. 질문하지도, 방안을 제시하지도, 아이디어를 다듬지도 않았다. 아이들은 거의 이야기를 나누지 않았고 서로 어깨를 맞대고 서 있는 게 전부였다. 소통은 서투르고 매끄럽지 못했다. 아이들 모두 재료를 확 움켜쥔 다음 무작정 쌓기 시작했다. 아무런 계획도, 전략도 없었다. 간혹 짧은 단어만이 터져 나올 뿐이었다.

"여기야!"

"아니야, 여기야!"

한마디로 표현하자면, 아이들의 기술은 자질구레한 방법을 한꺼번에 시도하는 것에 불과했다.

어느 팀이 이길지 내기를 한다면 누구나 같은 선택을 할 것이다. 지력, 기술, 경험을 갖춘 경영대학원생들이 당연히 더 잘 해낼 거라고 기대하기 때문이다. 집단의 성과를 가늠하는 일반적인 상식이다. 마치 2 더하기 2는 4가 되는 것처럼, 우리는 역량이 뛰어난 개인들이 모이면 연마된 기술을 더욱 잘 결합할 수 있다고 생각한다.

그런데 이를 어쩌나. 당신은 내기에서 지고 만다. 같은 실험을 수없이 반복한 결과 유치원 아이들은 평균 약 66센티미터 높이의 탑을 쌓았다. 이는 변호사 팀에서 쌓은 탑의 1.5배, 심지어 경영대학원 학생들이 쌓은 탑보다는 3배나 높은 결과였다.

많은 사람들은 의외의 결과를 선뜻 받아들이지 못한다. 지적인 데다 경험이 풍부하고 숙련된 경영대학원생이 서투르고 미숙한 유치원생보다 못한 결과물을 낼 것이라고는 그 누구도 예상하지 못했을 테니 말이다. 이처럼 현실과 다른 예측을 하는 이유는 무엇일까? 인생에서 겪는 많은 착각들과 마찬가지로, 본능적으로 틀린 것들에 반응하기 때문이다. 우리는 눈에 보이는 것, 즉 사람과 그 사람이 갖춘 기술에만 집중하는 경향이 있지만, 사실 중요한 것은 사람이 아니다. 진정 중요한 것은 소통이다.

겉보기에 경영대학원생들은 서로 돕는 것처럼 보이지만, 실제로는 심리학에서 말하는 지위 관리(status management)에 매진할 뿐이다. 그들은 큰 그림 속에서 자신의 역할과 자리를 찾는다. '책임을 맡을 사람이 누구지?', '저 사람의 아이디어를 비난해도 괜찮을까?', '어떤 규칙을 따라야 하지?' 같은 생각들로 머릿속이 가득 차 있다. 뿐만 아니라 원만히 소통이 이뤄지는 듯한 겉모습과 달리, 자세히 들여다보면 그들의 행동은 비효율적이고 망설임과 비생산적인 경쟁으로 점철되어 있다. 해야 할 일에 집중하는 대신 앞다퉈 불확실성을 찾아 헤매고, 자신의 지위를 지키는 데 많은 시간을 소비하다 보니 정작 문제의 본질을 놓치기도 한다(마시멜로는 생각보다 무겁고, 스파게티는 모양을 유지하기 어렵다). 결국 첫 시도는 실패로 돌아가고 시간에 쫓기게 된다.

반면, 유치원 아이들의 행동은 체계가 없는 것 같지만 단일한 독립체로는 효과적이고 효율적으로 행동한다. 그들은 지위를 두고 다투지 않는다. 아이들은 어깨를 맞대고 힘을 내 일한다. 재빠르고 민첩하게 움직이며 문제가 생기면 도우려고 나선다. 그렇게 아이들은 실험 내내 위험을 감수하고 결과를 관찰하며 효과적인 해결책을 찾아나간다.

유치원 아이들은 똑똑해서 이기는 게 아니다. 그들이 이기는 이유는 더 영리하게 협동하기 때문이다. 아이들은 단순하면서도 강력한 방법을 사용한다. 한데 모인 평범한 사람들이 아이들과 같은 방법을 쓴다면, 그들의 능력을 단순히 합한 것보다 더욱 큰 성과를 낼 수 있다. 이 책은 바로 이러한 방법이 어떤 원리로 작동하는가에 대한 이야기다.

집단 문화는 지구상에서 찾아볼 수 있는 가장 강력한 힘 중 하나이다. 우리는 성공한 기업, 우승컵을 거머쥔 스포츠 팀, 날로 번성하는 가문 등에서 특유의 문화를 감지할 수 있다. 반대로 그것이 없거나 오히려 독이 되는 경우도 있다. 이러한 집단 문화의 영향력은 수치로도 명확히 드러난다(하버드대학교의 기업문화 연구팀은 200개 이상의 사례를 분석한 끝에, 강력한 문화가 한 집단의 10년간 순이익을 765퍼센트 증가시켰다는 결과를 발표했다). 하지만 문화가 집단 내부에서 어떻게 작동하는지는 아직 오리무중이다. 누구나 자신이 속한 조직이나 기관, 공동체, 가족, 모임에 강력한 문화가 깃들기를 바라고 그러한 문화가 작동한다는 사실도 알고 있지만, 정작 작동 원리는 모르는 셈이다.

그 이유는 문화에 대한 우리의 고정관념에 있다. 구글이나 픽사 같은 IT 기업부터 미 해군 특수부대 네이비실(NavySEAL)까지, 최고의 성과를 내는 집단에 뿌리내린 강력하고도 탄탄한 문화는 어디에서 온 것일까?

많은 사람이 이러한 문화가 마치 DNA처럼 일부 선택받은 자들의 타고난 특성이라고 말한다. 문화란 운명이 정해주는 것이라고 말이다.

이 책은 조금 다르게 접근한다. 나는 지난 3년간 프로 스포츠 팀, 차터 스쿨, 특수부대, 영화사, 코미디 극단, 보석 도둑단 등 전 세계적으로 가장 성공한 집단들을 찾아다녔다. 모두 최소 10년 이상 해당 분야에서 상위 1퍼센트 이상의 성과를 기록한 집단으로, 대내외적으로 그들의 문화가 하나의 롤 모델로 평가받았다. 연구를 거듭한 끝에 나는 성공적인 집단은 일정한 행동 양식을 공유한다는 사실을 알게 되었고, 이는 타고난 성향이라기보다 배우고 단련할 수 있다는 걸 확신했다. 구성원들의 화합을 극대화하는 문화를 만들고 유지하기 위해, 그들은 3가지 원칙을 따르고 있었다. 그것은 곧 집단의 문화가 어떻게 작동하는지, 어떻게 그것을 활용해야 최고의 팀워크를 형성할 수 있는지 궁금증을 풀어줄 열쇠다.

이 책의 본편은 총 3부로 구성된다. 1부에서는 어떻게 미세한 신호가 '우리는 이어져 있다'라는 안정적인 결속을 만들어내고 소속감을 공유하는지 알아본다. 2부에서는 서로의 취약성을 드러내는 습관이 협동하는 관계를 형성하는 과정을 소개하고, 마지막 3부에서는 단순하지만 호소력 있는 말 한마디가 어떻게 공동의 목표를 수행할 수 있도록 모두에게 동기를 부여하는지에 대해 살펴본다. 이 3가지 기제는 아래에서부터 동시에 작동하면서, 구성원들을 서로 이어주고 이를 행동으로 옮기도록 도와준다. 참담한 위기의 순간을 딛고 최고의 자리에 오른 집단과 그 리더의 이야기들은 한 편의 즐거운 여행처럼 다가갈 것이다. 각 부 말미에는 당신이 속한 집단에 적용할 수 있는 구체적이고 풍부한 아이디어도 제시하고 있다.

지금부터 세계 최고의 성과를 이끌어내고 시너지를 발휘하는 문화의 세계로 들어간다. 그 안에서 부분의 합보다 훨씬 위대해지는 팀들의 비결을 만날 것이다. 성공적인 문화는 쉽게 손에 잡히지 않는 환상처럼 느껴질 수 있지만, 실상은 그렇지 않다. 문화란 공동의 목표를 향해 함께 전진하는 살아 숨 쉬는 일련의 관계다. 당신을 구성하는 것이 아니라, 당신과 동료들이 함께 실행하고 창조해내는 것이다.

# 차례

## PART 1  당신의 팀은 뿌리내릴 만한 곳인가

### Chapter 1  성과를 내는 조직의 공통점                                21

독사과 실험이 알려준 아웃라이어 그룹의 비결

좋은 케미를 만드는 10가지 소통법

심리적 안전의 원천, 소속 신호

신호 안에 답이 있다

### Chapter 2  소속 신호는 왜 중요한가                                  35

구글은 어떻게 업계의 거인을 쓰러뜨렸나

소속감은 안이 아니라 밖에서 형성된다

성공 사례1: 크리스마스의 정전 협정

성공 사례2: 모든 것을 바꾼 1시간짜리 연수

실패 사례: 미사일어 부대의 문제

# PART 2

## 취약점에 어떻게 대응하는가

통나무 PT에 숨겨진 협동의 원리

취약성 고리의 엔진: 즉흥극 〈해럴드〉의 비밀

"그들은 하나의 두뇌로 생각합니다"

지구상에서 가장 효율적인 팀을 이끈 리더십

빈라덴 암살 작전: 불편한 진실과 마주할 용기

벨 연구소의 의외의 성공 비결

적재적소에 꽂히는 질문 던지기

훌륭한 청자가 '우리'를 만든다

## PART 3  '우리'를 만드는 이야기가 있는가

벼랑 끝에 선 회사를 구한 1장짜리 사훈

모두가 같은 것을 보게 하는 법

이야기가 사람들을 움직인다

고목적 환경은 어떻게 만들어지는가

미슐랭 스타 레스토랑의 우선순위

중요한 가치일수록 이름을 붙여라
진부한 구호가 지닌 놀라운 힘

픽사가 집중한 단 한 가지
최악에서 최고를 만들어내는 메커니즘
지시자가 아닌 지원군이 되어라

**Book in Book**

# 팀워크를 예술로 만드는 60가지 방법

PART
# 1

# 당신의 팀은
# 뿌리내릴 만한 곳인가

---
Chapter 1
---

# 성과를 내는 조직의
# 공통점

## 독사과 실험이 알려준
## 아웃라이어 그룹의 비결

　　　　　　　　　여기 닉이라는 20대 청년이 있다. 검은 머리
의 미남인 그는 시애틀의 한 회의실에 편안하게 앉아 있다. 얼핏 보면 평
범한 미팅처럼 보이지만 실상은 그렇지 않다. 회의실에 들어온 다른 사람
들은 전혀 모르고 있지만, 사실 닉은 그 회의에서 성과를 내지 못하도록
방해하는 임무를 맡고 있다.

　닉은 윌 펠프스(Will Felps)의 실험에서 핵심적인 역할을 담당한다. 펠프
스는 오스트레일리아 뉴사우스웨일스대학교의 교수로 조직행동론을 연
구한다. 그는 닉에게 3가지 역할을 맡겼다. 공격적이고 도전적인 훼방꾼
인 '저크(Jerk)', 노력을 전혀 기울이지 않는 '슬래커(Slacker)', 동화『곰돌이
푸』의 늙은 당나귀 이요르처럼 무기력하고 풀 죽은 '다우너(Downer)'다.

펠프스는 스타트업의 마케팅 계획을 수립하는 40개 그룹을 대상으로 이 역할을 실험해보았다. 마치 생물학자가 인체에 바이러스를 주입하듯, 닉을 여러 집단 속에 심어놓고 반응을 살핀 것이다. 펠프스는 이 실험을 가리켜 '독사과 실험'이라고 불렀다.

닉은 악역을 매우 잘 수행했다. 실제로 그의 행동은 거의 모든 집단의 성과를 30~40퍼센트 정도 떨어뜨렸다. 저크, 슬래커, 다우너 모두 비슷한 비율이었다.

"처음에는 모두가 활력에 넘쳐 미팅에 참여합니다. 그때 다우너를 자처한 닉이 조용히 피곤한 티를 내다가 책상 위에 엎드리는 거죠." 펠프스는 말했다. "이후 시간이 흐를수록 팀원들 모두 피곤해하고 말수가 줄어들고 활력을 잃었어요. 결국에는 나머지 3명이 닉처럼 책상에 팔을 올리고 엎드리는 장면이 연출되었습니다."

닉이 슬래커를 연기할 때도 비슷한 현상이 일어났다. "이 집단은 금세 낌새를 알아차렸어요." 펠프스는 이렇게 설명했다. "그들은 어떻게든 프로젝트를 서둘러 해치웁니다. 흥미로운 건, 나중에 일에 대해 물어보면 겉으로는 아주 그럴듯한 태도를 보인다는 거죠. '우리는 아주 잘했고, 일 자체를 즐겼어요'라고 말입니다. 하지만 실상은 그렇지 않습니다. 그들은 프로젝트를 중요하게 여기지도 않고, 시간과 에너지를 투입할 가치가 없다는 태도로 일관했어요. 누군가가 나서서 슬래커와 다우너에게 화를 낼 거라고 예상했지만 아무도 나서지 않더군요. 마치 이런 투였죠. '그래, 이런 식으로 흘러간다면, 나도 슬래커나 다우너가 될 거야.'"

그러나 예외가 있었다.

"바로 아웃라이어 그룹입니다. 닉은 저에게 한 집단만은 정말 달랐다고 말했습니다. 관심이 확 쏠리더군요. 이 집단은 닉의 방해 공작에도 훌륭한 성과를 냈습니다. 닉은 딱 한 사람에게 그 공을 돌렸습니다. 그 친구는 아무리 훼방을 놓아도 소용이 없었습니다. 닉이 성을 낼 정도였죠. 이 친구는 훼방을 무력화하는 방법을 찾아내 사람들을 회의에 끌어들였고, 모두가 목표를 향해 매진하도록 만들었습니다."

이 친구의 이름은 조녀선이다. 그는 조용하고 침착한 목소리와 편안한 미소를 지닌 마른 체형의 곱슬머리 청년이다. 독사과를 자처한 닉이 안간힘을 써도 조녀선의 집단은 주의 깊고 활력이 넘쳤다. 그들은 높은 성과를 일궜다. 더욱 놀라웠던 것은, 조녀선이 아무 일도 하지 않는 것처럼 보였다는 점이다.

"처음에는 보이지 않았던 아주 단순한 것들이 내 방해 공작을 꺾어놓았죠." 펠프스의 말이다. "닉이 저크다운 행동을 개시하면, 조녀선은 몸을 숙이고 보디랭귀지를 구사합니다. 거들먹거리지 않고, 껄껄 웃거나 미소를 지으며 회의실에서 위험 요소를 끌어내 상황을 무마시킵니다. 언뜻 보면 별다를 것 없지만, 더 자세히 지켜보면 아주 불가사의한 일이 벌어지기 시작합니다."

펠프스는 몇 번이고 조녀선의 행동을 관찰하며 마치 테니스 선수의 서브나 댄서의 스텝을 분석하듯 그의 일거수일투족을 분석했다. 그의 행동에는 일정한 패턴이 있었다. 닉이 저크처럼 행동하면 조녀선은 즉시 사려 깊고 자상한 태도를 취해 부정적인 기운을 차단했고, 불안해질 수 있는 상황을 견고하고 안전하게 바꿔놓았다. 그러고는 화제를 돌려 다른 사람들의 관심을 끌 수 있는 간단한 질문을 던지고, 열심히 답변을 들은 다음 적절한 반응을 보였다. 활력이 샘솟았다. 사람들은 마음을 열고 아이디어를 나누며 통찰과 협력의 고리를 이어나갔다. 닉이 소통을 방해하는 독사과라면, 조너선은 사람들의 화합을 극대화시켜 성과를 이끌어내는 꿀사과였다.

"기본적으로, 조너선은 상황을 안전하게 만든 다음 다른 사람에게 시선을 돌려 이렇게 묻습니다. '여기에 대해 어떻게 생각하세요?'" 펠프스는 말을 이었다. "조너선은 심지어 닉에게도 종종 질문을 던졌습니다. '당신이라면 어떻게 하겠어요?' 상대방의 대답을 들은 뒤에 조너선은 이렇게 말했지요. '보세요, 아주 쉽고 재미있지 않나요? 모두들 어떤 생각을 갖고 있는지 궁금해요.' 이토록 간단하고 사소한 행동이 모든 사람들을 끌어들여 일에 몰입하게 만든다는 사실이 놀라웠습니다." 원래의 의도와 달리 닉의 행동조차 유익하게 작동하는 순간이었다.

독사과 실험은 2가지 측면에서 놀라움을 선사한다. 첫째, 집단의 성과가 지력이나 기술, 경험 같은 측정 가능한 능력 대신 미세한 행동에 좌우된다는 사실이다. 조너선의 작은 행동이 모든 변화를 유도했듯이.

둘째, 조너선에게 강력한 리더의 모습이 보이지 않았다는 사실이다. 조너선은 강력한 리더라면 으레 취할 것으로 예상되는 행동을 전혀 보여주지 않고도 높은 성과를 달성했다. 그는 자신이 책임을 떠맡지도 않았고, 다른 사람에게 무언가를 시키지도 않았다. 심지어 전략을 세우거나 동기를 불어넣거나 비전을 제시하지도 않았다. 대신 직접 나서기보다 다른 사람들이 일할 수 있는 여건을 만들고, 서로 끈끈하게 이어져 있다고 누구나 느끼는 환경을 조성했다. 조너선의 집단은 그들이 똑똑하기 때문이 아니라, 안전하기 때문에 성공한 것이다.

## 좋은 케미를 만드는
## 10가지 소통법

우리는 안전이라는 요인을 그다지 중요하게 생각하지 않는다. 그러나 안전만큼 구성원의 화합을 이끌어내는 동기는 없다. 더 깊이 들어가보자. 안전은 어디에서 비롯될까? 안전을 확보하려면 어떻게 해야 할까?

뛰어난 성과를 내는 집단에 속한 사람들에게 서로의 관계를 한 단어로 묘사해보라고 하면 그들은 대부분 같은 단어를 선택한다. '친구'나 '조직', '집단' 혹은 이와 비슷한 단어가 아니다. 그들이 내세우는 단어는 '가족'이다. 그리고 그들은 유사한 방식으로 그 관계가 주는 느낌을 표현한다. 픽사의 '픽사리언', 구글의 '구글러', 자포스의 '자포니언', KIPP의 '킵스터'처럼 말이다.

딱히 설명하기는 어렵지만, 뭔가 제대로 흘러간다는 느낌이랄까요. 몇 번이고 그만두려 했지만 결국 다시 돌아오게 되더군요. 어디에서 그런 기분을 또 경험할 수 있을까요. 동료들이 꼭 형제 같아요.
—크리스토퍼 볼드윈(네이비실 팀 6 소속)

이성과는 거리가 있어요. 매우 이성적인 사람은 여기에서 일어나는 일들을 감당하지 못할 겁니다. 팀의 경계를 넘어 다른 사람의 인생에까지 영향을 미칠 수 있는 팀워크가 숨 쉬고 있지요.
—조 니그론(KIPP 차터 스쿨 교장)

때로는 커다란 위험을 감수해야 하죠. 그래도 전진하고 있어요. 내가 무슨 일을 해도 동료들이 도와줄 거라는 확신……. 그런 느낌에 중독된 것 같아요.

—네이트 던(업라이트 시티즌 극단 배우)


우리 모두는 한 식구나 다름없어요. 위험 부담을 더 많이 지고, 서로에게 허락을 구하고, 다른 집단에서는 결코 용인되지 않는 취약한 순간을 공유하기 때문이죠.

—두에인 브레이(아이디오 직원)


처음 이 단체들을 방문했을 때, 나는 그들만의 소통 방식을 명확하게 감지할 수 있었다. 그 패턴은 거창한 부분에서 드러나기보다 사회적 교류가 일어나는 순간순간에 자리 잡고 있었다. 이러한 소통 방식은 기업, 군대, 영화사, 학교 등 부문을 가리지 않고 일관되게 나타났다.


▶ 물리적 공간이 가깝다(소모임의 형태로 나타나기도 함).
▶ 자주 시선을 마주친다.
▶ 스킨십이 일상적으로 일어난다(악수하거나 주먹을 맞대거나 포옹하기).
▶ 짧은 시간 내에 활발한 대화를 나눈다(긴 연설이 없음).
▶ 모두가 모두와 대화하며 깊이 어울린다.
▶ 다른 사람의 말을 끊지 않는다.
▶ 많은 양의 질문이 오간다.
▶ 다른 사람의 말을 집중해서 경청한다.

▶ 유머 코드를 잘 활용하여 회의 중에도 화기애애하다.

▶ 소소하지만 배려 넘치는 행동을 보인다(감사 인사, 문 열어주기 등).

각각의 단체들을 취재할 때마다 나는 뭔가에 중독된 기분이었다. 하루 이틀 더 머무를 핑계를 만들어서라도 출장을 연장하고 싶었다. 심지어 그들과 함께 일하기 위해 직업을 바꾸면 어떨까 하는 생각조차 들었다. 잠시나마 그 집단의 일원으로 있다 보면, 더 끈끈한 교류를 열망하지 않을 수 없었다.

이러한 집단 소통을 '케미(chemistry)'라고도 말한다. 좋은 케미를 지닌 집단을 만나면 누구나 바로 느낄 수 있을 것이다. 기묘하고도 강력하고, 흥분되면서도 몹시 편안한 기분이 어우러져 다른 집단과 차별화되는 특별함이 신비롭게 반짝인다. 이를 예상하거나 제어할 수 있는 방법이 과연 있을까?

## 심리적 안전의 원천, 소속 신호

매사추세츠주 케임브리지에 위치한 현대식 빌딩 3층에는 집단 케미의 작동 원리를 연구하는 과학자들이 모여 있다. 바로 MIT 휴먼다이내믹스연구소(The MIT Human Dynamics Lab)이다. 사무실 안에는 영국식 전화 부스와 알루미늄 포일 팬츠를 입은 마네킹이 버젓이 세워져 있고 천장에 미니 롤러코스터가 매달려 있다. 외관부터 범상치 않은 이 연구소의 책임자는 컴퓨터과학 교수 알렉스 샌디 펜틀랜드(Alex Sandy Petland)이다. 반짝이는 눈동자에 회색 턱수염이 무성한 그는, 위성

사진을 통해 비버 둥지를 연구하기 시작해 어떤 상황에서도 바뀌지 않는 행동의 숨은 패턴을 수립했다.

"인간의 시그널링은 다른 동물의 시그널링과 유사합니다." 펜틀랜드는 아담한 사무실의 커피 테이블에 앉아 말문을 열었다. "흥미도를 측정할 수 있습니다. 누가 우두머리고, 누가 협력자이고, 누가 흉내 내는 데 그치고, 누가 동조하는지 등을 말입니다. 대부분의 사람들은 이러한 소통 수단을 의식하지 않고 사용합니다. 예컨대, 제가 당신 쪽으로 조금만 기대면 우리의 행동은 비슷해질 겁니다."

펜틀랜드는 내 쪽으로 몸을 기울이며 짙은 눈썹을 추켜올리고 눈을 크게 떴다. 놀랍게도 나도 모르게 그의 몸짓을 따라 하고 있었다. 펜틀랜드는 편안하게 미소를 지은 다음 다시 몸을 젖혔다. "물론 서로가 신체를 접촉해도 좋을 정도로 가까운 사이일 때만 효과를 발휘하죠."

펜틀랜드는 나에게 오렌 레더먼(Oren Lederman)이라는 과학자를 소개시켜주었다. 그는 스파게티와 마시멜로를 이용한 탑 쌓기 연구를 분석한 학자이다. 관련 영상을 보기 위해 복도를 지나 레더먼의 사무실로 내려갔다. 기술자 3명, 변호사 1명으로 구성된 집단은 멋진 탑을 쌓았다. "이 집단은 MBA 학생들보다는 나아요. 하지만 유치원생들에게는 못 미치죠." 레더먼은 말했다. "서로 말을 많이 하지 않아요. 그 점이 도움이 되었던 것 같습니다."

레더먼의 주관적 견해가 아닌 객관적 사실이었다. 우리가 대화를 나누는 중에도 각 팀의 성과를 분석한 데이터들이 컴퓨터 화면에서 쏟아져 나왔다. 개개인이 말문을 열었던 시간의 비중, 목소리 크기, 원만한 화제 전환, 상대방의 말을 끊은 횟수, 목소리 패턴의 유사 정도 등 방대한 정보가 수집되어 있었다. 레더먼은 신용카드만 한 작고 붉은 플라스틱 기기로 데이터를 수집했다. '소시오미터'라고 불리는 이 기기는 마이크와 GPS를 비롯해 다양한 종류의 센서가 부착되어 있다. 초당 5회씩 데이터를 수집하여 서버에 전송하면, 데이터를 바탕으로 일정한 도표가 만들어진다. 펜틀랜드가 내게 보여준 그래프는 빙산의 일각에 불과했다. 마음만 먹으면 레더먼과 펜틀랜드는 소시오미터를 이용해 개개인의 밀착도(proximity)와 대면 시간의 비율 또한 알아낼 수 있다. 이처럼 소시오미터는 사람들이 안전한 교류를 위해 사용하는 원초적 언어를 포착하고 있었다. 이 언어는 이른바 '소속 신호(belonging cues)'로 이뤄진다.

소속 신호는 집단 내의 안전한 교류를 형성하는 일련의 행동을 의미한다. 여기에는 무엇보다도 밀착도, 눈 맞춤, 에너지, 순서 교체, 보디랭귀지, 목소리 크기, 강조의 일관성을 비롯해 모두가 모두에게 말을 걸고 있는지가 포함된다. 다른 언어와 마찬가지로, 소속 신호는 특정 순간을 독립적으로 분석할 수 없으며 일정한 사회적 관계 속에서 반복적으로 전달되는 신호망(networks of signals)으로 구성되어 있다. 그리고 소속 신호는 오랜 기간 사람들의 머릿속에 자리 잡고 있던 의문에 답을 건넨다. '이곳은 지금 안전한가?', '이 사람들과 함께하는 미래는 어떤 모습일까?', '위험 요소가 숨어 있지는 않을까?'

"현대사회는 아주 최근에 나타난 현상입니다." 펜틀랜드는 이렇게 말했다. "아주 오랫동안 사람들은 서로에게 워낙 많은 것을 의지해왔기에 결속력을 높일 방법이 필요했습니다. 우리는 언어를 사용하기 전부터 신호를 사용했고, 우리의 무의식은 놀라울 정도로 일정한 행동 신호에 맞춰 조율되어 있습니다."

소속 신호는 3가지 특징을 지닌다.

1. **에너지** : 지금 일어나는 소통에 에너지를 집중한다.
2. **개인화** : 개개인을 특별하고 가치 있게 대한다.
3. **미래 지향** : 관계를 지속할 것이라는 신호를 보낸다.

이러한 특징들을 모아보면 하나의 문구로 표현할 수 있다. '당신은 이곳에서 안전하다.' 소속 신호는 늘 경계 태세에 있는 두뇌를 향해 위협을 느끼지 않아도 좋다는 메시지를 전하고, 두뇌는 이에 반응해 교류 모드 (connection mode)로 전환한다. 심리적 안전이라 불리는 상태로 접어드는 것이다.

"인간은 신호(cue)를 읽는 데 매우 익숙합니다. 우리는 대인 관계에 놀라울 정도로 예민하죠." 하버드대학교에서 심리적 안전을 연구하는 에이미 에드먼드슨(Amy Edmondson)의 말이다. "우리 뇌에는 항상 사람들이 나를 어떻게 생각하는지, 특히 윗사람이 나를 어떻게 생각하는지 신경 쓰고 걱정하는 부위가 있습니다. 원시시대에는 사회에서 거부당하는 순간 죽을 수도 있었으니까요. 위험을 감지하는 감각이 워낙 반사적으로 일어나기 때문에, 모든 조직이나 집단은 뇌의 자연적인 도화선을 극복하기 위한 특별한 조치를 취해야 합니다."

펜틀랜드와 에드먼드슨이 강조하듯, 심리적 안전을 형성하기 위한 핵심은 인간의 두뇌가 얼마나 심리적 안전에 집착하고 있는지를 인지하는 것이다. 1~2개의 신호만 보내 단순히 소속감을 암시하는 정도로는 부족하다. 인간은 수많은 신호를 반복적으로 주고받는 존재이다. 소속감을 무너뜨리기는 쉬워도 제대로 형성하기 어려운 이유는 바로 여기에 있다. 정치가 샘 레이번(Sam Rayburn)이 했던 말처럼 말이다. "그 어떤 얼간이라도 외양간을 무너뜨릴 수 있지만, 외양간을 다시 세우려면 뛰어난 목수가 필요하다."

소속 신호의 관점에서 독사과 실험을 살펴보자. 닉은 소외감(unbelongings)을 일으키는 몇 가지 신호를 보내는 것만으로 집단의 케미를 깨뜨릴 수 있었다. 실제로 그의 행동은 집단의 소통에 강력한 영향을 미쳤고, '당신은 안전하지 않다'라는 신호 때문에 성과는 산산이 무너졌다. 반면 조너선은 안전을 암시하는 미세한 신호를 조금씩 반복적으로 보냈다. 모든 사람들과 소통했고, 다른 사람의 말을 경청했고, 관계의 중요성을 강조했다. 그는 소속 신호의 원천이었고 집단은 그에 따라 반응했다.

## 신호 안에 답이 있다

최근 펜틀랜드와 그의 팀은 소시오미터를 활용해 수술 회복실부터 콜센터, 은행, 임금 협상, 사업 설명회 등에서 나타나는 수많은 소통의 형태를 포착했다. 그리고 각각의 연구에서 동일한 패턴을 발견했다. 모든 정보와 내용을 무시하고 소속 신호만 분석하는 것만으로 결과의 성패를 예측할 수 있었다.

일례로 펜틀랜드와 제러드 커핸(Jared Curhan)은 경영대학원생들이 직원과 사장의 역할을 나눠 가상으로 진행한 46건의 협상 사례를 분석해보았다. 이 실험은 승진이나 이직의 경우에 임금, 회사 차량, 휴가, 복지 등의 조건을 협상하는 것이었다. 연구 결과에 따르면, 수집한 데이터의 첫

5분만 지켜보면 이후의 결과가 어떻게 흘러갈지를 30퍼센트까지 예측할 수 있었다. 협상 초반에 보낸 소속 신호가 다른 무엇보다도 강력하게 작용한 셈이다.

그리고 다른 실험에서는 창업을 하려는 사람이 기업 경영진을 상대로 사업 아이디어를 소개하는 상황을 분석했다. 창업가들이 자신의 계획을 경영진에게 제시하면, 각 경영진은 초기 자본을 대줄 엔젤 투자자에게 제시할 사업안을 선택해 유망해 보이는 순서대로 순위를 매겼다. 놀랍게도 소시오미터의 측정 결과는 이 순위를 완벽히 재현했다. 사실 발표 내용은 발표자와 청중 사이에 오고 간 신호만큼 중요하지 않았던 것이다. 참고로 사업안을 서면으로만 접한, 말하자면 모든 사회적 신호를 무시하고 순수한 정보만을 접한 투자자가 매긴 순위는 이와 완전히 달랐다.

"발표를 듣는 경영진은 스스로 합리적인 기준에 따라 사업안을 평가하고 있다고 생각합니다. 아이디어가 얼마나 독창적인지, 지금의 시장 상황에 얼마나 부합하는지, 사업안의 진행 상황은 어떠한지 등의 기준에 비춰보는 거죠." 펜틀랜드는 이렇게 말했다. "하지만 그들의 뇌는 발표를 들으면서 다른 핵심 정보를 등록하고 있습니다. 예컨대 다음과 같은 정보들이죠. 이 사람이 자신의 아이디어를 얼마나 확신할까? 말할 때 얼마나 자신감에 차 있을까? 이 과제를 수행하기 위한 의지는 어느 정도일까? 사실 전자보다 후자가 사업안을 선택하는 데 더 큰 영향을 끼치게 됩니다. 물론 경영진은 자신이 이러한 정보를 평가하고 있다는 사실을 인지하지 못합니다."

"인간이라는 존재를 생각하는 다른 접근 방법이죠." 펜틀랜드는 말을 이었다. "개인은 말 그대로 개인이 아닙니다. 그들은 재즈 콰르텟의 뮤지

션과 같습니다. 집단에 속한 이들은 무의식적인 행동망과 반응망을 형성해 서로를 보완합니다. 메시지에 담긴 정보를 보지 않고, 메시지가 전달되는 패턴을 바라봅니다. 이러한 패턴에 담긴 여러 신호는 사람간의 관계와 그 이면에서 일어나는 일들을 암시합니다."

정리하면, 펜틀랜드의 연구는 팀의 성과가 5가지 측정 가능한 변수에 따라 좌우된다는 사실을 보여준다.

1. 구성원들이 비슷한 비중으로 발언과 청취를 분담한다.
2. 자주 시선을 맞추며 대화와 제스처에 활력이 넘친다.
3. 의사소통을 리더와의 대화로 한정하지 않고 서로 직접 소통한다.
4. 팀 안에서 별도의 대화 채널을 확보한다.
5. 주기적으로 휴식을 취한다. 팀 외부로 나가 활동하며, 팀으로 복귀해 습득한 정보를 나눈다.

흔히 사람들은 높은 성과를 내는 집단이라면 구성원의 역량과 자질이 뛰어날 것이라고 생각한다. 하지만 정작 탁월한 결과를 이끌어내는 요인으로 꼽힌 것들은 하나같이 사소하다 못해 원시적인 행동뿐이다. 펜틀랜드와 그의 동료들이 연구한 바에 따르면 팀 성과를 예측하는 용도로 이보다 더 강력한 지표는 없었다.

"집단 지성(collective intelligence)은 숲속의 원숭이들과 상당 부분 비슷합니다." 펜틀랜드는 말했다. "열정적인 원숭이 한 마리가 다른 원숭이를 불러 모으는 신호를 보냅니다. 이내 그들은 뛰어와 뭔가를 같이 하기 시작합니다. 집단 지성이 작동하는 방식이지만 대부분의 사람들은 이를 놓치기 마련이죠. 단순히 다른 사람의 말을 듣는 것만으로 행동을 변화시키기란 좀처럼 쉬운 일이 아닙니다. 말은 그저 말일 뿐입니다. 하지만 동료들이 아이디어를 제안하면 우리의 행동은 변합니다. 이것이 집단 지성이 형성되는 과정이며, 나아가 문화가 창조되는 순간인 것이죠."

'말은 그저 말일 뿐이다.' 정말 그럴까? 많은 사람들이 말이 중요하다고 생각한다. 그리고 집단의 성과가 언어 지능이나 복잡한 아이디어를 만들어내고 소통하는 능력과 관련 있을 것이라 생각한다. 하지만 이러한 가정은 틀렸다. 말이란 그다지 중요하지 않다. 집단이 성과를 내기 위해 정말 중요한 것은 강력하고도 중대한 생각 하나를 소통하도록 행동하는 것이다. 그 생각은 바로 '우리는 안전하고 서로가 이어져 있다'라는 믿음이다.

------ Chapter 2 ------

# 소속 신호는
# 왜 중요한가

## 구글은 어떻게
## 업계의 거인을 쓰러뜨렸나

      2000년대 초반, 미국 최고의 두뇌들이 조용히 시합을 벌이고 있었다. 시합에서 주어진 미션은 인터넷 유저들의 검색창과 타깃 광고를 결합하는 소프트웨어 엔진 개발이었다. 이는 수십억 달러의 시장을 창출할 만한 큰 프로젝트였다. 어느 회사가 최후의 승자가 될지 초미의 관심사로 떠올랐다.

  압도적인 우승 후보는 오버추어였다. 로스앤젤레스에 위치한 이 회사는 막대한 자금력을 갖췄을 뿐 아니라 빌 그로스(Bill Gross)라는 유능한 기업인이 이끌고 있었다. 그로스는 마우스 클릭 한 번으로 대금이 지급되는 모델을 개발한 인재였다. 사업 수완도 뛰어났던 그는 오버추어를 설립해 엄청난 이익을 창출했을 뿐 아니라 10억 달러 규모의 주식 상장까지 성사시켰다. 그런 오버추어를 상대하기에 다른 회사들은 체급이 한참 달려 보였다. 스파게티와 마시멜로로 탑을 쌓는 시합에서 경영대학원생들에게 내기를 걸었던 것처럼, 너 나 할 것 없이 오버추어의 승리에 10억 달러를 걸었다. 누가 봐도 오버추어는 승리를 거머쥐기에 충분한 지력, 경험, 자원을 모두 갖추었기 때문이다.

하지만 오버추어는 승리하지 못했다. 이 시합의 승자는 구글이라는 소규모 벤처기업이었다. 이름도 생소했던 한 스타트업은 어떻게 IT 업계의 골리앗을 쓰러뜨릴 수 있었던 걸까? 기적에 가까운 이변은 2002년 5월 24일, 캘리포니아 마운틴 뷰 2400번지 베이쇼어 파크웨이에 자리 잡은 구글사의 주방에 붙은 작은 쪽지에서 시작되었다. 구글의 창립자인 래리 페이지(Larry Page)가 붙인 그 쪽지에는 달랑 세 단어로 된 문장 하나가 적혀 있었다.

창립자가 회사 주방에 메시지를 남긴다는 건 당시에도 일반적인 일은 아니었다. 하지만 페이지는 평범한 회사원이 아니었다. 그는 바가지 머리를 한 중학생처럼 보이다가도 큰 눈으로 예리한 눈빛을 뿜어댔고 갑작스럽게 폭발적인 언변을 선보이기도 했다. 범상치 않은 기운을 지닌 사람답게, 페이지의 리더십에도 남다른 면이 있었다. 최고의 전략, 결과물, 아이디어를 형성할 방법을 주제로 삼아 거창하고 기운 넘치고 스스럼없는 토론을 진행하는 것이었다. 구글에서 일한다는 것은 곧 상대도 안 될 거대한 시합에 끊임없이 도전하는 것을 의미했고, 직원들은 길거리에서 열린 거친 하키 경기에 투입된 것처럼 논쟁을 이어갔다. 구글의 모든 직원은 금요일마다 공개 포럼에 참여해야 했다. 이 포럼에서는 누구나 창립자에게 질문을 던질 수 있었으며, 그 반대의 경우도 가능했다. 민감한 사안도 수시로 다뤄진 탓에 금요일 포럼에서는 의견이 충돌하는 경우가 잦았다.

어느 날 페이지는 '이 광고 형편없네'라는 쪽지를 주방에 붙여놓았다. 구글에서 만든 '애드워즈 엔진(AdWords Engine)'이 오버추어와의 경쟁에서 현저하게 밀리고 있다는 의미였다. 당시 구글은 애드워즈 엔진 프로젝트를 진행하고 있었는데, 검색어와 적절히 어울리는 광고를 노출시키는 문제로 고군분투하고 있었다. 일본 가와사키사에서 만든 'H1B 모터사이클'을 검색창에 입력하면, 생뚱맞게 미국 취업 비자인 H-1B 취득을 돕는 변호사 광고가 떴다. 이런 식이라면 프로젝트는 망한 것이나 다름없었다. 페이지는 엔진의 문제점이 부각된 화면을 출력해 단 세 단어의 문장으로 이 사태를 평가한 후 자리를 떴다.

이 쪽지를 가장 마지막에 본 사람은 제프 딘(Jeff Dean)이었다. 미네소타주 출신의 엔지니어인 딘은 조용하고 호리호리한 체형으로 여러 면에서 페이지와 대조적이었다. 늘 웃음이 가득했고, 사교적이고 예의 바르며 카푸치노를 좋아하는 사람으로 알려져 있었다. 딘의 입장에서는 애드워즈의 문제를 당장 자신이 해결해야 할 이유가 없었다. 그는 애드워즈 엔진 프로젝트와 관련 없는 부서에 속해 있었고 자기 일을 처리하기에도 바빴다. 금요일 오후, 딘은 카푸치노를 마시기 위해 들어선 주방에서 우연히 페이지의 쪽지를 보았다. 겹쳐 있는 쪽지를 하나하나 넘겨보던 순간, 얼마 전 비슷한 문제를 처리했던 기억이 어렴풋하게 뇌리를 스쳤다.

딘은 책상으로 돌아와 애드워즈 엔진을 손보기 시작했다. 어떤 사람도 그에게 이 작업을 시키지 않았지만 그는 묵묵히 작업에 몰두했다. 그 일은 언제든 그만둘 수 있었고, 그만둔다 해도 아무도 몰랐을 것이다. 하지만 딘은 멈추지 않았다. 심지어 주말에도 출근해 밤새 애드워즈 엔진의 문제를 해결하는 데 골몰했다. 월요일 새벽 5시 5분, 딘은 수정 초안을 메일로 보낸 다음에야 차를 몰고 집으로 돌아와 잠을 청했다.

딘의 아이디어는 효과 만점이었다. 문제는 해결되었고, 엔진의 정확도는 한 자릿수에서 두 자릿수로 높아졌다. 엔진의 성능이 눈에 띄게 개선되어 사용자들이 급증하면서, 어느새 구글의 애드워즈는 PPC(pay-per-click, 사용자가 광고를 클릭할 때마다 비용을 지불하는 방식) 시장을 장악했다. 반면 오버추어는 내부 분열과 관료주의에 발목을 잡혀 영 제힘을 발휘하지 못했다. 딘의 아이디어를 도입한 이듬해, 구글의 순이익은 600만 달러에서 9900만 달러로 급증했다. 2014년, 애드워즈 엔진은 매일 1억 6000만 달러의 이익을 창출했고 광고 수입은 구글 영업이익의 90퍼센트를 차지했다. 작가 스티븐 레비(Stephen Levy)는 애드워즈 엔진의 성공에 대해 이렇게 말했다. "애드워즈 엔진의 성공은 갑작스럽고, 혁신적이며, 과감하기 이를 데 없었다. 투자자와 직원들에게도 영예로운 일이었다. 무엇보다 고꾸라질 뻔한 구글을 구한 동아줄이자, 이후 구글이 구상한 새로운 아이디어와 혁신을 지원하는 자금줄이 되었다."

정작 특이한 이야기는 따로 있다. 단 한 사람만이 이 역사적인 사건에 큰 의미를 두지 않았다. 다름 아닌 제프 딘, 본인의 이야기다.

2013년, 당시 구글의 고문이던 조너선 로젠버그(Jonathan Rosenberg)가 딘을 찾아왔다. 구글에 대한 책을 공동 집필 중이던 로젠버그는 딘의 이야기를 책에 담고 싶었다. 그는 딘에게 실마리를 주면 기억을 떠올릴 줄 알고 애드워즈 엔진과 페이지의 쪽지, 주방에 관한 이야기로 말문을 열었다. 딘은 아무 기억도 떠오르지 않는지 멍한 표정으로 로젠버그를 바라봤다. 살짝 당황한 로젠버그가 당시 상황을 자세히 이야기하자, 딘은 그제야 기억이 나는 듯 '아, 그거요!'라는 반응을 보였다.

딘이 그런 반응을 보일 것이라고는 누구도 상상하지 못했을 것이다. 그건 마치 마이클 조던이 NBA 우승컵을 6차례 거머쥔 사실을 까맣게 잊어버린 것이나 다름없었다. 하지만 딘은 정말로 그랬고, 지금도 그렇다.

"네, 그날 무슨 일이 있었는지 기억은 납니다." 딘은 나에게 이렇게 말했다. "솔직히 말하자면 그렇게까지 명확하게 떠오르는 건 아니에요. 특별하게 뭔가 달랐다는 기억이 없어요. 평소와 비슷했어요. 그런 일은 언제든지 일어나기 마련이니까요."

'평소와 비슷했어요.' 구글은 스파게티와 마시멜로를 이용한 탑 쌓기에서 유치원생들이 했던 방식 그대로 소통하고 있었다. 그들은 지위에 연연하거나 누가 책임을 질지 고민하지 않았다. 아담한 사옥 덕분에 밀착도가 올라가고 대면 소통이 수월해졌다. 어려운 문제를 풀기 위해 모든 집단을 토론시키는 페이지의 기술은 강력한 소속감과 유대감을 안겨주었다. 모두가 참여하는 금요일 포럼은 마치 아무 제약이 없는 하키 경기와 같았다(구성원 모두가 청취와 발언에 일정 정도 기여했다). 그들은 짧고 굵게 직접 소통했다(구성원들은 서로 마주 보았고, 그들의 대화와 몸짓은 활력이 넘쳤다). 구글은 소속 신호의 온상이었다. 그들은 어깨를 맞대고 일했고, 안전하게 서로 이어진 상태로 프로젝트에 몰두했다. 반면 오버추어는 자금력도 풍부하고 여러모로 유리한 고지를 점했지만 경직된 의사소통과 관료주의 시스템에 발목을 잡혔다. 하나의 사안을 결정하려면 기술적·전략적 문제를 두고 수많은 회의와 토론을 거쳐야 했고, 여러 위원회의 승인을 받아야 했다. 오버추어의 소속 신호는 상대적으로 약할 수밖에 없었다. "아주 엉망진창이었죠." 익명의 오버추어 직원은 《와이어드》에 이렇게 털어놓았다. 구글은 더 영리해서 승리한 것이 아니었다. 그들이 승리한 이유는 더 안전했기 때문이다.

구글과 오버추어 사례 외에도 다윗이 골리앗을 쓰러뜨리는 일은 심심치 않게 찾아볼 수 있다. 1990년대, 사회학자 제임스 배런(James Baron)과 마이클 한난(Micheal Hannan)은 실리콘밸리에 있는 약 200개의 스타트업을 선정해 설립 문화를 분석했다. 두 사람은 대부분의 스타트업들이 '스타 모델', '프로페셔널 모델', '참여 모델' 중 하나를 따르고 있다는 사실을 알아냈다. 스타 모델을 따르는 회사는 유명하고 똑똑한 인력을 찾는 데 열중했고, 프로페셔널 모델을 따르는 회사는 기술의 전문성을 높이는 방향으로 집단을 구성했다. 참여 모델을 추구하는 회사는 구성원들과 비전과 가치를 나누고 강력한 교감을 형성하는 데 초점을 맞췄다. 이들 가운데 꾸준히 높은 성과를 낸 것은 참여 모델을 적용한 경우였다. 뿐만 아니라 2000년대 IT 업계에 테크 버블이 일었을 때, 참여 모델을 활용했던 스타트업은 다른 두 모델에 비해 훨씬 안정적으로 위기를 견뎠고 주식 상장도 3배나 많이 성사시켰다.

## 소속감은 안이 아니라 밖에서 형성된다

소속 신호가 우리 뇌에서 어떻게 작동하는지 자세히 살펴보자. 당신은 지도 위에 색깔과 모양을 배치하는 난해한 퍼즐을 풀어야 한다. 시간제한은 없다. 내가 규칙을 설명하고, 당신은 퍼즐 맞추기를 시작한다. 2분이 지난 후, 나는 당신에게 손으로 쓴 쪽지 1장을 건넨다. 그러고 나서 이 쪽지는 스티브라는 이름의 친구에게 받았고, 그가 당신에게 힌트를 주고 싶어 한다고 말한다. 물론 당신은 스티브가 누군지 모른다. 하지만 그 순간 모든 것이 바뀌기 시작한다.

당신은 자연스레 퍼즐에 더욱 몰두한다. 두뇌 속 깊은 부분이 깨어나고, 의욕이 2배는 늘어난다. 엄청난 에너지와 즐거움이 샘솟고, 집중하는 시간도 50퍼센트 이상 늘어난다. 2주 후 당신은 비슷한 과제에 다시 도전하고 싶어 한다. 쪽지 1장이 당신을 더욱 영리하게 만들고 목표에 대한 동기와 열정을 높인 셈이다.

사실 스티브가 준 힌트는 아무 쓸모가 없다. 힌트 같지만 실제로는 전혀 유용한 정보가 아니었다. 동기를 부여하고 행동을 변화시킨 데는 당신을 신경 써주는 누군가와 연결되어 있다는 신호가 결정적으로 작용한 것이다.

한편 모르는 사람에게 휴대폰을 빌려주는 실험을 통해 소속 신호가 어떻게 작동하는지에 대한 또 하나의 사례를 얻을 수 있다. 이 실험은 2가지 상황을 가정하고 같은 질문을 던진다.

상황 A : 당신은 비가 내리는 기차역에 서 있다. 모르는 사람이 다가와 정중하게 묻는다. "휴대폰 좀 빌릴 수 있을까요?"

상황 B : 당신은 비가 내리는 기차역에 서 있다. 모르는 사람이 다가와 정중하게 말한다. "비가 와서 정말 안타깝네요. 휴대폰 좀 빌릴 수 있을까요?"

질문 : 어떤 사람에게 휴대폰을 빌려주겠는가?

언뜻 보아 두 상황은 큰 차이가 없어 보인다. 양쪽 모두 선뜻 들어주기 어려운 부탁을 했다는 점에서는 동일하다. 대부분의 사람들은 낯선 이에게 중요한 물건을 건네기 싫어한다. 그러므로 합리적인 사람이라면 두 질문이 거의 비슷한 반응을 가져올 것이라고 예상한다.

그러나 그 예상은 보기 좋게 빗나간다. 하버드 경영대학원의 앨리슨 우드 브룩스(Alison Wood Brooks) 교수는 실험을 통해 두 번째 상황의 성공률이 422퍼센트까지 치솟았다는 사실을 발견했다. '비가 와서 정말 안타깝네요'라는 한마디가 사람들의 행동을 바꾼 것이다. 이 말은 마치 퍼즐 실험에서 허구의 인물인 스티븐의 힌트가 유효하게 작용했던 것과 비슷한 결과를 가져왔다. 친근감을 불러일으키는 말이 '우리는 안전하게 이어질 수 있다'라는 확실한 신호를 발산한 것이다. 부탁을 받은 사람들은 그 신호를 본능적으로 감지하고 아무 거리낌 없이 휴대폰을 건네게 된다.

"아주 엄청난 효과입니다." 스티븐의 쪽지 실험을 수행한 스탠퍼드대학교의 학자 그레고리 월턴(Gregory Walton)은 말한다. "관계를 암시하는 작은 신호들이죠. 이러한 신호들은 사람들이 관계를 맺는 방식, 느끼는 방식, 행동하는 방식을 완전히 바꿔버립니다."

소속 신호가 지닌 위력을 보여주는 생생한 사례가 또 있다. 자살 시도 후 병원에 입원한 772명의 환자를 대상으로 진행한 오스트레일리아 연구팀의 자살 방지 실험이다. 연구팀은 환자들이 퇴원하고 몇 달이 지난 후, 절반에게만 다음과 같은 엽서를 보냈다.

친애하는 ＿＿ 선생님께,
뉴캐슬메이터병원에서 함께한 시간은 길지 않지만, 귀하의 모든 일이 잘 풀리기를 기원합니다. 기쁜 마음으로 소식을 기다리겠습니다.

이후 2년간, 엽서를 받은 사람들은 그렇지 않은 사람들에 비해 재입원하는 비율이 절반이나 낮았다.

"아주 작은 신호가 엄청난 효과를 가져올 수 있습니다." 월턴은 이렇게 말했다. "하지만 핵심은 이러한 신호를 한 번에 주기 어렵다는 점입니다. 관계를 형성하는 차원의 문제이거든요. 내가 당신에게 관심이 있고, 우리가 함께 수행하는 과제는 당신과 나 사이의 관계라는 맥락 위에 놓여 있습니다. 계속 풀어나가야 하는 이야기인 셈이죠. 남녀 사이의 연애와 크게 다르지 않습니다. 애인에게 사랑한다는 말을 얼마나 자주 하나요? 사랑한다는 사실과 별개로, 사랑한다는 사실을 반복해서 알려주는 것이 그에 못지않게 중요합니다."

소속감은 지속적으로 강화해야 할까? 우리의 뇌가 안전하다는 상황을 논리적으로 인식했다면 같은 신호를 반복적으로 되뇔 필요는 없다. 하지만 몇백만 년에 걸쳐 우리의 뇌는 위험을 강박적으로 경계하면서 진화해 왔고, 이러한 강박은 뇌 속에 깊이 자리 잡은 핵심 구조인 편도체(amygdala)에서 비롯되었다. 편도체는 원시적인 경계 기제이며, 끊임없이 주변 환경을 살핀다. 위협이 감지되면 편도체는 경계 모드를 발동한다. 아드레날린이 분비되면서 온몸에 자극이 전달되고, 무의식적으로 하나의 질문에 이르게 된다. '내가 살아남으려면 어떻게 해야 하지?'

최근 연구에 따르면, 편도체는 단순히 위험에 반응하는 데 그치지 않고 사회적 유대를 형성하는 데 핵심적 역할을 한다. 당신이 소속 신호를 접수하면, 편도체는 무의식에 자리 잡은 엄청난 힘을 활용해 사회적 유대감을 형성하고 유지하는 활동을 시작한다. 나아가 같은 집단에 소속된 구성원들의 일거수일투족에 민감하게 반응하고, 상대방에게 맞춰 의사소통을 조율하며, 깊은 교류를 위한 무대를 마련한다. 그렇게 편도체는 으르렁거리는 경비견에서 하나의 목표만을 염두에 둔 활달한 안내견으로 탈바꿈한다. 다름 아닌 사람들과 끈끈하게 이어져 있다는 확신을 유지하기 위해서이다.

편도체가 역할을 바꾸어 완전히 다르게 활성화되는 순간은 뇌 스캔 사진을 통해 생생하고 분명하게 드러난다. "모든 게 뒤바뀝니다." 뉴욕대학교에서 사회신경과학을 연구하는 제이 반 바벨(Jay Van Bavel) 교수는 이렇게 말한다. "당신이 집단에 속하는 순간, 편도체는 주파수를 조정해 누가 집단의 울타리 안에 있는지 열정적으로 탐색하기 시작합니다. 조금 전까지는 몰랐던 사람들이지만 같은 팀이 되면서 당신에게 각별한 의미가 생겼기 때문입니다. 이로써 전체적인 동력이 변화합니다. 아주 강력한 변화죠. 전면적인 하향식 전환이며 모든 동기와 의사 결정 체계가 완전히 재설정됩니다."

소속감이 작용하는 방식에는 역설이 존재한다. 위에서 언급한 사례들은 이러한 역설의 실체를 밝히는 데 도움이 된다. 소속감은 내부에서 형성되어 외부로 드러나는 것처럼 보이지만, 실제로는 외부에서 내부로 들어와 생겨난다. 우리의 사회적 뇌가 보이지 않는 신호를 꾸준히 축적했을 때 활성화되는 것과 마찬가지다. 이러한 신호는 '우리는 가깝고 안전하며 미래를 함께한다'라는 메시지를 품고 있다.

소속감은 '당신은 안전하게 이어져 있다'라는 신호를 불쏘시개 삼아 강력해지는 불꽃과 같다. 그 불꽃은 길거리에서 이뤄지는 거친 하키 경기처럼 경계 없는 토론을 벌이는 구글의 직원들, 그리고 보이지 않는 신호를 주고받으며 놀라운 도전을 이뤄낸 페이지와 딘에 의해 활활 타올랐다. 부정적인 행동으로 소통을 방해하는 닉의 독사과 전략을 저지시킨 조녀선도 마찬가지다. 사람들을 하나로 응집시키는 힘은 어느 한 사람이 똑똑하다고 해서 생기지 않는다. 서로 이어져 있다는 신호가 구성원들 사이에서 꾸준하게 샘솟을 때 비로소 화합을 이룰 수 있는 것이다.

## 성공 사례1: 크리스마스의 정전 협정

제1차 세계대전이 한창이던 1914년 겨울, 서부전선의 요충지였던 플랑드르에서는 유난히 지난하고도 참혹한 전투가 이어지고 있었다. 역사상 가장 힘겹고 위험했던 전투 중 하나로 꼽히는 플랑드르 참호전이다. 군사학자들은 그 이유를 현대식 무기와 중세식 전략이 혼합된 특징에서 찾으려 하지만 진실은 다른 데 있었다. 바로 진흙 때문이었다. 플랑드르 참호는 해수면 바로 아래 위치한 탓에 질척거리는 진흙을 파서 만들 수밖에 없었는데, 비바람이 불면 곧잘 수로로 변했다. 참호 속은 춥고 습한 데다가 쥐와 벼룩이 득실거려, 온갖 전염병과 질병이 창궐하기에 최적의 조건이었다. 가장 끔찍한 건 적이 코앞에 있다는 사실이었다. 적군은 겨우 100여 미터 떨어진 곳곳에 진을 쳤고, 그보다 훨씬 가까운 거리에서 대치 중인 부대도 있었다(비미 리지 인근에서는 아군과 적군의 정찰 포스트가 겨우 7미터 떨어져 있는 경우도 있었다). 수류탄과 대포는 언제든 날아올 태세를 갖추고 있었고, 무턱대고 나서는 순간 저격수의 총알에 노출되기 십상이었다. 근위 보병대의 중위이자 훗날 영국 수상이 된 해럴드 맥밀런(Harold Macmillan)은 당시 상황을 이렇게 기술했다. "몇 킬로미터 너머에도 사람의 흔적은 찾아볼 수 없었다. 그러나 그 몇 킬로미터에 걸쳐 수천, 수만의 병사들이 상대를 죽일 새로운 방법을 계획하고 있었다. 모습을 드러내지 않은 채 서로에게 총알과 폭탄, 공중 어뢰, 포탄을 겨누고 있었다."

진흙 아래로는 연합군과 독일군 사이에 자리 잡은 오랜 불신과 증오의 골이 깊이 파여 있었다. 영국과 프랑스의 신문은 독일의 야만인들이 죄 없는 민간인의 시신으로 비누를 만든다는 끔찍한 소문을 연일 보도했다. 독일 학생들은 영국에 대한 끓어오르는 분노와 반감을 담은 에른스트 리사우어(Ernst Lissauer)의 시 「증오의 찬가」를 노래로 불렀는데, 이 또한 사람으로 비누를 만든다는 보도와 별반 다를 것이 없었다.

> 너희를 영원히 증오하리라
>
> 우리의 증오를 꺾지 못하리라
>
> 물도 땅도 너희를 증오하리라
>
> 머리로도 손으로도 너희를 증오하리라
>
> 망치로 왕관으로 증오를 모으리라
>
> 숨을 죽인 칠천만의 증오는 영원하리라
>
> 사랑도 하나로 증오도 하나로
>
> 우리에겐 오직 하나의 적
>
> 영국만이 있을 뿐!
>
> ─에른스트 리사우어, 「증오의 찬가(Hymn of Hate)」 중에서

전쟁은 그해 8월에 시작되었다. 시간이 지날수록 양 진영은 조직적으로 서로를 죽이고 죽임을 당했다. 텅 빈 황무지에 세운 철조망 너머로 시신들이 즐비했다. 크리스마스가 다가오자 전쟁터와 멀리 떨어진 각국의 수도에서는 잠시 전쟁을 멈추자는 목소리가 나오기 시작했다. 로마의 교황 베네딕토 15세 역시 크리스마스만큼은 전쟁터에도 평화가 깃들기를 호소했다. 그 흐름에 힘입어 미국 상원에서 전쟁을 20일간 중단한다는 결의안이 통과되었지만, 양 진영의 장군들은 불가능한 제안으로 여겼다. 군사들에게는 크리스마스의 기습 공격에 대비하라는 명령이 내려져, 임의로 전투에 임하지 않을 경우엔 군법회의에 회부될 수도 있는 상황이었다.

그리고 운명적인 크리스마스이브에 기적 같은 일이 일어났다. 어디서 무엇을 계기로 시작되었는지 확인할 수는 없었지만, 최전방의 몇몇 지점에서 갑작스럽게 노래가 들려왔다. 크리스마스캐럴이 들려오고, 군가가 울려 퍼졌다. 한동안 지속되던 노랫소리에 군인들은 상대 진영의 노래를 듣고 박수를 치고 환호했다. 이윽고 더 이상한 일이 벌어졌다. 군인들이 참호 속에서 나와 서로를 향해 정답게 다가간 것이다. 라 샤펠 다르망티에르(La Chapelle d'Armentieres)라는 마을 밖에서는 독일군이 영어로 노래를 부르는 소리가 영국 병사들의 귀에 들려왔다. "저는 중위입니다. 여러분, 제 목숨이 당신들 손에 달려 있습니다. 참호 밖으로 나와 당신들을 향해 걸어가고 있기 때문이죠. 중간에서 저와 만나줄 장교가 계신가요?"

연합군 소속의 소총수 퍼시 존스(Percy Jones)는 이를 기습 공격으로 받아들였다. 그는 나중에 이렇게 회고했다.

우리는 탄약과 소총을 닦으며 출동할 준비를 서둘렀다. 실제로 제일 밝은 조명이 비춰진 순간 나도 모르게 총을 쏘려고 했다. 그때 메가 폰을 통해 이런 목소리가 들려왔다. "영국인 여러분, 쏘지 마세요. 당신이 쏘지 않으면, 우리도 쏘지 않을게요." 이윽고 크리스마스의 메시지가 들려왔다. 꽤 그럴듯해 보였지만 독일인들은 배신을 일삼는다는 말을 수시로 들었던지라 신경을 곤두세울 수밖에 없었다.

아직도 어떻게 그런 일이 벌어졌는지 알 수가 없다. 곧이어 우리는 불을 껐고 적군은 아군의 노래를 부르기 바빴다. 우레와 같은 박수가 중간에 터져 나왔다. 초소에서 벌어진 광경은 더욱 믿기 어려웠다. 바로 앞에 커다란 불빛 3개가 반짝이며 주변의 물체들이 환하게 보였다. 독일군의 참호에는 수백 개의 작은 불빛들이 빛나고 있었다. 연합군 측 방어선에서 왼편으로 고개를 돌리자, 저 멀리 불빛에 반짝이는 A 중대의 참호가 보였다. 그곳에서 병사들은 〈서쪽의 작은 회색 집〉을 열창했다. 노래가 끝날 무렵 영국인들은 큰 소리로 환호하며 독일 노래로 보답했다. 그러자 독일군들은 영국의 국가(國歌)인 〈신이시여 왕을 구원하소서〉의 곡조에 맞춰 애창곡을 불렀고, 우리는 다시 〈오스트리아 찬가〉로 화답했다. 적진에서는 우레와 같은 박수가 터져 나왔다.


영국 사령부의 육군 원수 존 프렌치(John French) 장군은 "무장을 해제한 독일 병사들이 머리 위로 크리스마스트리를 들고 참호에서 뛰어나오고 있다"라는 황당한 보고를 들었다. 프렌치는 즉시 현지 사령관에게 엄중히 책임을 물을 것을 명령했지만 아무런 소용이 없었고, 암묵적인 휴전이 지속되었다. 프렌치 장군과 마찬가지로, 병사들도 이런 일이 어떻게 가능했는지 전혀 알지 못했다. 당시 상황을 눈으로 보고 직접 참여한 그들조차도 설명할 수 없었던 것이다. 양쪽 진영에서 남긴 기록을 살펴봐도, 너무나 비현실적인 일이 벌어져 마치 눈을 뜬 채 꿈을 꾸는 것 같았다는 내용으로 가득하다.

몇몇 역사가들은 제1차 세계대전 중 일어난 크리스마스 휴전에 대해, 수준 낮은 기자들이 작은 사건 하나를 과장해 보도한 것이라고 말한다. 그러나 더 깊이 파고들수록 그렇지 않다는 사실이 명백해졌고, 실제로는 오히려 보도된 것 이상이었다. 영국군이 맡은 전선에서 3분의 2에 달하는 수천만 명의 병사들이 분위기에 휩쓸렸다. 그들은 서로 어울려 먹고 마시고 요리하고 노래하고 사진을 찍고 축구 시합을 하고 물건을 교환하고 시신을 묻어주었다. 모든 역사를 돌아봐도, 이토록 신속하게 폭력이 우애로 탈바꿈한 사례는 없었다. 대체 어떻게 이런 일이 가능했을까?

전통적인 관점에서는 '종교적 의미를 함께 나누는 과정에서 인간의 선한 본성이 깨어난 것'으로 크리스마스 휴전을 설명한다. 이러한 분석은 꽤 설득력 있지만, 모든 것을 설명하기에는 한계가 있다. 역사상 수많은 전쟁터에서 적군과 같은 축일을 기념했지만 단 한 번도 이와 비슷한 유대감이 오고 간 적은 없었기 때문이다.

하지만 소속 신호의 관점에서 바라보면 상황은 달라진다. 토니 애시워스(Tony Ashworth)가 쓴 『참호전(Trench Warfare 1914-1918)』에 그 과정이 자세히 쓰여 있다. 애시워스는 어떤 계기로 크리스마스 휴전이 가능했는지 당시의 전후 상황과 역사적 맥락을 하나하나 분석했다. 애시워스에 따르면, 크리스마스가 되기 몇 주 전부터 연합군과 독일군 사이에 신호가 지속적으로 오고 가면서 일종의 안전 심리와 신뢰, 유대감이 형성되었다.

그는 크리스마스 휴전을 이렇게 비유했다. "평소에는 수면 아래 가라앉아 있던 빙산이 갑자기 드러나는 것처럼, 대부분의 전쟁에서는 드러나지 않았던 무언가가 민간인을 비롯한 모두의 눈에 명확히 드러났다."

애시워스는 플랑드르 참호전 당시 연합군과 독일군이 물리적으로 얼마나 가까이 있었는가에 대해 자세히 설명한다. 거리가 가까우면 충돌하기 쉽지만 동시에 유대감 또한 솟아나기 마련이다. 양쪽 진영의 병사들은 늘 비슷한 패턴으로 하루를 보냈고, 음식이나 보급품, 부대 전환 또한 정해져 있었다. 그들은 서로의 목소리와 웃음소리, 노랫소리를 듣고 하다못해 건너편에서 만든 음식 냄새까지도 맡을 수 있었다. 특히 양쪽 진영 모두 장군들의 권위적인 명령에 복종하는 일반 보병들로 채워져 있어, 무감각해진 일상과 생생한 공포가 뒤섞인 채 굴러가는 군 생활을 견뎌야 했다. 누구나 플랑드르 참호의 추위와 습기를 싫어했고, 고향이 그리웠다. 애시워스는 이렇게 말했다. "적군끼리 공감을 쌓을 수 있었던 것은 양쪽 진영의 참호가 가까웠기에 가능했다. 상대편이 예상한 대로 행동하는 것을 보면서 공감은 더욱 강화되었다. 같은 스트레스를 이겨내고 비슷하게 행동하면서, 그들은 맞은편 참호 속의 적군을 '이웃'으로 받아들였고 서로 별반 다르지 않다는 사실을 깨달을 수 있었다."

최초의 소규모 휴전은 11월 초에 일어났다. 연합군과 독일군은 전투식량을 같은 시간대에 공급받았고, 식사 중에는 발포를 중지했다. 다음 날도, 그다음 날도 마찬가지였다. 식사에서 시작된 패턴은 다른 행동으로도 퍼져나갔다. 소나기가 쏟아져 움직이기 어려워질 때도 교전을 멈췄다. 날씨가 추워지면 일부 초소에서 위험을 무릅쓰고 밖으로 나와 침대를 만들 건초를 주우러 다녔고, 그럴 때면 침대를 무사히 완성하기 위해 양쪽 모두 총부리를 거두었다. 암묵적인 휴전이 적용되는 공간은 보급로와 화장실까지 확대되었고, 교전 이후 사상자를 수습할 때도 공격은 일어나지 않았다. 간단해 보여도 실제로는 복잡한 소통이 이루어지고 있었다. 한 치의 오류 없이 정확해야 했다. 한쪽이 총격을 멈추고 무방비 상태에 들어가면 상대편은 이를 감지하고 아무것도 하지 않는다. 매번 이러한 과정이 반복되면서 양쪽 진영 모두 안도감과 안전한 교감을 느낄 수 있었다.

교감은 점점 더 쌓여가, 마침내 일부 전쟁터에서는 특정 지역에 백기를 내걸기에 이르렀다. 한 영국 포대는 독일군의 저격수를 '귀염둥이 저격수'라 불렀고, 그 저격수는 매일 밤 9시 15분이면 인사를 보내며 다음 날 아침까지 단 한 발도 총을 쏘지 않았다. 다른 전장에서는 영국의 기관총 사수가 〈경찰관의 휴일〉이라는 노래의 리듬에 맞춰 총을 쏘았고, 그걸 본 독일군이 화답해 후렴을 제창했다. 참호는 온갖 소속 신호가 넘치는 페트리 접시로 탈바꿈했다. 각각의 신호는 그 자체로 큰 영향을 주지 못했지만, 날마다 반복되고 한데 모이면서 더 강력한 결속으로 향하는 디딤돌이 되었다.

병사들도 적군과 교감하고 있다는 사실을 받아들이고 있었다. 스코틀랜드 근위 보병대의 부대장 에드워드 헐스(Edward Hulse) 대위는 격렬한 전투가 끝난 11월의 어느 날 아침 자신도 모르게 독일군에게 공감을 느꼈던 순간을 기술했다.

공격을 퍼붓고 난 후 동이 튼 6시 15분 무렵, 발포를 멈추자는 무언의 합의가 이루어진 것 같았다. 몇몇 독일군이 상반신을 드러냈고, 3명이 난간을 기어 나와 죽거나 의식을 잃은 전우의 몸뚱이를 끌어가기 시작했다. 나는 발포 금지를 지시했고, 이 명령은 모든 전선에 전달되었다. 우리 부대에서도 전우 1명을 부축해왔지만 독일군 또한 아무런 공격을 하지 않았다.

이 사건은 헐스에게 강한 인상을 주었다. 몇 주 후, 그는 전선의 뒤편에 위치한 초소에서 다음과 같은 계획을 구상했다.

내일 참호로 돌아가 크리스마스까지 그곳에 머물러야겠다. 전 대대가 자두 푸딩을 곁들인 전쟁터의 파티를 즐길 것이다. 내가 불러 모은 몇 명은 우렁찬 명령에 복종할 테고, 그들은 참호에서 각자 맡은 임무를 수행하리라. 아군의 참호는 적으로부터 겨우 70미터 정도 떨어졌을 뿐이다. 오후 10시가 되면 캐럴부터 티퍼레리 지역의 민요까지 모든 노래를 적들에게 들려주려고 한다. 이 생각에 전우들은 다들 신이 났고 모두가 동참할 것이다. 우리의 목표는 매일 저녁 적군의 참호에서 들려오는 친숙한 선율, 〈모든 것 위에 있는 독일〉과 〈라인 강의 수비〉를 음미하는 것이다.

독일군은 그들의 노래로 화답했다. 대부분의 노래가 비슷했고, 특히 라틴 계열의 노래는 거의 똑같았다. 연이은 노래는 양 진영 병사들의 마음을 움직였고 모두 공감할 수 있는 의미를 담고 있었다. 이는 곧 서로의 가치관과 정체성이 유사하다는 인상을 전달했다.

헐스는 밖으로 걸어 나가 독일군 소령을 만났다. 독일군은 영국군이 전사자를 수습할 수 있도록 도와주었고, 독일 사령관은 일주일 전쯤 어느 영국군 전사자가 독일군 참호에 떨어뜨린 메달과 편지를 건넸다. 헐스는 감정에 북받쳐 자신의 실크 스카프를 독일군 장교에게 주었다. "정말 놀라운 일이었다." 헐스는 이렇게 회고했다. "녹화 영상에 이런 장면이 나왔다면 다들 조작된 거라고 확신했을 것이다."

교전 장소에서 몇 킬로미터 떨어진 플로에그스테르트숲 근처에서 존 퍼거슨(John Ferguson) 상병은 참호에 웅크린 채로 신경을 곤두세우고 있었다. 그는 후에 이렇게 기술했다.

우리는 '올드 프리츠(Old Fritz, 독일인 장교를 뜻함)'가 참호 밖으로 기어 나올 때까지 소리쳤다. 아군 세 사람을 동반하고 그를 만나러 갔다. "빛을 따라오시오." 우리는 이 말을 듣고 불빛을 향해 다가갔다. 그는 손전등을 만지작거리며 우리를 인도했다.

우리는 악수를 하고 서로에게 크리스마스 인사를 건넸다. 그러고는 마치 서로 아주 오래 알고 지낸 것처럼 대화를 나누기 시작했다. 우리는 철조망 앞에서 독일군에 둘러싸여 있었다. 프리츠는 나와 대화하며 동료들에게 통역해주었다. 우리는 마치 길거리의 연설가처럼 원형으로 모여 앉았다. 말은 안 통했지만 몸짓으로 서로를 이해하며 자연스럽게 어울렸다. 몇 시간 전까지 죽이려 했던 상대와 아무렇지도 않게 웃고 떠들었던 것이다.

여타 사람들과 마찬가지로 헐스와 퍼거슨 또한 이 상황에 경악했다. 하지만 실은 전혀 경악할 일이 아니었다. 전장에서 나오는 순간 연합군과 독일군은 이미 오랜 시간 대화를 나눴고 진영을 넘나들며 다음과 같은 소속 신호가 오고 갔다. '우리는 하나이다. 우리는 안전하며, 당신이 원한다면 양보하겠다.' 전쟁터의 한복판에서 그런 일이 현실로 이루어진 것이다.

## 성공 사례2:
## 모든 것을 바꾼 1시간짜리 연수

플랑드르 참호와 정반대의 환경으로는 인도 벵갈루루에 위치한 위프로(WIPRO) 콜센터를 꼽을 수 있다. 전 세계 콜센터의 전형을 보여주는 위프로는 조직적이고 효율적으로 일한다. 여느 콜센터와 마찬가지로, 콜센터 직원이 장비나 서비스의 문제를 접수하면 에이전트가 해결한다. 뿐만 아니라 급여 수준도 높고 장비의 질도 우수하며, 구내식당이나 출퇴근 서비스, 사회 활동 등 직원 복지도 훌륭하다. 그럼에도 불구하고 2000년대 후반, 위프로는 좀처럼 해결할 수 없는 난관에 부딪쳤다. 해마다 전 직원의 50~70퍼센트가 대거 퇴사했던 것이다. 퇴사자들은 아주 흔한 이유를 대며 회사를 떠났다. 다른 일을 찾겠다거나 나이가 어리다는 핑계를 대기도 했다. 뚜렷한 이유조차 없는 경우도 허다했다.

처음에 위프로 경영진은 직원들에게 인센티브를 강화하는 방법으로 문제를 해결하려 했다. 더 많은 급여를 주고 복지를 늘리고 인도에서 최고의 대우를 해주는 회사라는 점을 어필했다. 모두 상식적인 수준에서 고안된 방법이었지만 실제로는 아무런 효과가 없었다. 직원들의 퇴사율은 여전히 높았다. 2010년 가을, 결국 위프로의 경영진은 연구자 브래들리 슈타츠(Bradley Staats), 프란체스코 지노(Francesco Gino), 대니얼 케이블(Daniel Cable)의 소규모 실험을 통해 그 이유를 파악해보고자 했다.

실험은 다음과 같이 진행되었다. 수백 명의 신입 사원들을 2개의 그룹으로 나눴다. A 그룹은 기본 교육과 함께 위프로의 정체성을 설명하는 1시간짜리 보충 강의를 덧붙였다. 신입 사원들은 회사의 성공 사례를 들었고, '최우수 직원'을 직접 두 눈으로 보았으며, 위프로의 첫인상에 대해 이야기했다. 강의가 끝난 후 그들에게 회사의 이름이 수놓인 스웨터를 지급했다.

B 그룹 또한 기본 교육과 함께 1시간의 보충 강의를 받았다. 하지만 그들이 받은 보충 강의는 회사가 아닌 직원들을 중심으로 이뤄졌다. 가령 "당신은 일할 때 어디에서 가장 큰 행복을 느끼나요?"라거나 "가장 큰 성과를 내는 요소는 무엇인가요?" 같은 질문이었다. 간단한 테스트도 이뤄졌는데, 바다에서 항로를 잃었을 때 어떤 기술이 필요할지를 묻는 문제였다. 그리고 마지막에는 회사 이름과 각 직원의 이름이 나란히 들어간 스웨터를 전달했다.

사실 슈타츠는 이 실험에서 많은 것을 기대하지 않았다. 일반적으로 콜센터 직원들은 이직률이 높고, 위프로의 이직률은 업계 평균치에서 크게 벗어나지 않았다. 게다가 1시간짜리 강의가 장기적인 영향을 미칠 것 같지도 않았다. 슈타츠는 그림의 떡이나 바라보는 범생이 학자가 아니었다. 골드만삭스의 애널리스트로 첫 경력을 쌓았던 전직 엔지니어로서, 그는 현실 세계에서 어떻게 일이 돌아가는지를 잘 알고 있었다.

"실험이 아주 미미한 효과라도 이끌어내면 다행이었습니다. 우리는 주어진 정보와 조건에 입각해 합리적이고 전문적으로 후속 절차를 진행했습니다. 신입 사원들이 어떻게 행동하고 처신하는지 입사 첫날부터 그대로 지켜보았죠. 그게 전부였습니다."

그리고 7개월 후 충격적인 결과가 나왔다. B 그룹의 신입 사원들은 A 그룹에 비해 잔류 비율이 250퍼센트 높았고, 업계 평균치에 비해서는 157퍼센트나 높았다. 1시간짜리 연수로 B 그룹과 회사와의 관계가 완전히 바뀐 것이다. 얼마 전까지만 해도 제3자에 불과했던 사람들이 회사와 아주 깊은 관계를 맺은 인력으로 탈바꿈했다. 어떻게 이런 일이 가능했던 것일까?

해답은 소속 신호에 있었다. A 그룹의 신입 사원들은 회사와의 거리감을 줄여야겠다는 신호를 전혀 받지 못했다. 그들은 위프로에 대한 많은 정보를 습득했지만 근본적인 거리감을 좁히지는 못했다. 이와 달리, B 그룹의 신입 사원들은 미래 지향적이고 개별화된 소속 신호를 지속적으로 받았다. 이 신호들은 모두 작고 사소했다. 가장 일이 잘되는 순간이 언제인지를 묻거나, 각자의 전문성을 드러내는 활동을 하고, 그들의 이름이 수놓인 스웨터를 전달했을 뿐이다. 신호가 오고 간 시간도 짧았다. 그럼에도 불구하고 소속 신호를 주고받음으로써 결속을 쌓고 정체성을 공유하며 심리적 안정감을 구축한 것이 커다란 차이를 만들었다.

슈타츠는 이렇게 말했다. "애초에 문제를 바라보는 방식이 잘못되었습니다. 집단의 일원이 되어 기쁨을 느끼고 그 안에서 더욱 나다워지는 건실한 구조를 만들 때, 비로소 사람들이 소속감을 갖고 능동적으로 움직이는 거죠. 이처럼 모든 유익한 것들은 첫 소통에서 비롯됩니다."

나는 딜립 쿠마르(Dilip Kumar)와도 이야기를 나눴다. 그는 위프로 실험에 신입 사원으로 참여했던 원년 멤버였다. 놀랍게도 그는 자신이 참여했던 연수를 잘 기억하지 못했다. 애드워즈 엔진의 문제를 바로잡은 제프 딘과 비슷했다. 워낙 소속감이 강하다 보니 그런 실험이 있었다는 사실조차 잊은 것이다. "솔직히 말하면, 그날 일이 잘 기억나지 않아요. 하지만 동기가 충만했던 건 기억나네요." 쿠마르는 웃음을 터뜨렸다. "효과는 분명하군요. 아직 내가 이 자리에 있고 그때를 좋게 기억하는 걸 보면 말이지요."

## 실패 사례:
## 미사일리어 부대의 문제

성공적인 문화를 연구하는 것은 여러모로 유용하다. 정반대의 경우는 어떨까? 말하자면 실패한 문화를 살펴보는 것이다. 어떤 집단은 단순히 실패하는 것에 그치지 않고 실패의 양상조차 일관된 패턴을 보여준다. 대표적인 사례로 '미니트맨 미사일리어(Minuteman missileers)'의 이야기를 소개하려 한다.

미니트맨 미사일리어는 미니트맨, 즉 대륙간탄도미사일을 관리하고 운용하는 미 공군 소속 요원이다. 그들은 와이오밍, 몬태나, 노스다코타 등 도심에서 멀리 떨어진 기지에서 근무하고, 광범위한 훈련을 받으며 지구 최강의 무기에 속하는 450 미니트맨 III 미사일을 통제한다. 이 미사일은 엄청난 성능을 자랑한다. 높이 18미터에 무게는 약 35톤으로, 시속 2만 5000킬로미터로 날아가 30분 이내에 지구상 어떤 지점이든 타격할 수 있다. 뿐만 아니라 미사일 한 발은 제2차 세계대전 당시 히로시마에 투하된 원자폭탄의 20배가 넘는 폭발력을 지니고 있다.

미사일리어들의 체계는 1940년대 후반 커티스 르메이(Curtis Lemay) 장군이 고안했다. 과시하기 좋아하던 르메이 장군의 목표는 미국의 핵 병력을 한 치의 오차도 없이 작동하는 기계로 만드는 것이었다. 르메이는 "모든 인력은 구석구석을 연결하는 통로가 되어야 하고, 조직은 트랜지스터의 기판이나 콘덴서의 배터리처럼 기능해야 한다"라고 주장했다. 심지어 "녹이 슬지 않게, 모든 것을 갈고닦아야 한다. 경계 태세를 갖춰라"라고 떠들고 다니기까지 했다. 그런 르메이를 두고 《라이프》는 "서방 세계에서 가장 깐깐한 경찰"이라 묘사했다. 그의 자신감은 끝이 없었다. 어느 날 그는 시가에 불을 붙인 채 폭격기 안으로 들어왔다. 승무원은 폭격기가 폭발할 수도 있다고 저지했지만 그는 이렇게 대꾸했다. "어찌 감히 폭발하겠나."

르메이의 시스템은 몇십 년간 무사히 작동했다. 하지만 최근 미사일리어들에게 문제가 발생하기 시작했다.

▶ **2007년 8월** : 마이놋 공군 기지(Minot Air Force Base)의 사병들이 B-52 폭격기에 6기의 핵 탑재 크루즈 미사일을 잘못 실었다. 이 폭격기는 루이지애나의 박스데일 공군기지로 날아갔고, 몇 시간 동안 활주로 위에서 아무 조치 없이 미사일이 방치되는 사태가 벌어졌다.

▶ **2007년 12월** : 마이놋 미사일 발사 요원이 후속 점검을 빠뜨렸다. 조사관들은 일부 마이놋의 보안 요원이 방문 당시 휴대폰 게임을 하고 있었다고 보고했다.

▶ **2008년** : 펜타곤 보고서에 따르면 공군이 핵 작전에 임하는 태도에 '용납할 수 없는 극적인 퇴보'가 보인다고 주지하고 있다. 오죽하면 한 펜타곤 인사는 이렇게 말했다. "머리털이 곤두설 지경이다."

▶ **2009년** : 로켓 추진에 사용되는 고체 연료 30톤이 마이놋 인근 배수로에서 발견되었다. 트랙터 트레일러가 운반하다가 길가에 떨어

뜨린 것이다.

▶ 2012년 : 국비로 진행한 연구에 따르면, 미사일러 부대원들의 에너지가 소진되었다는 정황이 곳곳에서 포착되고 있다. 바닥난 사기와 악화된 여건뿐 아니라 배우자를 학대하는 일까지 나타났다. 핵미사일 부대에서 군법회의에 회부되는 사례도 다른 공군 부대에 비해 2배나 높았다. 한 미사일러는 연구자들에게 이렇게 말했다. "일이 제대로 되든 말든 신경 안 씁니다. 그저 곤란한 일만 안 생기는 걸로 족해요."

▶ 2013년 : 마이놋 공군 기지의 미사일 장교들은 '미흡' 평가를 받는다. 대학교로 따지면 D 학점이나 다름없는 수준이다. 11명 가운데 3명의 사병은 '부적격' 판정을 받는다. 19명의 장교들은 발사 임무에서 탈락해 숙련도 테스트를 다시 거쳐야 했다. 핵 부대 지휘관인 중장 제임스 코왈스키(James Kowalski)는 미국에 대한 최대의 핵 위협은 "불의의 사고이며, 우리 부대의 가장 큰 리스크는 바보 같은 실수를 하는 것"이라고 말했다.

▶ 2014년 : 미니트맨 유지 보수 인력의 실수로 지하 저장고에 보관된 핵미사일에 문제가 발생했다.

이런 사태가 벌어질 때마다 지휘관들은 엄중한 단속으로 대응했다. 코왈스키 장군은 이렇게 말했다. "이건 훈련의 문제가 아닙니다. 일부 인원의 군기가 빠져서 그렇습니다." 2013년 봄, 연달아 사고가 터진 이후 중장 제이 폴드(Jay Folds)가 마이놋의 전투 병력에게 전달한 내부 문건에도 비슷한 내용이 있다. 폴드는 미사일러에 대해 이렇게 말했다. "우리는 리셋 버튼을 누르고, 썩어 문드러진 무사안일 지대에서 부대원들을 끌어내 바닥에서부터 조직을 재건해야 한다." 그리고 그는 이렇게 덧붙였다. "TV를 끄고, 능률을 높이기 위해 업무에 매진하라. 매일 최고의 성과를 달성해야 한다. 그 어떤 평가나 시험, 현장 방문, 확인 절차에도 즉각 대응할 수 있어야 한다. 과거의 학구적인 분위기는 잊어라(혹 제군들의 자율성을 믿었기에 모든 일들을 일임했던 시스템 또한 잊어라). 상관을 욕하거나, 조직을 새로 재건하려는 문화를 비방하는 자가 있다면 즉시 보고하라. 분명히 만족할 만한 결과가 뒤따를 것이다!"

얼핏 보면 모두의 협력을 이끌어내는 강경하고도 인상적인 조치처럼 보였다. 실제로는 아무런 효과가 없다는 것이 문제였다. 실수는 계속되었다. 폴드가 성명을 발표한 지 몇 달 후, 대륙간탄도미사일을 감독했던 소장 마이클 케리(Michael Carey)는 모스크바 출장 당시 술에 취해 기행을 부려 해고되었다. 곧이어 맘스트롬 공군 기지에서는 2명의 미사일리어가 코카인, 엑스터시, 목욕용 소금을 불법으로 소지하고 사용, 배포한 혐의로 조사를 받았다. 심지어 기소된 장교들을 조사하는 과정에서 이들이 숙련도 테스트에서 부정한 방법으로 평가 점수를 올렸으며, 60명 이상의 맘스트롬의 미사일리어들이 이를 알고도 묵인한 사실이 드러났다.

미사일리어들의 문화가 엉망이 되어버렸다는 것을 누구도 부인하지 못할 것이다. 도대체 그 이유는 무엇일까? 집단의 문화를 일종의 타고난 본성이나 DNA의 관점에서 본다면, 당연히 미사일리어들이 게으르고 이기적이고 성격이 원만하지 못해 나타난 결과라고 생각하기 쉽다. 처음에 그렇게 판단한 공군 지휘부는 강경책을 시도했지만 실패했다. 결국 미사일리어들이 게으르고 미성숙하고 이기적이라는 본래의 가정이 더욱 굳어질 뿐이었다.

그러나 소속 신호의 관점으로 바라보면 전반적인 그림이 바뀐다. 소속 신호는 집단의 본성이나 규율과는 무관하며, 다음과 같은 기초적인 질문에 답해줄 환경을 만들어야 한다. '우리가 이어져 있는가? 우리는 안전한가? 우리는 미래를 공유하는가?' 이 질문들에 대해 미사일리어 조직은 어떻게 대처하고 반응하는지 하나씩 살펴보자.

**우리가 이어져 있는가?** 미사일리어만큼 신체적, 사회적, 정서적으로 밀착된 상황은 찾아보기 어렵다. 그들은 아이젠하워 시대의 기술에 머물러 있는 춥고 좁은 미사일 발사 시설에서 24시간 내내 짝을 지어 순환 근무한다. "이곳은 거의 40년간 변한 게 없습니다." 한 미사일리어는 이렇게 말했다. "청소를 해도 실상은 암담합니다. 배수로는 부식되고 석면이 도처에 널려 있죠. 누가 여기에 들어가고 싶어 할까요?"

**우리에게 미래가 있을까?** 처음 사일로(미사일을 보관하는 지하 기지)가 건설되었을 때, 미사일리어들은 조종사 동료들만큼이나 미국의 방어에 핵심적인 역할을 담당했다. 당시는 소련과의 체제 경쟁이 한창이던 냉전 시대였다. 백악관에서 발사 명령이 내려오는 것은 현실적으로 충분히 가능한 일이었다. 미사일리어 경력은 우주 사령부와 공군 사령부 등 요직으로 나아가는 교두보였다. 그러나 냉전이 종식되자 미사일리어의 미래는 바뀌었다. 그들은 더 이상 존재하지 않는 목표를 위해 훈련하고 있었고, 미사일리어라는 경력의 가치는 쪼그라들거나 완전히 사라지고 말았다.

"아주 불길한 조짐입니다." 전직 미사일리어이자 현재 프린스턴대학교에서 강의를 하고 있는 브루스 블레어(Bruce Blair)의 말이다. "그 누구도 미사일 기지에서 일하려 들지 않습니다. 진급은 요원해지죠. 미사일 부대 경력으로는 장군이 될 수 없습니다. 심지어 사령부는 핵미사일 부대원들이 다른 사령부에서 교환 훈련을 하지 못하도록 조치했습니다. 너희들은 별 볼 일 없는 곳에 영원히 틀어박혀 있으라는 메시지나 다름없었죠."

"처음 몇 달은 꽤 신이 나죠." 또 다른 전직 미사일리어가 말했다. "장밋빛 나날은 금세 사라지고 맙니다. 매일 같은 일을 반복하다 보면, '내가 계속 이러다 말겠구나. 영원히 이 상태로 남겠구나'라는 생각이 들어요."

**우리는 안전한가?** 미사일리어들의 세계에서 가장 큰 위험 요소는 미사일 자체가 아니다. 숙련도와 업무 역량 그리고 핵미사일 준비 태세를 끊임없이 점검하는 평가 테스트이다. 이 시험들을 통과하려면 발사 코드를 빽빽이 채운 12센티미터 두께의 책자를 암기해야 한다. 그들은 거의 만점에 가까운 점수를 받아야 하고, 하나라도 틀리면 쓰라린 결과를 감내해야 한다. 그만큼 모든 절차는 완벽에 가까워야 하며, 한 치의 흐트러짐으로 경력 전체를 망칠 수 있다.

"체크리스트들은 길고 세세할 뿐 아니라, 딱딱하고 건조합니다. 아주 비인간적이죠." 블레어는 말했다. "완벽하지 않으면 바보가 되는 겁니다. 상부의 관심에서 벗어나 단둘이서 외딴 지하 발사 통제 센터에 들어가 8톤짜리 문을 닫고 나면, 모든 기준을 던져버리고 편법을 찾게 되죠."

한 미사일리어는 이렇게 말했다. "모든 일탈은 대통령의 발사 명령을 어기는 것만큼 엄정하게 취급됩니다. 치명적인 실수를 저질렀다면 그걸로 끝이죠. 말 그대로 '개자식'이 되는 겁니다. 잘해보려고 튀는 행동을 하는 것도 곤란합니다. 제대로 하지 않으면 벌을 받고, 실수를 인정하거나 도움을 요청하면 그 사람의 평판은 그걸로 끝인 거죠. 그러다 보니 모든 미사일리어들이 겁먹은 강아지 같아요. 악순환은 계속됩니다. 조금이라도 안 좋은 일이 벌어지면 모두가 비명을 지를 정도로 과민 반응을 보입니다. 그럴수록 평가는 더 촘촘하고 반복적으로 이뤄져, 부대원들의 사기는 떨어지고 실수는 더 잦아집니다."

결국 아무런 연결도, 아무런 미래도, 아무런 안전도 보장되지 않는 완벽한 반(反)소속 신호(antibelonging cues)로 귀결된다. 미사일리어의 문화가 망가진 이유는 내부적으로 군기가 빠지고 각자의 역량이 부족해서가 아니다. 부대원들의 화합을 파괴하도록 유도하는 환경 탓이다. 실제로 대화를 나눴던 전직 미사일리어들은 똑똑하고 활달하고 사려 깊었고, 부대를 벗어나자마자 일의 능률과 삶의 질이 높아졌다. 결과의 차이는 그들의 천성이나 능력에서 비롯된 것이 아니었다. 미사일리어로서 스스로 안전하고 소속되어 있다는 확신을 갖지 못했기 때문이다.

미사일리어 조직의 문화가 제대로 작동하지 않는다는 사실은 핵잠수함에서 일하는 해군의 경우와 비교할 때 더욱 적나라하게 드러난다. 얼핏 두 집단은 비슷해 보인다. 둘 다 사회와 격리된 공간에서 긴 시간을 소모하며, 지루한 프로토콜을 암기하고 실행해야 한다. 뿐만 아니라 과거의 유물이 되어버린 냉전 시대의 핵 저지 업무를 담당한다. 유일하게 다른 것이라고는 부대원들이 주어진 환경에서 경험하는 소속 신호의 강도이다. 해군 병사들은 잠수함이라는 물리적으로 제한된 공간에서 아주 밀착되어 있고, 목적이 뚜렷한 행위(전쟁 억제와 더불어 국제적인 정찰대로서 기능)를 분담한다. 더불어 핵잠수함 부대에서의 복무는 해군에서 최고의 지위에 올라갈 수 있는 경력으로 인정받는다. 그 때문인지 핵잠수함 부대는 미사일러 조직에서 만연했던 문제들에서 상대적으로 자유로웠고, 그들이 쌓은 문화는 다방면으로 매우 큰 성과를 거뒀다.

지금까지 우리는 소속 신호가 만들어지는 과정을 살펴보았다. 이제부터는 이 과정을 현실에 적용하는 보다 실용적인 질문으로 넘어가볼 것이다. 이제 2명의 지도자를 소개하려 한다. 최고의 성과를 내는 것으로는 막상막하인 두 사람은 각각의 방식으로 집단의 소속감을 쌓아 올린다. 단순하고 기본적인 제스처와 행위를 내세운 전설의 농구 코치와, 절묘하게 설계된 시스템을 통해 높은 수준의 소속감을 창출한 유통 업계의 괴짜 억만장자가 바로 그 주인공이다.

## Chapter 3

# 관계의 장벽을 허무는
# 아날로그 소통법

## NBA 문제아들,
## 최고의 팀플레이어로 거듭나다

　　　　　　　　어느 날, 닐 페인(Neil Paine)이라는 기고가는
다음과 같은 궁금증이 생겼다. "이 시대 최고의 NBA 감독은 누구일까?"
그는 한 팀이 NBA에서 이기려면 얼마나 많은 게임을 해야 하는지 예측
하기 위해 알고리즘을 고안했다. 이 알고리즘은 선수들의 성과를 측정하
는 계량법을 활용했다. 그러고는 1979년부터 '기대 이상의 승률'을 측정
하기 위해 모든 NBA 감독들의 성과를 분석했다. 말하자면 선수들의 기
량은 낮았으나 실전에서 이긴 경기 수를 집계한 것이다. 그는 집계한 결
과를 그래프로 변환했다.

　페인의 그래프는 규칙적이고 예측 가능한 수치를 보여주고 있었다. 대
부분의 감독들은 선수들의 기량에 따라 이기는 경기 수가 비례했다. 단

1명, 그레그 포포비치(Gregg Popovich)만은 예외였다. 마치 천상천하 유아독존이라는 듯, 샌안토니오 스퍼스의 감독 포포비치는 그래프의 한쪽 끝을 차지하고 있었다. 그가 지휘봉을 잡았을 때 스퍼스는 예상 승률을 한참 뛰어넘는 117게임을 승리했다. 무려 2위 팀을 2배가량 능가하는 성적이었다. 그렇게 스퍼스는 다섯 번의 우승을 비롯해 뉴잉글랜드 페트리어츠, 세인트루이스 카디널스와 같은 팀보다도 높은 승률을 기록하며 지난 20년간 미국 스포츠계에서 가장 성공한 팀으로 자리매김했다. 페인이 그래프에 붙인 타이틀은 '믿기 어려운 그레그 포포비치의 능력'이었다.

포포비치의 팀이 경기장에서 어떻게 이겼는지 알기란 어렵지 않다. 스퍼스 팀 선수들은 작고 소소한 이타적 행위를 끊임없이 수행한다. 공격 타이밍을 노리며 같은 팀끼리 공을 패스하고, 민첩하게 움직이며 수비를 도맡고, 공이 아웃되지 않게 자신의 몸을 던지는 허슬 플레이를 감행한다. 스퍼스의 경기에서는 팀의 이익이 선수 개인의 이익에 우선했다.

스퍼스의 사례는 결코 흔한 경우가 아니었다. NBA 선수들의 연봉을 분석한 한 통계 자료에 따르면, 플레이오프 경기에서 득점을 기록한 선수들은 한 골당 평균 2만 2044달러를 더 받고 있었다. 다시 말해 슈팅을 하지 않고 공을 패스하는 것은 다른 팀원에게 약 2만 달러를 갖다 바치는 셈이었다.

르브론 제임스(LeBron James)는 이렇게 말했다. "이타심이죠. 선수들은 움직이고 가로채고 패스하고 슛을 쏩니다. 그 모든 행위들은 개인이 아닌 팀을 위한 것입니다." 워싱턴 위저즈 팀의 센터였던 마르친 고르타트(Marcin Gortat)는 스퍼스와의 경기를 두고 "모차르트의 음악을 듣는 것 같았다"라고 표현했다.

67세의 포포비치는 완고하고 고루한 데다 사과할 줄 모르는 권위주의자였다. 규율을 중시하는 공군사관학교의 꼬장꼬장한 전통을 물려받아, '성질 더러운 불도그'라는 별명이 있었다. 게다가 화를 낼 때면 마치 활화산이 용암을 뿜어대듯 거침없이 스타플레이어들을 대하기로 유명했다. 아직까지도 유튜브에 '포포비치가 고함과 함께 디아고 스플리터(Thiago Splitter)를 박살내다'라든가 '포포비치가 대니 그린(Danny Green)에게 엿 먹으라고 소리치다', '포포비치가 토니 파커에게 열을 내다' 같은 제목의 동영상이 떠돌아다닐 정도이다. 이처럼 불만 넘치는 괴팍한 감독이 어떻게 스포츠계에서 가장 탁월하게 화합하는 팀을 만들 수 있었을까?

많은 사람들은 이런 대답을 예상할 것이다. "스퍼스가 이타적이고 열심히 뛰고 팀플레이에 집중하는 선수들을 잘 발굴하고 육성했기 때문이다." 하지만 틀렸다. 스퍼스가 훌륭한 인격을 지닌 선수를 고르는 데 전력을 기울인 것은 사실이지만, 그들만의 차별화 전략은 아니었다. NBA의 수많은 팀들이 더 성실하고 개인기가 뛰어나고 팀에 협조적인 선수를 스카우트하기 위해 동분서주한다. 오히려 스퍼스의 위력은 남들보다 기량이 떨어지고 제멋대로인 선수들을 모아 놀라운 시너지를 내는 데 있었다. 과체중에 파티만 좋아하는 게으름뱅이였던 보리스 디아우(Boris Diaw)부터 햄스트링 부상을 핑계로 불명예스럽게 방출된 패트릭 밀스(Patty Mills), 방어술에 소홀해 구단을 옮겨 다녔던 대니 그린까지, 모두 스퍼스에만 오면 달라졌던 것이다. 그리고 그 한가운데 포포비치가 있었다.

# 명감독 포포비치의
## 아날로그 스킨십

2014년 4월 아침, 샌안토니오 스퍼스의 연습장에는 긴장감이 감돌았다. 전날 밤 정규 시즌에서 가장 중요한 게임 중 하나였던 오클라호마시티 선더와의 승부에서 106 대 94로 패했기 때문이다. 졌다는 사실보다도 어떻게 졌는지가 더 문제였다. 초반에는 20 대 9로 앞서가며 주도권을 잡았다. 그러나 이내 이탈리아 출신 가드 마르코 벨리넬리(Marco Belinelli)를 비롯한 몇몇 선수들의 실책으로 상대편에 공격권을 넘겨주다가 결국 패하고 말았다. 플레이오프를 목전에 둔 중요한 상황에서 어처구니없이 승점을 넘겨준 것이다. 팀의 사기는 꺾였고, 다음 경기를 준비하기 위한 연습 내내 분위기가 심상치 않았다.

그때 포포비치가 걸어 들어왔다. 그는 메인주 엘스워스에 있는 조던 스낵바에서 구입한 괴상망측한 티셔츠를 입고 있었다. 머리는 엉망이었고 플라스틱 포크와 과일이 담긴 종이접시를 들고 있었다. 반바지는 적정 사이즈에 비해 2배는 커 보였다. 몸을 뒤뚱거리며 들어오는 그의 모습은 군단을 이끄는 장군이라기보다 조카의 소풍에 따라온 정겨운 삼촌 같았다. 포포비치는 접시를 내려놓고 체육관을 어슬렁거리며 선수들과 이야기를 나눴다. 그는 선수들의 팔꿈치와 어깨, 팔을 만지작거렸다. 용병 선수들과 잡담을 나누다가 크게 웃고는 눈을 반짝이며 활달하게 분위기를 이끌었다. 벨리넬리와는 농담을 주고받더니 서로 붙잡고 씨름을 시작했다. 아주 희한한 광경이었다. 머리가 희끗희끗하도록 나이 먹은 감독이 곱슬머리에 키가 190센티미터가 넘는 이탈리아 농구 선수와 씨름을 하고 있는 것이다.

"미리 챙겨주고 싶은 거예요." 포포비치와 20년간 한솥밥을 먹었던 스퍼스의 단장 부포드(R. C. Buford)는 이렇게 말했다. "그 친구는 벨리넬리가 괜찮은지 알고 싶은 겁니다. 그게 포포비치가 관계를 쌓아가는 방식입니다. 선수들의 세세한 부분까지 챙기는 거죠."

포포비치는 선수들과 교류하기 위해 코가 닿을 정도로 가까이 다가간다. 시비를 건다고 오해할 정도이다. 일종의 친밀감을 과시하는 행동이다. 몸풀기가 계속되는 와중에도 여전히 그는 어슬렁거리며 선수들과 티격태격한다. 한 은퇴 선수가 들어오자 포포비치가 눈이 반짝이며 이를 드러내고 환히 웃는다. 그들은 5분간 주변 상황이나 아이들, 팀 동료에 대해 잡담을 나눈다. 그러다 포포비치는 코트로 향하는 선수들의 뒤에서 이렇게 외친다. "사랑합니다, 여러분."

"소리를 지르는 감독들도 많고, 사근사근한 감독들도 많습니다. 포포비치는 조금은 격하고 거칠지만 뭔가 다릅니다." 보조 코치 칩 엥겔랜드(Chip Engelland)가 말한다. "그는 2가지 메시지를 몇 번이고 전달하죠. '나는 늘 허튼소리 없이 진실만을 말하고, 최악의 순간에도 너를 믿어주겠다'라고 말이에요."

포포비치만의 소통 방식은 스퍼스의 터줏대감 팀 덩컨(Tim Duncan)과의 오랜 인연을 통해 더욱 잘 드러난다. 1997년 포포비치는 신인 드래프트 1순위였던 대학 농구 스타 덩컨을 만나기 위해 버진아일랜드주의 세인트크루아섬으로 날아갔다. 의례적인 만남 대신, 그들은 나흘 동안 섬을 여행했다. 덩컨의 가족과 친구들과 시간을 보내고 바다 수영을 즐기며 농구를 제외한 모든 것을 함께했다. 포포비치는 자신의 이야기를 서슴없이 털어놓았고, 덩컨은 이를 경청하고 음미하며 받아들였다. 그렇게 두 사람은 단순히 감독과 선수 사이가 아닌, 끈끈한 믿음으로 이어진 아버지와 아들 같은 사이가 되었다. 이는 다른 선수들에게도 뚜렷한 모범 사례로 자리매김했다. 포포비치에 대해 스퍼스 선수들은 입을 모아 이렇게 말한다. "덩컨도 포포비치의 지도를 따르는데, 어떻게 내가 그의 지도를 거스를 수 있겠어요?"

다시 스퍼스 팀의 연습장으로 돌아와보자. 몇 분 전, 스퍼스 선수들은 회의실에 모여 오클라호마시티와의 경기를 분석했다. 선수들은 잔뜩 떨면서 자리에 앉았다. 모두들 포포비치가 전날 밤 경기에서 그들이 저지른 잘못을 낱낱이 까발리며, 뭘 실수했고 뭘 더 잘할 수 있었는지 퍼부을 것이라 생각했다. 포포비치는 아무 말 없이 선수들에게 영상 하나를 보여주었는데, 바로 투표권법 제정 50주년을 기념하는 CNN 다큐멘터리였다. 마틴 루서 킹과 존슨 대통령, 그리고 셀마 행진이 벌어지는 모습이 보였다. 다큐멘터리가 끝난 후 포포비치는 질문을 던졌다. 분위기가 완전히 바뀌어 세미나나 토론의 장이 된 것 같았다. "넌 어떻게 생각해?", "너라면 그 상황에서 어떻게 했을 것 같아?" 그가 던지는 질문의 내용은 늘 같았다. 개인적이고, 직접적이고, 큰 그림에 맞춰져 있었다.

선수들은 생각하고 대답하고 서로의 의견에 동의했다. 다시 그들은 대화를 나눴다. 스퍼스에서는 흔한 광경이었다. 포포비치는 시리아 전쟁이나 아르헨티나 정권 교체, 동성 결혼, 인종차별, 테러리즘 등의 주제로 대화를 유도했다. 사실 단 하나의 메시지를 전달할 수만 있다면, 포포비치에게 주제는 중요하지 않았다. "우리는 모두 연결되어 있다." 그 사실이 농구보다 더 크고 중요했다.

"운동선수로 지내다 보면 세상과 단절되는 순간이 옵니다." 부포드가 말했다. "포포비치는 그 순간을 우리와 소통하는 시간으로 활용합니다. 선수들의 출신이 다양한 탓에 관계가 멀어질 것 같으면, 그는 우리가 더 큰 관점에서 서로 연결되어 있다고 느끼게 해줍니다." 이는 포포비치가 보조 코치들에게 자주 하는 말에도 잘 드러난다. "그들을 안아주고 붙잡아주세요."

포포비치가 선수들과의 유대감을 조성하는 방법은 단순하다. 그는 컴퓨터나 이메일, 휴대폰 같은 디지털 기기 대신, 얼굴을 마주하고 간단한 스킨십을 하는 아날로그 방식을 취한다. 특히 그는 선수들과의 저녁 식사 자리를 자주 즐기는데, 그때마다 식탁에는 음식과 와인이 한가득 놓인다. 그의 집에는 커다란 와인 저장고가 설치되어 있고, 하루 종일 푸드 네트워크 채널이 틀어져 있다. 심지어 오리건주에 본인 명의의 포도밭을 소유하고 있을 정도이다. 모두 선수들과 교류하기 위해 음식과 와인을 활용하는 척도로 평가할 수 있다.

"평범한 음식과 와인이 아닙니다." 부포드의 말이다. "그가 선수들과 교감하고 유대감을 유지하기 위한 도구이지요. 포포비치는 이러한 교류에 아주 적극적입니다."

스퍼스 선수들은 경기를 함께하는 것만큼이나 회식을 자주 한다. 모든 선수들이 정기적으로 모이는 팀 회식을 비롯해, 몇 명만 모이는 소규모 회식, 경기 전에 밤마다 벌어지는 코치진 회식도 있다. 포포비치의 역할은 일정을 잡고 식당을 고르는 것이다. 하룻밤에 여러 곳의 식당을 돌아다니는 경우도 많아서, '폭식도 업무의 일환'이라는 농담이 오갈 정도이다. 단순히 먹고 즐기기 위한 식사가 아니다. 시즌 말미에 코치들은 각 선수들이 회식에서 어떤 음식을 먹고 어떤 와인을 마셨는지 기록한 가죽 장

정의 책자를 받아간다.

"비행기 안에서 갑자기 누군가 무릎 위에 잡지 하나를 올려놓아요. 고개를 들어 보면 포포비치죠." 전 스퍼스 보조 코치이자 현재 브루클린 네츠의 단장인 숀 마크스(Sean Marks)는 말했다. "그는 모든 선수들의 고향에 대한 정보를 찾아본 다음, 내용이 맞는지, 좋아하는 음식과 와인은 무엇인지를 물어봅니다. 그러고는 같이 갈 식당을 제안하고 선수의 아내나 여자 친구까지 초대합니다. 식사 자리에서는 주문한 와인과 음식을 비롯해 그 선수의 모든 것을 알고 싶어 합니다. 그런 일이 몇 번이고 반복되죠. 포포비치의 방식은 이렇게 시작되어 결코 끝나지 않습니다."

## 좋은 피드백의 대전제, '네가 아니면 안 돼'

대부분의 사람들은 성공적인 문화가 행복하고 유쾌하며 걱정거리가 없는 상황일 때 가능하다고 착각한다. 실제 사례들을 들여다보면 그렇지 않은 경우가 대부분이다. 늘 활력이 넘치고 서로 긴밀한 관계를 맺고 있는 집단들은 하나같이 어려운 문제를 함께 해결하는 데 더욱 큰 관심을 쏟는다. 현재의 상황이나 앞으로의 방향성을 두고 충돌하면서 불편한 진실이 드러나고 진솔한 피드백이 수시로 오간다. 그리고 그 과정을 거쳐 난관을 돌파할 대안과 아이디어가 탄생한다. 구글의 주방에 '이 광고 형편없네'라는 메모지를 붙인 래리 페이지나, 음식이나 와인을 활용해 일상적인 소통을 이끌어내는 포포비치의 행동은 그런 과정을 선사한 셈이었다. 이 지점에서 우리는 다음과 같은 질문과 마주한다. 포포비치와 다른 리더들은 어떻게 구성원들의 반발이나 불신 없이 쉽지 않은 논쟁을 이끌어낼 수 있을까? 이들이 전달하는 피드백은 무엇이 다를까?

몇 년 전 스탠퍼드대학교와 예일대학교, 컬럼비아대학교의 심리학자들이 모여 어떤 실험을 진행했다. 중학생들이 각자 에세이를 작성하면 교사들이 그 결과물을 다양한 방식으로 평가했다. 학자들은 특정한 피드백이 학생들의 노력과 성과를 현저히 향상시켰다는 사실을 발견했고, 이를 가리켜 '마법의 피드백'이라 칭했다. 마법의 피드백을 받은 학생들은 그렇지 않은 학생들에 비해 더 자주 자신의 에세이를 수정해 높은 평가를 받을 수 있었다. 피드백의 내용은 결코 복잡하지 않았고 단순한 문구로 구성되어 있었다.

이런 조언을 남기는 이유는 기대치가 아주 높기 때문입니다. 당신이라면 이 기대치를 충분히 달성할 수 있다고 믿습니다.

문장 어디에도 개선을 위해 무엇이 필요하다는 말은 들어 있지 않았다. 그럼에도 불구하고 이 말이 효과적으로 작용한 이유는 강한 소속 신호를 전달했기 때문이다. 실제로 문구를 자세히 들여다보면 3가지 소속 신호가 포함되어 있다.

1. 당신은 이 집단에 속해 있다.
2. 이 집단은 특별하며 높은 기준을 유지하고 있다.
3. 당신이 이러한 기준에 도달할 수 있다고 믿는다.

이러한 신호들은 이곳이 노력을 겨루기에 안전한 장소라는 메시지를 분명하게 전달한다. 포포비치의 방식 또한 마찬가지다. 그의 소통은 3가지 소속 신호로 구성되어 있다.

▶ 물리적으로 가까운 거리에서 이뤄지는 개인적인 관계(언제나 너를 챙겨주고 있다)

▶ 결과에 대한 반복적인 피드백(우리의 기준은 높다)

▶ 장르를 넘나드는 광범위한 대화와 큰 그림에 대한 시각 (인생은 농구 이상이다)

마치 노련한 감독이 카메라를 다루듯, 포포비치는 이 3가지 신호를 자유자재로 활용하며 선수들과 관계를 쌓는다. 우선 그는 가까이 다가가 개개인과의 교류를 시도하다가, 중간 거리에서 움직이며 그들의 성과에 대한 진실을 말해준다. 그러고는 선수들의 플레이가 어떻게 작동하는지 더 큰 맥락에서 보여준다. 이러한 신호들의 개별적인 효과는 제한적이지만, 함께 어우러지면 놀라운 마법처럼 효과적인 피드백을 만들어낸다. 저녁 식사나 팔꿈치 잡기, 즉흥적인 교양 세미나가 하나씩 모여 전체의 이야기를 이룬다. '너는 우리 팀에 속해 있다. 우리 팀은 특별하고, 너라면 충분히 우리의 기준을 충족할 수 있어.' 포포비치의 고함이 효력을 발휘하는 이유도 여기에 있다. 그의 고함은 다른 신호들과 함께 관계의 뼈대를 확인하고 강화하며 전달되기 때문이다.

스퍼스 선수들에게 최고의 화합을 이룬 시기가 언제인지 물어보면 똑같이 대답한다. 아이러니하게도 스퍼스가 이겼던 경기가 아닌, 가장 쓰라린 패배를 경험한 밤이었다.

2013년 6월 18일 마이애미. 스퍼스가 다섯 번째 NBA 우승을 목전에 둔 역사적인 순간이었다. 인기 절정의 마이애미 히트 팀을 상대로 진행된 7전 4승제 결승전에서 3승 2패를 기록하며 6차전을 앞두고 있었다. 모두가 스퍼스의 우승을 확신했다. 스퍼스 팀은 그날 밤 자축 파티를 열 심산으로 선수들이 가장 좋아하는 식당 중 하나였던 일 가비아노에 커다란 룸을 예약했을 정도였다.

경기는 초반부터 팽팽했다. 양 팀은 엎치락뒤치락하다가 4쿼터 말미에 스퍼스가 8점을 연이어 득점했다. 종료 28.2초를 남기고 스코어는 94 대 89로 벌어졌다. 마이애미는 기가 꺾였고 관중석은 침묵에 휩싸였다. 우승 팀은 정해진 듯했다. 승률 통계에 따르면, 이 시점에서 스퍼스가 우승할 확률은 66 대 1이었다. 코트 한쪽에서는 보안 요원들이 손에 로프를 들고 저지선을 만들기 위해 움직이고 있었다. 스퍼스 팀의 탈의실에서는 보조 인원들이 아이스박스에 샴페인을 담고 로커에 플라스틱 시트를 붙이고 있었다.

그러나 재앙이 시작되었다. 마이애미의 르브론 제임스가 장거리 슛을 날렸지만 빗나갔다. 마이애미는 실수로 놓친 공을 낚아챘고, 제임스가 다시 시도한 3점 슛이 성공했다. 94 대 92로 스코어는 좁혀졌다. 스퍼스는 파울을 얻어내 두 번의 자유투 가운데 한 번을 성공시켜 종료 19초를 남기고 스코어를 3점 차로 벌렸다. 마이애미에게는 동점을 만들기 위한 단 한 번의 공격 기회가 남아 있었다. 스퍼스가 압박 수비를 펼치는 가운데, 제임스가 3점 슛을 시도했으나 크게 빗나가고 말았다. 공이 골대에 크게 튕기는 순간 게임은 끝난 듯 보였다. 그러나 마이애미의 크리스 보쉬(Chris Bosh)가 리바운드를 낚아채 코너에 있는 레이 앨런(Ray Allen)에게 패스했고, 앨런은 한 걸음 물러서 3점 숏을 멋지게 성공시켰다. 마치 단검을 꼽아 든 것 같았다. 결국 4쿼터는 동점으로 종료되었고 경기는 연장전으로 이어졌다. 사기가 오른 마이애미는 스퍼스를 몰아붙인 끝에, 결국 103 대 100으로 역전승을 거두었다. 거의 다 이긴 경기가 NBA 역사상 최악의 패전의 하나로 뒤바뀐 순간이었다.

스퍼스 선수들은 충격에 휩싸였다. 토니 파커(Tony Parker)는 머리에 수건을 뒤집어쓴 채 울음을 터뜨리고, 덩컨은 코트 바닥에 주저앉아 움직이질 못했다. 마누 기노블리(Manu Ginobli)는 그 누구와도 눈을 마주치지 못했다. "우리 팀이 그렇게 망연자실했던 모습은 처음이었어요." 파커는 훗날 이렇게 그날을 회상했다. 마크스는 이렇게 말했다. "죽고 싶을 정도로 처참했죠."

모두들 당연히 회식을 취소하고 숙소로 돌아갈 것이라고 생각했다. 하지만 포포비치의 생각은 달랐다. "포포비치는 이렇게 외쳤습니다. '우리 가족들!'" 당시 보조 코치였던 브렛 브라운(Brett Brown)은 이렇게 회상했다. "한 사람도 빠짐없이 식당으로 모이세요."

포포비치는 마크스와 함께 차를 타고 가장 먼저 식당에 도착했다. 그들은 빈 식당에 도착하자마자 선수들과 스태프들이 한가운데 모일 수 있도록 테이블을 치우기 시작했다. 곧이어 애피타이저와 선수들이 좋아하는 메인 요리를 주문했다. 모든 준비를 마친 다음 그는 자리에 앉았다.

"지금까지 본 것 중에 제일 슬픈 얼굴이었죠." 마크스는 이렇게 회상했다. "참담한 표정으로 의자에 앉아 단 한 마디도 하지 않았어요. 그런데 이상하게 들릴지 몰라도 이내 탈탈 털어버리고 다 잊어버린 것 같았습니다. 와인을 한 잔 마신 다음 깊이 숨을 들이쉬었죠. 그는 감정을 누르며 팀에 필요한 것이 무엇인지 골몰했습니다. 이후 버스가 도착했죠."

포포비치는 자리에서 일어났다. 그는 문으로 들어오는 선수들을 일일이 반겼다. 어떤 선수에게는 포옹을, 어떤 선수에게는 미소를, 어떤 선수에게는 농담을 건네고 가볍게 팔을 잡았다. 와인이 계속 나왔고, 그들 모두 자리에 앉아 먹고 마셨다. 포포비치는 테이블 사이를 돌아다니며 선수들과 이야기를 나눴다. 마치 결혼식장에서 하객을 접대하는 신부 아버지처럼, 포포비치는 모두를 반기고, 모두와 대화하고, 모두에게 감사의 말을 전했다. 연설이 아닌 친밀한 대화가 오고 갔다. 질책과 분노로 가득할 뻔한 자리에서, 선수들은 예상치 못한 선물을 받은 기분이었다. 그들은 경기에 대해 이야기하기 시작했다. 몇몇 선수들이 눈물을 보이기도 했지만, 어느새 각자의 침묵에서 벗어나 패배를 잊고 웃음을 터뜨렸다.

"저도 그 장면이 기억납니다. 도무지 믿을 수가 없었죠." 부포드는 회상했다. "그날 밤에는 모든 게 정상인 듯 보였어요. 우리는 다시 한 팀으로 돌아왔습니다. 어디에서도 보지 못한 대단한 일이었죠."

## Chapter 4

# 사람을 끌어당기는
# 조직의 조건

## 무일푼 신생 기업은
## 어떻게 최고가 되었나

　　토니 셰이(Tony Hsieh)는 평범한 아이가 아니었다. 그는 4가지 악기를 연주할 줄 알았고, 공부를 많이 안 하고도 연달아 A 학점을 받을 정도로 총명했다. '셰이'라는 이름처럼 다소 수줍은 성격이었고, 사람들과 어울리기보다 혼자 사색하기를 좋아했다. 취미가 퍼즐 맞추기였을 정도로 문제를 독창적으로 풀어가는 과정을 즐기기도 했다. 셰이가 좋아하는 TV 프로그램은 〈맥가이버〉였다. 주인공 맥가이버는 지략이 뛰어난 첩보 요원으로, 모든 물건을 활용해 불가능해 보이는 방법으로 난관을 헤쳐가며 악당들을 정의의 심판대에 세웠다. 난해한 상황 속에서도 멋지게 해법을 찾아간다는 발상은 셰이에게 매우 매력적으로 다가왔다. 그렇게 어린 셰이는 〈맥가이버〉의 세계로 발을 내딛었다.

그 후 셰이의 엉뚱한 행보가 시작되었다. 부모님이 피아노나 바이올린, 트럼펫, 프렌치 호른 연습을 시키면, 그는 녹음된 악기 소리를 재생해 열심히 연습하는 척했다. 고등학교 시절에는 학교에 놓인 전화기로 무료 포르노 통화에 성공해 남학생들 사이에서 폭발적인 인기를 누렸다. 하버드 대학교에 진학해서는 수업 노트를 모아 권당 20달러에 판매하고, 오븐을 구입해 인근 마트보다 더 저렴한 가격으로 피자를 팔기도 했다. 대학 졸업 후 셰이는 링크익스체인지라는 소프트웨어 회사를 공동 설립해, 1998년 마이크로소프트에 매각했다. 당시 셰이의 나이는 25세에 불과했다. 이미 평생 놀고먹을 만큼의 재산을 모았지만, 그는 여기에 만족하지 않고 또다시 해결하고 싶은 문제를 찾아 나섰다.

그러던 중 슈사이트닷컴(ShoeSite.com)이라는 신생 온라인 쇼핑몰이 셰이의 눈에 띄었다. 겉보기에 현명한 투자처럼 보이진 않았다. 전자상거래 시스템이 자리 잡기 전이라 시장 가치가 불투명했고, '~닷컴'이라는 상호를 내건 수많은 벤처기업들이 실패의 쓴맛을 보며 문을 닫았다. 그러나 셰이는 이를 시스템을 개조할 기회로 받아들였다. 그는 강력하고 차별화된 조직 문화를 바탕으로, 온라인 쇼핑몰의 새로운 국면을 열 아이디어를 생각했다. 재미있으면서도 독특한 분위기를 주면 더욱 좋을 것 같았다. '단순한 신발이 아닌, 손님과 직원 모두에게 행복을 배달한다는 발상은 어떨까?' 그렇게 첫 투자 후 몇 달이 지나 셰이는 CEO로 취임했고 회사 이름을 자포스로 변경했다.

자포스 역시 처음에는 난항을 겪었다. 발굴된 지 얼마 안 된 업종이 늘 그렇듯, 공급과 물류, 관리 문제와 마주한 것이다. 그러나 2000년대 초가 되자 회사의 성장에 엄청난 가속이 붙기 시작했다. 2002년 3200만 달러였던 매출이 2003년 7000만 달러, 2004년에는 1억 8400만 달러로 껑충 뛰었다. 라스베이거스로 거점을 옮겨 상승세를 이어가던 자포스는 2009년에 이르러 무려 11억 달러의 매출을 기록했다. 아마존과 인수 합병 절차를 밟은 후에도 자포스는 직원 1500명에 매출 20억 달러 규모의 기업으로 자리를 잡았다. 여전히 자포스는 미국에서 가장 일하고 싶은 회사로 손꼽히고 있으며, 채용 공고가 날 때마다 수천 명의 지원자가 몰리고 있다. 하버드대학교에 입학하는 것보다 자포스에 들어가는 것이 더 어려울 지경이었다.

무일푼의 신생 기업을 누구나 선망하는 기업으로 성장시킨 셰이는 다른 분야로 눈을 돌렸다. 자포스 본사를 둘러싼 약 11만 제곱미터 면적의 땅을 매입해 라스베이거스 다운타운 지역을 되살려보겠다는 야심찬 계획을 세운 것이다. 다운타운은 휘황찬란한 라스베이거스 번화가와는 많은 차이가 있었다. 그곳의 낡아빠진 삼류 카지노나 텅 빈 주차장, 무너지기 직전의 호텔들을 볼 때면 파리가 날리다 못해 차라리 망하는 게 낫겠다고 생각할 정도였다. 셰이는 새로운 화두를 던졌다. '이 도시를 맥가이버식으로 바꾸는 게 가능할까? 자포스를 일으켰던 원리로 쇠퇴한 다운타운을 재건할 수 있을까?'

셰이를 만나기 위해, 23층에 위치한 그의 아파트를 방문했다. 가이드를 포함해 한 무리의 사람들과 함께였다. 셰이는 자포스의 핵심은 뿌리 깊은 개방성에 있다고 설명했다. 그러고는 방문객들을 벽과 천장이 식물들로 울창하게 덮인 일명 '정글 룸'으로 안내했다. 바에 놓인 갖가지 음식부터 시작해, 부엌 싱크대 위에는 먹다 남은 시리얼 바가 남아 있었고, 거실 바닥에는 양말이 널려 있었다. 백만장자의 집 안 풍경치고는 묘한 친밀감이 느껴졌다.

거실 벽에는 다운타운 프로젝트를 위한 거대한 위성 지도가 걸려 있었다. 각 부지는 무한한 변화의 가능성을 대변하고 있었다. 바로 옆 벽면에는 다운타운의 미래상을 메모한 색색의 포스트잇이 수백 장 붙어 있었다. '크리에이티브한 식당', '모든 것은 태양광으로 작동', '반려견들을 위한 공원', '도시 양조장', '지역 주민들의 공용 텃밭'……. 마치 시뮬레이션 게임 〈심시티〉를 현실에 적용하는 것처럼, 셰이는 설계자인 동시에 플레이어였다.

1시간 후, 컨테이너 파크에서 셰이와 다시 만났다. 머리를 깔끔하게 깎은 셰이는 차분하고 주의 깊게 나를 응시했다. 매 순간 그는 신중하게 어휘를 선택했고, 상대방의 말이 끊기면 다시 말을 이을 때까지 계속 기다렸다. 셰이의 지인들은 그런 그의 행동을 두고 마치 고도의 지능을 지닌 외계인이 지구에 착륙해 사람을 움직이는 법을 깨달은 것 같다고 비유하기도 했다. 나는 그가 고안하고 이룬 것들이 어떻게 가능했는지 물어보았다.

"모든 것이 조직적으로 움직이도록 만들었지요. 제대로만 조합하고 배치하면, 상호 연결이 일어나거든요." 그는 뒤로 물러나 다운타운 프로젝트의 심장, 컨테이너 파크를 가리켰다. 몇 달 전까지도 이곳은 텅 빈 부지에 불과했다. 하지만 지금은 낡은 컨테이너가 상점과 부티크로 변신해 따뜻하고 안락한 모임 장소로 탈바꿈했다. 야외에는 더듬이가 반짝이는 거대한 사마귀 동상이 세워졌고, 그 주위에는 수백 명의 사람들이 행복한 표정으로 오후의 햇살을 즐기며 거닐고 있다. 그날 밤에는 셰릴 크로 (Sheryl Crow)의 콘서트가 열릴 예정이었다. 다운타운 프로젝트에는 많은 역경이 뒤따랐지만, 결과적으로 상당한 성공을 거뒀다. 7억 5400만 달러에 이르는 자본을 유치했고 92개 업체의 지원을 받았다. 무엇보다 다운타운 지역에 새로운 활력이 넘쳐흘렀다.

한동안 우리는 대화를 나눴다. 내가 질문하면 그는 대답했다. 대화가 부드럽게 이어지지는 않았다. 셰이의 입장에서는 말이 가장 좋은 의사소통 수단은 아니었기 때문일지도 모른다. 대화는 다음과 같이 진행되었다.

나 : 어떤 이유로 이 프로젝트를 시작했나요?

셰이 : 체계가 잡힌 걸 좋아하기 때문이죠. (10초 침묵)

나 : 당신에게 영감을 준 모델과 아이디어는 무엇인가요?

셰이 : 다양한 장소에서 여러 아이디어를 얻었습니다. (20초 침묵) 아주 어려운 질문이네요.

일부러 셰이가 까다롭게 군 것은 아니었다. 말로는 표현하기 어려운 문제였기 때문이다. 그는 같이 걷자고 제안했다. 그러자 분위기가 바뀌었다. 그는 거리를 걷다가 사람들과 눈을 마주치며 대화를 나눴고, 그들에게 나를 소개하며 활력이 솟는 듯했다. 모든 이들과 교류하면서 관계를 이어주려는 그의 시도가 매우 인상적이었다. 약 45분 동안 셰이는 영화감독과 뮤직 페스티벌 프로듀서, 아티스트, 바비큐 가게 주인, 3명의 자포스 직원 등을 만나 이야기했다. 그러고는 각자 필요로 하는 것들, 가령 의견을 나눌 만한 사람이나 확인해야 할 일, 흥미를 느낄 사건을 하나하나 짚어주었다. 셰이는 소셜 애플리케이션의 인간 버전이나 다름없었다. 모든 소통은 절제되고 긍정적인 분위기로 진행되었다. 그는 대화를 아주 자연스럽게 이끌어가는 재주가 있었고, 그 점이 곧 특별함으로 다가왔다.

"아주 똑똑한 친구예요. 여덟 살 아이처럼 생각한다는 게 가장 돋보이는 부분이죠." 다운타운 프로젝트의 문화부 이사였던 진 마켈(Jeanne Markel)은 말했다. "그는 아주 단순하면서도 긍정적인 방향으로 대인 관계를 끌어갑니다."

"언젠가 그와 함께 있을 때, 자포스에도 원로 고문이 있어야겠다는 생각이 떠올랐죠." 다운타운 프로젝트의 마케팅 매니저 조 마혼(Joe Mahon)이 말했다. "타이어 제조업체 굿이어(Goodyear)의 사례처럼, 깊은 통찰과 영감을 지닌 원로 고문 말입니다. 한편으로는 말도 안 되는 발상이었지만 토니는 눈 한 번 깜빡이지 않았어요. 전혀 망설임 없이 '좋은 생각인데요'라고 말했죠. 이후 곧바로 토론이 시작되었습니다."

## 괴짜 억만장자의 '충돌' 법칙

파격에 가까운 셰이의 접근 방식 이면에는 이른바 '충돌(collision)'이라는 수학적 논리가 깔려 있다. 그는 돌발적으로 이뤄지는 사람들의 만남을 충돌이라고 표현하며, 이러한 충돌이 모든 조직의 혈류이자 창조성과 공동체 의식, 화합을 이끌어내는 핵심 요소라고 주장한다. 그는 스스로 충돌 가능한 시간을 연간 1000시간 수준으로 유지하고, 다운타운 프로젝트에서는 단위면적당 10만 시간의 충돌을 확보하는 것을 목표로 잡았다. 셰이가 매해 3만 명에 이르는 방문객들에게 자신의 아파트를 개방한 것과 자포스 본사의 후문을 폐쇄한 이유 모두 여기에 있었다. 최근에 열린 한 파티에서 그가 안절부절못한 것 역시 파티 참가자들이 뿔뿔이 흩어져 서로 어울리지 않기 때문이었다. 가구가 사람들의 동선을 방해한다는 사실을 알아차린 그는 직접 커다란 소파를 낑낑대며 옮긴 것도 모자라 조명과 테이블까지 치워버렸다. 그의 친구는 당시의 상황을 그렇게 묘사했다. "억만장자가 직접 가구를 옮기는 모습은 평생 처음이었죠."

"이곳은 온실과 비슷합니다." 셰이가 말했다. "어떤 온실에서는 모든 식물들이 선망하는 역할을 리더가 담당합니다. 더 돋보이고 남들의 시선을 사로잡을 수 있는 거죠. 하지만 그런 리더는 되고 싶지 않았어요. 온실을 짓는 것이 제가 할 일입니다."

'온실을 짓는 것이 제가 할 일입니다.' 셰이의 말 한마디에는 일련의 과정이 함축되어 있다. 바로 여기에서, 그가 어떻게 소속감을 만들어냈는가에 대한 유용한 통찰을 발견할 수 있다. "하루에 1000번 가까이 '충돌'이라는 단어를 입에 올렸을 겁니다." 셰이가 말했다. "횟수가 중요해서가 아니라 생각의 틀을 바꾸기 위해서입니다. 무엇이 중요한지를 판단하는 생각의 틀 말이지요. 아이디어가 언어의 일부로 자리 잡을 때, 사고의 기본값이 됩니다."

방문객들은 셰이의 온실에만 들어가면 마치 강력한 자력에 이끌리는 기분이라고 입을 모은다. "논리적으로는 설명이 불가능하죠." 스탠퍼드대학교의 교수 자리를 박차고 나와 지금은 셰이의 건강 클리닉에서 일하는 방사선 학자는 말한다. "그는 영화 〈매트릭스〉의 모피어스 같은 존재입니다. 이 세상을 처음으로 볼 수 있는 알약을 주죠."

"말로 설명하기가 어렵습니다." 다운타운 프로젝트의 직원 리사 슈프로(Lisa Shufro)는 말한다. "모든 사람과 긴밀하게 이어지는 것을 머리가 아닌 몸으로 느끼게 됩니다. 가능성을 느끼는 거죠. 그는 가는 곳마다 이러한 가능성을 만들어냅니다."

"그는 사람들과 교류하는 방식을 너무나 잘 알아요. 의식하지 못할 정도로 몸에 배어 있죠." 다운타운 프로젝트의 경영 팀에서 일하는 매기 쉬(Maggie Hsu)의 말이다. "토니에게 몇 번이고 물어보았습니다. '왜 사람들이 당신을 따르는 거죠? 왜 그들이 당신에게 반응하는 거죠?' 그러면 그는 이렇게 대꾸하죠. '저도 몰라요.'"

쉬의 일화는 셰이의 소통 방식을 보여주는 대표적인 사례이다. 몇 년 전만 해도 쉬는 세계적인 경영 컨설팅 회사 매킨지의 컨설턴트로 승승장구 중이었다. 다운타운 프로젝트에 관한 소식을 듣고 호기심에 찬 그녀는 이메일을 보냈고, 셰이는 쉬를 며칠간 초대했다. 간단한 워크숍이나 답사 정도의 평범한 일정을 기대했지만, 그녀가 받은 것은 몇 명의 이름이 쓰인 2줄짜리 이메일이었다.

'이 사람들을 만나보세요.' 셰이의 메시지에는 이렇게 적혀 있었다. '그리고 그들에게 당신이 어떤 사람을 또 만나야 하는지 물어보세요.'

쉬는 뭔가 속은 느낌이었다. "그에게 다시 한번 캐물었어요. '이게 다예요? 제가 할 일이 또 없나요?' 그는 이렇게 대답했죠. '무슨 말인지 곧 알게 될 거예요.' 결과적으로 그의 말은 맞았어요. 제가 말을 건넸던 모든 이들에게 받은 신호가 점점 강해지는 기분이었어요. 너무나 강력해서 거부할 수 없을 정도였죠. 계속 돌아다니며 사람들을 만났어요. 논리적으로는 설명이 되지 않았지만, 마치 해야 할 의무처럼 느껴졌죠."

커다란 집단에 소속되는 것을 위와 같이 생각하는 사람은 드물다. 일반적으로는 명확하고 강렬한 비전을 지닌 훌륭한 리더가 여러 사람들을 거느리는 장면을 떠올리기 마련이다. 그러나 '셰이의 온실'에서는 뭔가 다른 일이 벌어지고 있었다. 셰이는 카리스마가 넘치지도 않았고 특별히 언변이 뛰어나지도 않았다. 그의 무기는 아주 단순하다. '사람들을 만나보세요. 무슨 말인지 알게 될 겁니다.' 이 말이 이토록 탁월한 효과를 보여주는 비결은 무엇일까?

## 성과가 책상 간격에 달려 있다고?

냉전 당시, 미국과 소련은 몇십 년에 걸쳐 더 강력한 무기와 위성 시스템을 갖추기 위해 유례없는 군비 경쟁을 벌였다. 각국에서는 정부와 민간을 가리지 않고 기술자들이 팀을 이뤄, 그 누구도 시도할 생각조차 못 한 복잡한 문제를 풀기 위해 엄청난 시간과 자원을 투자했다. 미국 정부는 나날이 치열해지는 군비 경쟁으로 고민을 거듭한 끝에, 어떻게 해야 과정상의 효율성을 높일 수 있는지 알아보는 연구를 진행하기로 했다. '왜 어떤 기술 프로젝트는 성공적인 반면, 어떤 프로젝트는 실패하는 걸까?' 매사추세츠공과대학교(MIT)의 젊은 교수 토머스 앨런(Thomas Allen)은 공식적으로 이 질문을 해결하려고 했던 최초의 학자 중 하나였다.

앨런은 대학교 캠퍼스에서나 볼 수 있는 전형적인 학자가 아니었다. 뉴저지주의 중산층 가정에서 태어난 그는 웁살라대학교를 졸업하고 한국전쟁에 해병으로 참전했다. 제대 후 항공기 제조 회사 보잉에 입사했고, MIT에 진학해 컴퓨터과학과 경영학 석사과정을 복수 전공했다. 그의 이러한 경력은 정부의 연구를 수주하기에 아주 적합했다. 앨런은 이른바

'트윈 프로젝트(twin projects)'에 주목했다. 트윈 프로젝트는 2개 이상의 엔지니어 기업이 같은 문제를 두고 씨름한 경우를 나타내는 용어였다. 대개 대륙간탄도미사일을 유도하는 방법이나 위성 통신처럼 고도의 전문성을 필요로 하는 난제들을 대상으로 삼았다. 그는 각 기업에서 제시한 해결책을 평가하고, 성공적인 프로젝트들이 공통으로 지닌 패턴을 알아보려고 했다.

패턴은 금세 드러났다. 가장 성공적인 프로젝트는 '고수준 소통가 집단'이 독점했다. 그들의 케미와 화합은 래리 페이지와 제프 딘이 보여준 상호작용과 유사했다. 아무리 복잡하고 어려운 문제도 그들은 일사불란하고 재빠르게 처리했다. 앨런은 이 점에 착안해 자문해보았다. '고수준 소통가 집단에 속한 사람들은 같은 매체에 글을 기고했을까?', '그들의 지능이나 나이의 격차는 어느 정도일까?', '전공이나 최종 학력은 비슷할까?', '높은 지위에 오른 경험이나 자기만의 리더십 스킬이 있을까?' 이 지표들은 얼핏 합리적인 것처럼 보이지만, 정작 구성원들의 화합을 좌우한 요인은 다른 데 있었다. 바로 구성원들의 책상 간격이었다.

처음에는 앨런도 믿기지 않았다. 하지만 결과를 분석할수록 답은 명확해졌다. 높은 성과와 최고의 호흡을 자랑하는 팀이 만들어지는 과정에서 뛰어난 지능이나 폭넓은 경험은 큰 역할을 하지 않았다. 오히려 책상의 위치와 거리가 더욱 긴밀한 관계가 있었다.

"가까운 거리에서 시선을 맞추고 서로의 흔적을 공유하는 단순한 행위들이 생각 이상으로 매우 중요합니다." 앨런은 말한다. "일하는 도중에 다른 사람의 물건이나 공간을 보는 것만으로도 상대방의 존재감을 떠올리게 되며, 이는 엄청난 효과를 불러옵니다."

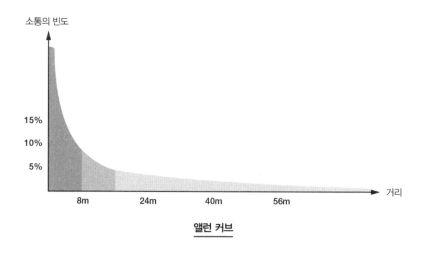

**앨런 커브**

앨런은 거리에 따라 사람들의 소통의 빈도가 어떻게 변하는지 그래프로 측정해보기로 마음먹었다. 바로 '앨런 커브'이다. "우리는 각자의 자리가 어디인지, 몇 층에 있는지 전혀 몰랐지만, 그래프를 통해 이 모든 것을 알아낼 수 있었습니다. 어느 지점에서 그래프가 수직으로 가파르게 상승했다는 게 중요하죠. 같은 팀 소속이지만 동료가 다른 층에서 일하고 있다면, 그건 서로 다른 나라에 있는 거나 다름없습니다."

대개 사람들은 소통 빈도와 거리는 반비례할 것이라고 예상한다. 앨런 커브는 조금은 다른 진실을 보여준다. 일정 수준 이상의 밀착도는 소통 빈도에 엄청난 변화를 초래했다. 책상 사이의 간격을 50미터 이상 떨어뜨리자, 마치 수도꼭지를 잠근 것처럼 파트너와의 소통이 거의 단절되었다. 반면 6미터로 거리를 줄이자 사람들의 소통 빈도는 폭등했다. 거리가 가까워질수록, 서로 이야기를 나누고 긴밀하게 연결되는 정도가 높아진다. 다시 말해 밀착도가 연결의 묘약으로 작용하는 것이다.

많은 과학자들이 지적한 것처럼, 앨런 커브는 진화론의 연장선상에 놓여 있다. 인간이 살아남기 위해 무리를 이루고 소속감을 느끼는 것은 오랜 진화의 산물이다. 그런 관점에서 밀착도는 곧 자신이 어떤 무리에 속해 있고 안전한 상태라는 것을 알려주는 지표인 셈이다. 서로 안전하다는 확신이 없으면, 누군가와 가깝게 붙어 있는 것 자체가 어려운 일이기 때문이다. 온라인상에서의 소통 역시 앨런 커브를 따르고 있다. 문자메시지, 이메일을 비롯해 가상공간에서 의견을 나누고 공감하는 양상은 물리적인 거리가 가까운 사람들 사이에서 더욱 뚜렷이 나타난다(연구 결과에 따르면, 같은 사무실에서 일하는 사람들이 그렇지 않은 사람들에 비해 4배나 자주 이메일을 주고받았다. 그 결과, 그들은 예상했던 것보다 32퍼센트 단축된 일정 내에 프로젝트를 완료할 수 있었다).

모든 것을 종합해보면, 셰이의 사례도 이해가 된다. 셰이는 앨런 커브를 활용하고 있었다. 그의 프로젝트가 성공할 확률이 높은 이유는 고수준 소통가 집단이 가장 높은 평가를 받은 것과 같은 맥락에 놓여 있다. "물리적인 거리가 가까울수록 더욱 긴밀하게 연결되어 효율적인 의사소통이 가능해진다." 셰이의 지인들이 '마치 신비의 묘약을 마신 것 같다'라고 했던 건 아주 틀린 말은 아니었던 셈이다.

인터뷰 도중, 나는 셰이에게 다운타운 프로젝트의 인력을 어떻게 채용했는지 물어보았다. "관심을 보이는 사람이 있다면 우리도 관심을 보여줍니다. 그들을 이곳으로 초대하는 거죠." 그는 말했다. "모든 과정은 교묘하게 진행됩니다. 무료로 숙박할 공간을 제공하고, 별다른 이야기를 해주지 않습니다. 그들은 이곳에 머무르며 무슨 일이 일어나는지 지켜보게 되고, 그중에 우리와 함께하겠다고 마음먹는 이들이 생겨나죠. 이것이 바로 우리가 사람들을 채용하는 과정입니다."

'셰이의 온실'로 오겠다고 마음먹는 사람들의 비율은 어느 정도였을까?

셰이는 한참 생각하더니 이렇게 대답했다. "아마 20명에 1명 정도일 겁니다." 처음에는 5퍼센트라는 숫자가 시시해 보일 수도 있다. 그러나 숫자가 대변하는 현실을 상상해보자. 서로에 대해 전혀 모르던 100명이 셰이를 찾아온다. 고작 몇 마디 나눴을 뿐이고 어울릴 기회도 거의 없었지만, 이 가운데 5명이 익숙했던 곳을 떠나 알게 된 지 얼마 안 된 집단에 들어오겠다고 마음먹은 것이다. 셰이는 낯선 이방인을 같은 무리로 받아들이는 메커니즘을 고안한 셈이다.

"얼마나 흥미로운 과정인가요." 셰이가 말했다. "전 말을 많이 하지 않습니다. 목소리를 높이지도 않죠. 그저 그들이 이 장소를 경험하도록 내버려두고 가만히 때를 기다립니다. 그들에게는 딱 하나만 물어보죠. '그래서 언제 라스베이거스로 오실 건가요?'"

# 소속감을 높이는 리더의 행동 전략12

어떤 집단이 구성원들에게 안전에 대한 확신을 주고 소속감을 쌓는 것은 기계적으로 배울 수 있는 문제가 아니다. 상황에 따라 유동적이고 즉흥적으로 발현되는 기술로 받아들여야 한다. 축구 경기에서 선수들이 공을 패스할 때를 떠올려보자. 공을 차지하기 위해 선수들은 서로의 행동을 인지하고 재빠르게 반응하며 그에 맞는 적절한 신호를 주고받는다. 다른 경우와 마찬가지로, 소속감을 쌓는 기술도 학습 곡선을 따른다.

일찍이 소속감을 연구하는 학자들은 학습 곡선에 주목했다. 대표적으로 독사과 연구를 진행했던 윌 펠프스는 자신의 연구가 개인이 집단과 소통하는 방식에 어떤 영향을 주었는지에 대해 다음과 같이 설명했다. "이전의 대화에서는 흥미를 유발하기 위해 재치 있는 말을 많이 하려 애썼습니다. 다른 사람의 말을 끊는 경우도 있었죠. 지금은 그런 대화가 얼마나 집단에 부정적인 영향을 미치는지 알았습니다. 그래서 요즘은 내가 듣고 있다는 것을 보여주려 합니다. 그들이 말할 때 얼굴을 지켜보고, 고개를 끄덕이고, 그 말이 무슨 뜻인지 물어보고, 더 말해줄 수 없는지 질문하고, 우리가 무엇을 해야 하는지 그들의 의견을 물어보면서 사람들을 내 쪽으로 끌어들이는 것이죠."

다양한 조건의 업무 환경에서 구축되는 심리적 안전에 관해 연구한 에이미 에드먼드슨은 이렇게 말했다. "어떤 사람들이 스스로 안전하다고 느끼는 과정에서 저의 영향력은 높지 않다고 생각했어요. 하지만 지금은 다릅니다. 특히 소통이 시작되면 상대방에게 어떤 변화가 생기거나 긴장하지 않는지 점검해요. 예를 들면 뒤로 자세를 젖혀 사람들에게 안전하다는 확신을 심어주죠."

펠프스와 에드먼드슨은 같은 진리를 이야기하고 있다. 안전을 창출하는 것은 세세하고 미묘한 순간으로 들어가는 것을 의미하며, 결정적인 타이밍에 목표한 신호를 전달하는 일이다. 그렇다면 소속감을 높이고 안전 심리를 공고히 다지려면 어떻게 해야 할까? 이와 관련해 유용한 몇 가지 지침을 당신에게 소개한다.

**경청하고 또 경청하라** 성공적인 집단의 사람들은 대화할 때 공통된 패턴을 보여준다. 고개는 살짝 앞으로 들이밀고, 눈은 깜빡이지 않고, 눈썹은 살짝 위로 올라간다. 그리고 대화에 집중하며 말하는 사람 쪽으로 몸을 기울이고, 중간중간에 '그래, 그렇군, 아하' 등 긍정적인 추임새를 꾸준히 덧붙여 말의 꼬리를 이어간다. "자세와 표정이 정말로 중요합니다." 벤 웨이버(Ben Waber)는 말한다. 알렉스 펜틀랜드 밑에서 박사 과정을 밟은 그는 소셜 미디어의 소통 양상을 분석하고 조언하는 회사 휴머니즈(Humanyze)를 설립했다. "상대방에게 동조하고 있다는 것을 증명하는 방법이죠."

마찬가지로 말을 끊지 않는 것도 중요하다. 이미 살펴보았듯이 친밀하고 부드러운 대화는 집단의 협력이 얼마나 성과로 이어지는지 가늠하는 강력한 지표이다. 말을 끊으면 본능적으로 경계심이 생기면서 매끄러운 소통을 방해한다. 그 점에 착안한 웨이버는 말을 끊는 빈도를 영업이나 판매 과정에 적용했다. "최고의 세일즈맨들은 대부분 남의 말을 끊지 않습니다. 말을 끊는 횟수나 정도를 조금만 줄여도, 상대방에게 더욱 강력한 메시지를 전달할 수 있을 겁니다." 물론 말을 끊는 것이 늘 부정적으로 작용하지는 않는다. 핵심은 서로 흥미진진한 대화를 이어가기 위해 말을 끊는 것과, 상대방을 의식하거나 교감하지 못해 말을 끊는 것을 구분하는 일이다.

**높은 자리에 오를수록 먼저 약점을 드러내라** 이해관계가 복잡할수록, 많은 사람들이 자신의 불완전한 부분은 숨기고 능력을 과시하려고 한다. 그러나 그런 방법으로는 절대 구성원들의 화합을 불러올 수 없다. 당신의 본모습을 드러내자. 때로는 실수를 저지르는 장면을 보여주고, 단순한 말로 상대방이 들어올 여지를 만들어야 한다. "내가 제시한 어떤 의견도 완벽하지 않다는 걸 알고 있습니다. 내가 무엇을 놓친 걸까요? 당신은 어떻게 생각하죠?"

샌안토니오 스퍼스의 단장 부포드의 일화를 살펴보자. 부포드는 스포츠 역사상 가장 성공한 경영인으로 꼽힌다. 그의 경영 스타일은 일반적으로 떠올리는 리더십과는 다소 다르다. 캔자스 지방 출신인 그는 늘 조용하고 사근사근하며, 겸손한 자세로 질문을 던지고 열심히 경청한다(내가 항공편으로 샌안토니오에 도착했을 때, 그는 나를 태우러 직접 차를 몰고 나왔다). 대화를 시작한 지 얼마 되지 않아, 부포드는 7명의 스타급 선수들이 은퇴를 앞두고 있다는 이야기를 꺼내며 이렇게 말했다. "우리 팀의 미래가 어찌 될지 정말 암담하네요." 명성 높은 스퍼스 팀의 선수 발굴 시스템을 자랑하거나, 신인들의 활약상 혹은 성공적인 트레이드 사례, 남다른 팀 문화를 내세울 수도 있었다. 그러나 그런 이야기는 일절 꺼내지 않고 자신의 암담한 기분을 토로

했을 뿐이다. 이러한 신호는 단순히 약점을 인정하는 것에 그치지 않고, 더 깊은 대화로 상대방을 불러들인다. 듣는 사람의 입장에서 다음과 같은 반응을 이끌어내기 때문이다. '내가 어떻게 도와줄 수 있을까요?'

"안전을 창출하고 싶다면, 리더들이 적극적으로 상대방의 개입을 유도해야 합니다." 에드먼드슨은 말했다. "사람들이 먼저 손을 들고 '조심스럽지만, 말씀드릴 것이 있어요'라고 말하기는 생각보다 어렵거든요. 게다가 의견을 묻거나 도움을 구하는 리더들의 진심 어린 질문에 입을 꾹 다물고 있기도 어렵죠."

**불편한 목소리도 포용하라** 소속감이 견고하게 자리 잡으려면, 좋지 않은 소식을 나누거나 난처한 피드백이 오갈 때 어떻게 대처하고 반응하는지가 가장 중요하다. 불편한 진실을 묵히지 않는 것뿐 아니라, 조직의 치부를 드러내는 목소리를 끌어안아야 한다. "나쁜 소식을 들고 왔다고 해서 전령을 죽이면 안 됩니다." 에드먼드슨은 말했다. "그들을 끌어안고, 나아가 이러한 피드백을 얼마나 갈구했는지 알려주는 겁니다. 그래야만 '또 한 번 진실을 말해도 안전하겠구나'라는 인상을 심어줄 수 있습니다."

**구체적인 미래상을 제시하라** 성공적인 집단들은 먼 훗날 구성원들이 어떤 모습으로 성장하고 변할지 살짝 미리 보여준다. 현재 상태와 미래의 비전 사이에 사소해 보이지만 강력한 가교를 놓아주는 것이다. 메이저리그의 세인트루이스 카디널스 팀 사례를 살펴보자. 세인트루이스 카디널스는 신인들을 슈퍼 루키로 키워내는 요람으로 유명했다. 그 저력은 세인트루이스의 마이너리그 클럽인 존슨시티 카디널스 팀의 버스 안에서 생겨났다. 맨 앞에 앉은 코치가 빅 리그 팀의 경기 화면을 가리키며 말했다. "저 투수 누군지 알지?"

선수들은 고개를 들고 화면을 응시했다. 한 젊은 선수가 순백색 유니폼을 입고 위풍당당한 모습으로 마운드 위에 서 있었다. 깔끔한 마무리로 '카디널스의 해결사'라고 불리며 지난해 월드 시리즈에 등판한 트레버 로즌솔(Trevor Rosenthal)이었다. 코치는 말을 이었다. "3년 전까지만 해도, 저 친구는 너희 바로 옆자리에 있었어."

더 이상의 말은 필요 없었다. 의미를 전달하는 데 5초밖에 걸리지 않았지만, 짧은 말의 위력은 강력했다. 말 한마디로 현재 선수들의 위치와 그들이 지향하는 미래를 이어주었기 때문이다. "3년 전까지만 해도, 저 친구는 너희 바로 옆자리에 있었어."

**공치사는 과장될수록 좋다** 성공적인 문화를 공유하는 집단에 발을 들이는 순간 모두가 공감하는 것이 하나 있다. 감사의 의사를 표시하는 횟수가 높아진다는 것이다. 스퍼스의 감독 그레그 포포비치는 각 시즌이 끝날 때마다 스타플레이어들을 한데 모아 이렇게 말한다. "너희를 지도할 수 있어서 너무나 영광스럽고 감사하다." 논리적으로는 이해가 가지 않는 말이다. 모두 충분한 연봉이라는 보상을 받으며, 선수들이 누구에게 지도를 받을지 선택할 수 있는 것도 아니다. 하지만 이러한 순간은 성공적인 집단 내에서 늘 목격되는데, 관계를 되새기거나 감사를 표시하는 것이 합리적인 영역의 문제가 아니기 때문이다.

뉴욕 할렘가에는 'KIPP 인피니티(KIPP Infinity)'라는 유명한 자율형 공립학교가 있다. 내가 그곳을 방문했을 때, 선생님들은 몇 번이고 서로에게 감사하다는 인사를 하고 있었다. 따로 고지를 하지 않고 방문했던 점으로 미루어 볼 때 늘 그런 분위기인 것 같았다. 마침 그날은 3월 14일이었고, 수학 선생님들은 행정실 직원에게 '파이 데이(Pi Day)'라는 문구가 새겨진 티셔츠를 깜짝 선물로 받았다. 8학년 수학을 가르치는 제프 리(Jeff Li)는 다른 수학 선생님들에게 다음과 같은 이메일을 보냈다.

친애하는 동료 수학 선생님들께

8학년 기초 과정인 7차 선형함수 중간 평가 결과를 안내드립니다. 2024년 졸업 예정인 학생들은 앞선 두 학급보다 더 좋은 성적을 받았습니다. 아래 데이터를 봐주시기 바랍니다.

2022년 졸업 예정반: 84.5점
2023년 졸업 예정반: 87.2점
2024년 졸업 예정반: 88.7점

5학년 이후의 전 과정에서 여러분이 훨씬 잘 가르쳐준 결과라고 생각합니다. 매년 일취월장하는 훌륭한 선생님들에게 감사의 인사를 전합니다. 효과가 나타나고 있습니다!

—제프

감사함의 표현이 다소 과한 것처럼 보이지만, 애덤 그랜트와 프란체스코 지노의 실험에 따르면 이것이 강력한 협동을 불러일으킨다. 실험 참가자들에게는 가상 인물인 '에릭'을 도와 입사 지원 서류를 작성하는 과제가 주어졌다. 에릭을 도와준 후 그들 중 절반은 장문의 감사 편지를 받았고, 나머지 절반은 무덤덤한 인사를 받았다. 그다음 '스티브'라는 학생이 도움을 청했다. 에릭에게 장문의 편지를 받은 실험군은 무덤덤한 인사를 받은 나머지에 비해 2배나 적극적으로 스티브를 도와주었다. 소소한 감사의 표시가 전혀 알지 못하는 사람도 너그럽게 대하도록 만든 것이다. 감사함의 표현이 핵심적인 소속 신호로 기능했기 때문에 가능한 일이었다. 이러한 소속 신호는 협력의 동기를 부여하고, 심리적 안전과 유대감을 확산시킨다.

흥미로운 부분이 하나 더 있다. 집단 내의 가장 강력한 사람이 가장 힘없는 사람에게 고마움을 표현하는 경우이다. 프렌치 런드리(French Laundry), 퍼 세(Per Se) 등 유수의 레스토랑을 운영하는 셰프 토머스 켈러(Thomas Keller)는 영업을 시작할 때마다 습관처럼 하는 일이 있다. 레스토랑의 성과는 가장 허드렛일을 하는 사람에게 달려 있다고 강조하며 설거지를 담당하는 말단 직원에게 감사의 인사를 건네는 것이다. 2015년 오하이오주립대학교의 풋볼 팀을 미국 최고의 챔피언으로 만든 어번 마이어(Urban Meyer)도 같은 방법을 활용했다. 모두들 마이어가 팀을 우승으로 이끈 스타플레이어들을 소개하면서 축하연을 시작할 것이라 생각했지만, 그는 별로 알려지지 않은 닉 사락(Nik Sarac)이란 선수에게 공을 돌렸다. 사락은 최후 수비열을 맡은 대기 선수였는데, 학기 초에 사정이 어려운 팀원을 위해 장학금을 양보했다. 켈러가 그랬던 것처럼, 마이어도 사락을 부각시키며 그의 공로를 치하했다. "여기, 보이지 않은 곳에서 우리를 성공으로 이끈 청년이 있습니다."

**독사과를 골라내라** 소속감을 쌓아 올리는 일만큼 중요한 건, 바로 집단의 화합을 방해하고 단절시키는 독사과를 제거하는 것이다. 성공적인 문화를 공유하는 집단들은 독사과와 같은 행동을 규정하는 데 익숙했다. 가령 세계적인 실력의 뉴질랜드 럭비 팀 올블랙스(All Blacks)의 리더들은 '얼간이는 사절'이라는 슬로건 하나로 명확한 원칙을 제시했다. 아주 단순한 문장이며, 그래서 더 효율적이다.

독사과를 선별하는 작업은 새로운 인력을 채용하는 과정에도 적용된다. 누구를 들이고 누구를 내보낼지 결정하는 일이야말로 모든 집단이 보내는 가장 강력한 신호이기 때문이다. 이에 해당하는 사례들을 살펴보면, 많은 경우 긴 시간을 할애하여 지원자가 현재의 구성원들과 얼마나 어울리고 소통에 기여하는지를 관찰하고 평가한다. 자포스 같은 일부 집단은 여기에서 한 단계 더 나아간다. 신규 입사자 교육이 끝나고 나서, 지원자들에게 지금 그만두면 2000달러를 주겠다고 제안하는 것이다. 의도가 너무나 뻔해 보이는 테스트이지만, 약 10퍼센트의 입사 예정자들은 실제로 이 제안을 받아들였다고 한다.

**서로 부딪칠 수 있는 공간을 마련하라** 내가 방문한 집단들은 하나같이 화합과 소통에 적합한 공간 설계에 공을 들였다. 스티브 잡스가 디자인한 픽사의 아트리움이나 5성급 호텔의 회의실에 버금가는 네이비실 팀을 위한 널찍한 공간이 대표적인 사례이다. 그보다 더 소박하고 간단하면서도 강력한 수단이 있는데, 바로 커피 머신이다.

몇 년 전, 미국의 상업은행이자 초대형 금융회사인 뱅크오브아메리카는 녹초가 된 콜센터 팀과 씨름 중이었다. 그들은 벤 웨이버를 영입해 직원들의 사회적 관계가 어떻게 이루어지고 있는지를 분석했다. 그 결과 2가지 사실이 드러났다. 직원들은 평균치보다 높은 스트레스에 시달리고 있었으며, 스트레스 수치는 그들이 책상에서 벗어나 동료와 어울리는 시간에 가장 많이 줄어들었다. 웨이버는 콜센터 팀 관리자에게 매일 15분 정도 직원들끼리 커피 타임을 즐길 수 있도록 스케줄을 조정하라고 지시했다. 그러고는 사내 휴게실을 보다 아늑하고 편안한 분위기로 바꾸고 고급 커피 머신을 비치했다. 효과는 바로 나타났다. 콜센터 팀은 물론이고 전사 차원의 생산성이 20퍼센트나 증가했고, 이직률은 40퍼센트에서 12퍼센트로 떨어졌다. 웨이버가 지켜본 바로는, 사내 카페테리아에 놓인 4인용 테이블을 10인용 테이블로 바꾸는 것만으로도 생산성이 10퍼센트 향상되었다. 이 모든 연구 사례가 주는 교훈은 동일하다. 구성원들이 부딪칠 수 있는 공간을 만들어야 한다는 것이다.

"이전까지는 사내 급식과 간식 서비스를 외부 업체에 위탁해왔습니다." 픽사의 대표이자 공동설립자인 에드 캣멀(Ed Catmull)이 말했다. "음식을 다루는 게 우리 회사의 핵심 비즈니스가 아니라는 판단 때문이었죠. 위탁받은 회사 입장에서는 수익을 내기 위해 음식이나 서비스의 질을 낮추게 됩니다. 이는 단순히 그들이 나쁘거나 탐욕을 부려서라기보다, 구조적인 문제이죠. 결국 우리는 직접 사람을 채용해 합리적인 가격으로 양질의 음식을 제공하기로 마음먹었습니다. 픽사의 직원들은 회사의 급식에 아주 만족하고 있지요. 직원들이나 거래처 사람들 모두 훌륭하고 맛있는 음식을 맛보기 위해 픽사를 찾고, 결과적으로 그들이 대화하고 교류하는 순간들이 모여 우리의 비즈니스에 도움이 됩니다. 아주 간단해요. 음식이야말로 핵심 비즈니스의 일부라는 것을 깨달은 거죠."

**각자의 목소리를 내게 하라**  모두가 제 목소리를 내도록 만드는 것은 생각보다 쉽지 않다. 성공적인 집단들이 구성원 전체의 공헌을 높이 평가하고 강조하는 단순한 기제를 활용하는 이유도 여기에 있다. 가령 도요타에서는 어떤 직원이라도 생산 과정에서 문제를 발견하면 '안돈 코드(Andon Code)'를 작동시켜 공정을 멈출 수 있다. 직급에 상관없이 모든 구성원의 목소리와 판단을 존중하겠다는 의미다. 얼핏 보면 기업의 위계를 뒤흔드는 비효율적인 시스템인 것 같지만, 장기적으로 보면 일하는 사람들을 믿어주고 그들에게 권한을 부여해 소속감을 높이는 효과를 불러온다.

도요타 외에도 많은 집단에서 구성원들의 의견을 이끌어내기 위해 다양한 시도를 한다. 픽사에서 정기적으로 진행하는 '데일리스(Dailies)'가 대표적인 사례이다. 이 자리에서는 직원 모두가 최근의 사업 이슈에 대해 자유롭게 아이디어를 제시하고 피드백을 건넬 수 있다. 구글 또한 지위 고하를 가리지 않고 리더 앞에서 문제를 제기하거나 질문할 수 있는 정기 포럼을 운영한다. 이 모든 것의 밑바탕에 깔린 원칙은 리더가 구성원들의 목소리를 경청하고 나아가 서로를 이어줄 기회를 포착하는 것이다.

또 하나의 유용한 사례는 마이클 아브라쇼프(Michael Abrashoff)의 방법이다. 그는 1997년 구축함 USS 벤폴드호(USS Benfold)를 지휘한 해군 장교이다. 당시 벤폴드호는 해군 내부의 실적 평가에서 거의 바닥을 기고 있었다. 아브라쇼프는 그 즉시 함정에 탑승한 310명의 선원 모두와 30분씩 일대일 면담을 진행했다(모든 면담을 끝마치는 데 거의 6주가 소요되었다). 아브라쇼프는 3가지 질문을 던졌다.

1. 벤폴드호를 타면 무엇이 제일 마음에 드는가?
2. 무엇이 제일 마음에 들지 않는가?
3. 당신이 선장이라면 어떤 점을 바꾸고 싶은가?

아브라쇼프는 실행 가능한 제안을 받을 때마다 개선 조치를 방송으로 알리고, 아이디어를 제시한 선원의 이름을 호명했다. 그의 저서인 『그것은 당신의 배입니다(It's Your Ship)』에 자세히 나와 있듯이, 이 조치로 벤폴드호는 3년 만에 해군의 최정상급 함정으로 부상할 수 있었다.

**하찮은 일일수록 솔선수범하라** 1960년대 중반 UCLA의 남자 농구 팀은 12년간 열 번이나 우승 타이틀을 거머쥘 정도로 스포츠 역사상 최고의 전성기를 구가하고 있었다. 그 무렵 코치였던 프랭클린 아들러(Franklin Adler)는 뭔가 이상한 점을 눈치챘다. 팀 내에서 살아 있는 전설로 통하는 수석 코치 존 우든(John Wooden)이 탈의실에 떨어진 쓰레기를 줍고 있었다. "전미 챔피언 타이틀을 세 번이나 차지한 인물이었죠." 아들러는 말했다. "일찍이 명예의 전당에 입성해 우리 팀을 농구의 명가로 만든 인물이 허리를 굽히고 바닥에서 쓰레기를 줍고 있었습니다."

이상한 행동을 하는 건 우든 혼자가 아니었다. 맥도날드를 창립한 레이 크록(Ray Kroc)도 쓰레기를 몸소 줍는 것으로 유명했다. "매일 밤 그는 거리로 나와 시궁창 옆에 바싹 붙어서 햄버거 포장지와 컵을 하나하나 줍고 있었습니다." 전임 맥도날드 CEO 프레드 터너(Fred Turner)가 앨런 도이치먼(Alan Deutschman)에게 알려준 사실이다. "매번 그는 두 손에 컵과 포장지를 잔뜩 쥐고 가게에 나타났죠. 토요일 아침에는 솔을 들고 대걸레 짜개의 구멍을 일일이 닦고 있더군요. 누가 대걸레 짜개에 신경이나 쓰겠어요. 다들 더러운 대걸레 통이라고 생각하죠. 하지만 크록은 대걸레 짜개 구멍에 긴 때를 보고, 때를 없애면 대걸레를 더 잘 짤 수 있다고 생각했나 봐요."

이러한 패턴은 여러 곳에서 눈에 띄었다. 플로리다대학교의 농구 팀 코치였던 빌리 도너번(Billy Donovan)은 바닥에 쏟아진 음료수를 손수 닦았다. 듀크대학교 농구 팀의 감독 마이크 시셰프스키(Mike Krzyzewski)와 프로 미식축구 팀 뉴욕 자이언츠의 톰 코글린(Tom Coughlim)도 똑같은 행동을 보여주었다. 럭비 팀 올블랙스의 리더들은 '청소합시다(Sweeping the Sheds)'라는 말을 팀의 슬로건으로 내세우기도 했다. 가장 높은 지위에 있는 사람들이 몸소 허드렛일에 나서는 모습을 통해, 우리는 함께한다는 메시지와 팀의 단결을 보여주는 것이다.

나는 이것을 '강력한 겸손(muscular humility)'이라고 부른다. 당장 큰 변화를 주는 일이 아니라도, 공동체를 위하는 간단한 방법을 찾는 태도가 중요하다. 쓰레기를 줍는 행동은 하나의 예일 뿐이다. 임원 전용 주차 구역을 없앤다거나, 직원들의 밥값을 흔쾌히 계산한다거나, 스타트업의 경우엔 리더가 사원과 똑같은 급여를 받는 것도 한 방편이 될 수 있다. 리더들의 너그럽고 도덕적인 면모를 뽐내기 위한 것이 아니다. 그러한 행위들이 '우리는 모두 여기에 함께 있다'라는 더욱 크고 강력한 신호가 되어 전해지기 때문이다.

**첫인상을 최대한 활용하라** 본능적으로 인간은 새로운 무리에 들어가면 교류할지 말지를 재빨리 판단한다. 대부분 그 판단은 초기에 이뤄지며, 성공적인 집단은 그 순간을 결정적으로 활용한다. 예컨대 픽사에 입사하는 사람은 사내 카페의 바리스타이든 이사직이든 똑같은 경험을 한다. 입사 첫날, 당신은 입사 동료들과 한 상영관으로 들어가 제5열로 안내된다. 영상이 가장 잘 보이는 그곳은 주로 감독들이 앉는 자리다. 자리에 앉으면 다음과 같은 말이 울려 퍼진다. "과거에 무엇을 했든, 당신은 지금 영화감독이 되었습니다. 우리가 영화를 더욱 잘 만들려면 당신의 도움이 필요합니다." "효과 만점이죠." 데이터 관리 팀에서 일하는 마이크 선디(Mike Sundy)가 말했다. "그 영상을 보고 있으면, '내가 변하고 있구나'라는 느낌이 들 거예요."

프로 농구 구단 오클라호마시티 선더 또한 입단 첫날을 십분 활용한다. 선수든 스태프이든 이 팀에 들어가면 오클라호마시립박물관에 가서 1995년 오클라호마 폭탄 테러의 희생자들을 추모해야 한다. 거울 같은 인공 호수 주변을 거닐다 보면 168개의 의자 조각상이 나타난다. 각각의 희생자를 기리는 의자이다. 오클라호마시티 선더의 단장 샘 프레스티(Sam Presti)가 주로 투어를 이끈다. 투어는 조용히 진행된다. 사람들은 박물관을 거닐며 장소의 엄숙함을 느끼면 된다. 투어가 끝날 때면 프레스티는 선수들에게 이렇게 말한다. "기회가 되면 경기 도중 관중석을 바라보세요. 관중들 가운데 상당수가 이 비극에서 자유롭지 않다는 걸 기억하길 바랍니다." 위프로의 실험과 마찬가지로, 아주 사소하지만 매우 중요한 순간임이 분명하다. 사람들의 마음이 가장 열려 있는 순간에 강력한 신호를 보내기 때문이다. '우리는 하나이다.'

**샌드위치식 피드백은 NO** 대부분의 리더들은 샌드위치식 기법으로 피드백을 주곤 한다. 긍정적인 부분을 먼저 이야기한 후, 개선할 수 있는 여지를 말해주고, 다시 긍정적인 평가로 끝을 맺는 것이다. 겉보기에는 별 문제 없어 보이지만, 피드백을 받은 사람의 입장에서는 실로 혼란에 빠진다. 자기도 모르게 긍정적인 면이나 부정적인 면 한쪽에 치중하게 되기 때문이다.

성공적인 집단에서는 샌드위치식 피드백을 좀처럼 찾아볼 수 없었다. 그들은 긍정적인 피드백과 부정적인 피드백을 분리했고, 각기 다른 방식으로 전달했다. 부정적인 내용은 대화를 통해 해결했다. 먼저 상대방에게 피드백을 받기 원하는지 물어본 다음, 어떻게 하면 더 나아질 수 있는지에 대해 의견을 주고받으며 학습에 초점을 맞췄다. 반면, 긍정적인 피드백은 확실하게 인정해주고 칭찬 세례를 퍼붓는 방식을 사용했다. 리더들은 조금이라도 칭찬할 만한 행동을 보면 기뻐어쩔 줄을 몰랐고, '정말 대단합니다! 고마워요!'라는 말을 연발했다. 문제에 직면했을 때 함께 고민해주고, 탁월한 결과를 냈을 때는 멋지게 엄지를 치켜 올려준다. 상대방이 명확하고 직관적으로 받아들일 수 있는 그런 피드백이야말로 소속감을 이끌고 노력을 성과로 만들어낸다.

**유쾌한 분위기는 언제나 옳다**  누구나 알고 있는 비결이지만, 한 번 더 언급할 가치는 충분하다. 웃음은 그저 웃음으로 끝나지 않는다. 심리적 안전과 서로 이어져 있다는 믿음을 강화하는 가장 근본적인 신호이다.

PART
2

취약점에
어떻게 대응하는가

## Chapter 5

# 취약성 고리가
# 필수인 이유

## 185명의 목숨을 살린
## 이상한 대화

1989년 7월 9일, 296명을 태운 유나이티드 항공 232편이 덴버를 출발해 시카고로 향하고 있었다. 햇살이 비치는 화창한 날씨였고, 시속 13킬로미터의 가벼운 서풍이 불고 있었다. 이륙 후 1시간 10분까지는 모든 것이 완벽했다. 아이오와 상공을 지날 무렵, 기장 앨 헤인즈(Al Haynes)와 부기장 빌 레코즈(Bill Records), 항공기관사 더들리 드보락(Dudley Dvorak)은 기체를 자동항법장치에 맡겨두고 점심을 먹으며 담소를 나누고 있었다. 57세의 헤인즈는 굵은 목소리에 훌륭한 화술을 자랑했다. 텍사스 출신으로 해병대에서 근무했고, 모든 승무원이 그의 친절한 매너를 좋아했다. 정년을 2년 앞둔 그는 은퇴 후에 아내 달린과 레저용 자동차를 몰고 전국을 돌아다니며 여생을 즐길 계획이었다.

3시 16분. 갑자기 꼬리에서 폭발음이 들렸다. 기체가 심하게 흔들리며 위로 솟구쳤다가 오른쪽으로 급격히 기울었다. 레코즈는 조종간 하나를 움켜쥐고 말했다. "제가 조종할게요." 계기판을 확인해보니 기체의 꼬리 엔진(DC-10기에 탑재된 3개의 엔진 가운데 하나)이 망가져 있었다. 레코즈가 아무리 조종간과 씨름해도 말을 듣지 않았다.

"기장님." 레코즈는 목소리를 침착하게 유지하려 애쓰면서 이렇게 말했다. "못하겠어요. 기체가 말을 안 들어요."

"내가 해볼게." 헤인즈가 요크를 넘겨받으며 말했다. 하지만 헤인즈도 방법이 없는 것은 마찬가지였다. 온 힘을 다해 조종간을 당겼지만 기체는 뜻대로 움직이지 않았다. 기체는 계속 오른쪽으로 기울었고, 마치 날개 위에 서 있는 느낌이었다.

나중에 밝혀진 바에 따르면, 꼬리 엔진에 설치된 1.8미터 크기의 팬에 미세한 금이 가 있었다. 엔진 하나를 잃는 것보다도 폭발의 규모가 문제였다. 파편이 유압식 주 제어선과 보조 제어선을 망가뜨려 방향 조정 장치, 보조 날개, 날개의 플랩이 움직이지 않았다. 곧 연쇄적으로 폭발이 일어날 것이고, 조종사는 더 이상 기체를 통제할 수 없었다.

미연방교통안전위원회(National Transportation Safety Board)에서는 이러한 상황을 두고 '돌발 고장(catastrophic failure)'이라고 부른다. 대부분의 항공사는 조종사들에게 돌발 고장에 대비한 훈련을 시키지 않았다. 우선 돌발 고장은 매우 드물게 일어나고, 유압식 주 제어선과 보조 제어선이 망가질 확률은 10억분의 1에 불과했다. 만약 사고가 났다 해도 피해가 치명적이라 생존율이 극히 낮아지기 때문이다.

헤인즈는 스로틀을 조작해 오른쪽 날개 엔진의 동력을 높이고, 왼쪽 날개 엔진의 동력을 낮춰 동체의 쏠림을 가까스로 막을 수 있었다. 양 엔진의 추진력의 달라지자 기울어진 동체가 서서히 균형을 찾아 어느 정도 수평을 유지했다. 그러나 근본적인 문제를 해결하기에는 역부족이었다. 여전히 기체는 말을 듣지 않았고, 아이오와의 하늘 위를 분 단위로 수천 피트씩 오르락내리락하며 가냘픈 종이비행기처럼 요동치고 있었다. 헤인즈와 레코즈는 여전히 조종간과 씨름하고 있었다. 승무원들은 승객들을 안정시키기 위해 분주히 객실을 오갔고, 어느 승객은 성경을 꺼내 읽으며 기도를 시작했다.

그때 통로 쪽 일등석에서는 데니 피치(Denny Fitch)라는 46세 남성이 엔진 폭발 때문에 무릎 위에 쏟은 커피를 닦고 있었다. 피치는 모의 비행 장치 안에서 조종사들에게 비상 상황에 대처하는 방법을 가르치는 훈련 교관이었다. 피치는 승무원을 붙잡고 기장을 돕고 싶다는 말을 전했고, 다음과 같은 답변을 받았다. '당장 와달라고 하세요.' 통로를 걸어가 조종실 문을 연 피치는 가슴이 철렁했다.

"조종사의 입장에서는 믿기 힘든 광경이었습니다." 훗날 피치는 기자에게 이렇게 말했다. "두 조종사 모두 반팔 티셔츠 차림에, 힘줄은 솟아 있었고, 관절 마디마디가 하얗게 변해 있었죠……. 오늘 이 세상을 뜨겠다는 생각부터 들더군요. 아이오와 지면에 추락하기까지 남은 시간이 얼마인지가 궁금할 따름이었죠."

피치는 게이지를 살피며 원인을 파악하려 애썼다. 이제껏 그는 유압에 문제가 생긴 경우를 한 번도 보지 못했다. 조종사와 마찬가지로 지금 상황을 정확히 이해하기 어려웠다. 엔지니어인 드보락 또한 무전기를 붙잡고 유나이티드항공의 정비 팀에게 도움을 구하는 중이었다. 혼란의 도가

니였다.

"말해보세요." 피치는 헤인즈에게 말했다. "뭐가 필요한지 알려주면 돕겠습니다."

헤인즈는 조종간 콘솔에 놓인 엔진 스로틀을 가리켰다. 헤인즈와 레코즈가 조종간을 붙잡고 씨름하는 동안, 누군가는 기체의 수평을 유지하기 위해 스로틀을 조작해야 했다. 피치는 앞으로 나가 조종간 사이에 무릎을 꿇고, 스로틀을 두 손으로 잡았다. 세 사람은 어깨를 맞대고 그 어떤 조종사들도 해본 적 없는 일을 시도했다. DC-10기를 어떤 항법 장치의 도움도 없이 조종하는 것 말이다. 그들은 시시각각 고함을 짧게 내뱉는 방식으로 소통을 시작했다.

> 헤인즈: 이놈을 어떻게든 밑으로 내려보지요.
>
> 피치: 그래요, 그쪽 동력을 약간 높이세요.
>
> 헤인즈: (착륙 기어를 어떻게 할지) 의견 있어요? 드보락은 (정비 팀과) 연락 중이에요.
>
> 피치: 정비 팀과 말이죠? 기어를 교대로 바꿔보죠. 당신에게 도움이 될 거예요.
>
> 헤인즈: 기어를 어떻게 내리죠? 의견 있어요?
>
> 피치: 그냥 떨어뜨려요. 기어를 번갈아 바꿔봐요. 유일한 방법이니까요. (착륙 기어의) 문을 내렸나요?
>
> 헤인즈: 네.
>
> 레코즈: 기체를 멈추기도 어려워요.
>
> 헤인즈: 맞아요. 브레이크가 없거든요.

레코즈: 브레이크가 없다고요?

헤인즈: (넉넉하지는 않지만) 있긴 있어요.

피치: (멈추는 작업을) 한 번에 끝내야 해요. 단 한 번이에요. 선택의 여지가 없어요. 돌려보세요. 왼쪽으로 돌려 공항으로 갑시다. 알아들었죠?

헤인즈: 오케이, 알았어요.

(몇 분 후)

헤인즈: 살짝 왼쪽으로요. 뒤로, 뒤로.

피치: 가능하면 수평을 유지하세요.

헤인즈: 수평, 수평, 착하지⋯⋯.

드보락: 움직이고 있어요.

피치: 동력 높여요. 더 세게.

레코즈: 동력 높입니다. 최대 추진 중.

피치: 기체 상승 중.

화자 불명: 우향우, 스로틀 원위치.

헤인즈: 왼쪽으로 돌리는 거 가능해요?

드보락: (피치를 향해) 여기 앉아요.

피치: 그래도 괜찮아요?

드보락: 어서 앉아요. 당신이라면 잘할 수 있을 것 같아요⋯⋯.


조종사들이 활용했던 단발성 의사소통을 '통지(notification)'라는 개념으로 규정할 수 있다. 명령이나 지시가 아니다. 감지한 것을 말하고, 그중 하나를 골라내 부각시켜 맥락을 제시하는 것이다. 통지는 소통의 가장 겸손하면서도 원초적인 형태로, 아이의 손짓과도 같다. '저기 보세요'라는 명령과 달리, 통지는 '여기에 동의하시나요?', '다른 무엇이 있나요?'처럼 무언의 질문을 수반한다. 비행기가 이착륙할 때 노련한 승무원은 분당 평균 20건의 통지를 수행한다. 엔진 폭발 후 급조된 232편의 조종 팀은 무려 분당 60건 이상의 통지로 소통했다.

그들의 소통 속에는 개방형 질문도 들어 있었다. 대부분 헤인즈의 질문이었다. "기어를 어떻게 내리죠? 의견 있어요?" 일반적으로 기장은 그런 질문을 하지 않는다. 오히려 그 반대이다. 비상 상황에서 기장은 지시 태세를 갖추고, 냉정하게 판단하고 역량을 과시하는 게 보통이다. 하지만 헤인즈가 조종사들에게 보인 모습은 전혀 다른 것이었다. '기장인 나조차도 지금 뭐가 어떻게 되고 있는지, 어떻게 이 사태를 헤쳐 나가야 하는지 전혀 모릅니다. 좀 도와줄 수 있어요?'

통지와 개방형 질문이 결합하면서 부드럽지도, 우아하지도 않은 소통이 시작되었다. 투박하고 자신감도 없고 같은 말을 계속 반복했다. 언뜻 보면 장애물이 있는지 확인하려고 손을 허우적대며 어두운 방을 헤매는 사람들 같았다.

아이러니하게도 232편의 조종사들은 부자연스럽고 자신 없는 소통을 통해 그토록 어려운 문제를 풀 수 있었다. 그들은 두 엔진 사이의 동력을 최적으로 배분하는 방법을 알아냈고, 널뛰는 비행기의 움직임을 가늠했다. 동시에 승무원과 승객, 관제탑, 정비 팀, 지상의 비상 인력들과 소통했다. 그들은 항로를 선택하고, 하강 속도를 계산하고, 탈출 작전을 준비하는 와중에 농담까지 주고받았다. 그렇게 비행기는 수시티에 근접했고 관제탑의 허가를 받아 공항 활주로에 들어섰다. 헤인즈는 싱긋 웃으며 이렇게 말했다. "뭔가 튀어 보이고 싶어서 무대를 준비하려는 거죠?" 그의 말에 모두가 크게 웃었다.

몇 분 후, 정상 착륙 속도의 2배, 정상 하강 속도의 6배로 232편은 착륙을 시도했다. 착륙 마지막 순간, 날개 끝이 무너져 내리면서 활주로에 닿았다. 엄청난 충격이 가해져 불길에 휩싸였다. 불행 중 다행으로 승무원을 포함해 총 탑승객 296명 중 185명이 목숨을 건졌고, 생존자들은 기체의 문을 열고 옥수수밭으로 걸어 나왔다. 모두가 이처럼 많은 승객이 목숨을 건진 것은 기적이라고 말했다.

몇 주 후, 미연방교통안전위원회는 조사의 일환으로 노련한 승무원들을 시뮬레이터에 앉히고 모든 유압이 말을 듣지 않았던 당시 상황을 그대로 재연했다. 동일한 시뮬레이션을 28회나 반복했지만, 번번이 수시티 근처에도 가지 못하고 땅으로 추락했다.

이 사례에서 하나의 묘한 진리를 발견할 수 있다. 유나이티드항공 232편의 조종사와 승무원들은 개인의 능력이나 기술 덕분에 기적 같은 결과를 일군 것이 아니다. 그들이 성공한 이유는 각각의 역량을 더 큰 지능으로 조합할 수 있었기 때문이다. 그들은 작지만 자신을 낮추는 소통으로 집단의 수행 능력이 촉발된다는 것을 증명했다. 여기서 배울 점은 우리의 타고난 본능에 반하더라도 특정한 행동을 이행해야 한다는 사실이다. 바로 상대방에게 취약한 모습을 내보이는 것이다.

## 단순한 연결을
## 협동으로 전환하라

지금까지는 성공적인 집단이 어떻게 소속감을 이끌어내고 쌓아 올리는지 살펴보며, 밀착에 관한 이야기를 다루었다. 이번에는 좀 더 실질적인 차원에서 질문해보려 한다. 소속감이 효과를 발휘하도록 만드는 방법은 무엇일까? 구성원 간의 연결(connection)을 협동(cooperation)으로 전환하는 방법은 무엇일까?

유난히 잘 뭉치고 화합하는 집단을 보면, 서로를 믿고 원만하게 협력하는 순간을 자주 목격할 수 있다. 특히 거대한 장애물에 맞닥뜨렸을 때 이러한 순간이 빛을 발한다. 예컨대 새로운 훈련 과정을 시도하는 네이비실 팀이나 새로운 소재를 발굴하는 즉흥 연극 극단의 경우가 그렇다. 그들은 사전에 의견을 나누거나 계획을 세우지 않고서도 일사불란하게 움직인다. 마치 물고기 떼가 산호초 속에서 길을 헤쳐 나가듯, 한마음으로 뜻을 모아 장애물을 뛰어넘을 방법을 찾아 나선다. 그들의 협력 방식은 부드러우면서도 시원시원하고, 각자가 시기적절하게 행동하고, 모두가 같은 생각을 하는 듯 무언의 인식을 공유한다. 절묘하다는 말이 저절로 터져 나온다.

그러나 좀 더 자세히 살펴보면 또 다른 것들이 보인다. 부드러움과 시원시원함의 사이에 놓인 각각의 순간들은 절묘하지 않으며, 협동과는 거리가 멀어 보이기까지 한다. 투박하고 서투르고 어려운 과제로 가득 차 있다. 힘겨운 피드백을 다루면서 심각한 긴장이 팽배하고, 무엇이 어떻게 돌아가는지 알아내기 위해 모두가 머리를 맞대고 고민한다. 놀라운 건 이 모든 순간들이 우연히 일어나지 않았다는 점이다. 철저하게 계획에 따라 이루어진다.

그러한 불편한 순간들은 픽사의 '브레인트러스트(BrainTrust)' 회의에서도 찾아볼 수 있다. 브레인트러스트 회의는 제작 중인 영화를 평가하고 개선하는 작업이다. 픽사에서 만들어진 모든 영화는 정기적으로 이 과정을 여섯 번이나 거쳐야 한다. 회의는 영화 제작에 참여한 모든 사람들을 비롯해 스튜디오의 베테랑 감독과 프로듀서들이 모여 영화의 최신 버전을 시청하고 솔직한 의견을 제시하는 형태로 이루어진다. 겉보기에는 여느 회사나 모임에서 진행하는 일반적인 전략 회의 같지만, 가까이 살펴보면 고통스러운 외과 수술에 더 가깝다. 회의에 참석한 사람들은 영화를 낱낱이 해부하면서, 숨 막힐 정도로 흠결을 자세하게 부각하고 지적하고 분석한다.

브레인트러스트 회의는 유쾌한 자리가 아니다. 브레인스토밍 과정에서 웃음꽃이 필 때도 있지만, 대부분 감독에게 영화가 엉망이라는 현실을 상기시키며 이마를 찡그리는 장면이 연출되기 때문이다. 등장인물이 강렬하지 않다는 등, 줄거리가 뒤죽박죽이고 에피소드가 하나도 재미없다는 등 혹평이 난무한다. 하지만 여기에서 영화를 개선시킬 여지를 찾기 시작한다. "브레인트러스트는 지금껏 실시했던 작업 가운데 제일 중요한 과정이었죠." 픽사의 대표 에드 캣멀은 말했다. "너무나 솔직한 피드백에 의지하니까요."

일련의 피드백을 전달할 때 지켜야 할 규칙은 스튜디오의 평가자들이 영화가 지닌 문제에 대한 해결책을 제시할 수 없다는 것이다. 이 규칙 덕분에 영화는 오롯이 감독의 몫이 되고(감독은 스스로 해결책을 찾아내야 하며, 상급자의 지시를 반영하는 데 그쳐서는 안 된다), 회의에서는 다소 비관적이고 긴박하더라도 건설적인 의견들이 쏟아진다. 마치 유나이티드항공 232편의 조종사들이 나쁜 소식을 연이어 듣는 상황에서도 '어떻게 착륙하는지 아는 사람 없어요?' 같은 질문을 주고받았던 것처럼 말이다. "처음에는 모든 영화가 엉망이죠." 캣멀은 말을 이었다. "브레인트러스트는 왜 영화가 엉망인지를 샅샅이 살펴보는 과정이며, 동시에 엉망인 수준에서 벗어날 시작점을 찾는 시도이기도 합니다."

결과물에 대한 불편하면서도 솔직 담백한 피드백이 오가는 순간은 네이비실의 사례에서도 찾아볼 수 있다. 네이비실에서는 각 미션이나 훈련 기간이 끝나면 함께 모여 'AAR(After Action Review)'이라는 사후 평가를 위한 자리를 갖는다. 팀원들은 총기 대신 스낵과 생수를 쥐고 대화를 시작한다. 브레인트러스트와 마찬가지로, 그 자리의 목표는 문제를 지적하고 분석하는 것이다. 불편한 질문과 정면으로 마주하는 순간이 연달아 이어진다. '어디에서 실패한 것일까? 각자가 무엇을 한 걸까? 그렇게 할 수밖에 없었을까? 다음번에는 무엇이 달라져야 하지?' AAR은 적나라하고 고통스럽고 격앙된 분위기에서 불확실성을 감당해야 하는 자리다.

"재미와는 거리가 멀죠." 네이비실 팀의 전임 대원 크리스토퍼 볼드윈 (Christopher Baldwin)이 말했다. "긴장감의 연속입니다. 주먹다짐까지는 아니지만, 대원들 간에 아슬아슬한 긴장감이 감돕니다. 미션 자체보다 함께 그것을 수행한다는 사실이 제일 중요합니다. 무슨 일이 일어났고, 어떻게 개선할 수 있는지를 알아내는 출발점이기 때문이죠."

네이비실과 픽사가 일련의 과정을 구조적으로 구축한 데 비해, 좀 더 느슨하고 유기적인 방식으로 수행하는 집단들도 있다. 뉴욕에 위치한 그래머시 태번이라는 레스토랑의 직원들은 '요식 업계의 어벤저스'로 통한다. 일전에 이 레스토랑의 부점장 스콧 라인하르트(Scott Reinhardt)와 말단 직원 휘트니가 대화하는 모습을 본 적이 있다. 휘트니가 오랫동안 바라던 웨이터 업무에 처음 뛰어든 순간이었다. 점심시간이라 손님들이 몰려와 줄을 서 있었다. 휘트니는 신이 났지만, 한편으로 살짝 긴장도 되었다. 그때 라인하르트가 휘트니에게 다가왔다. 휘트니를 격려해주기 위해 왔을 거라고 생각했는데, 그 예상은 보기 좋게 빗나갔다.

"그래요." 라인하르트는 휘트니를 맑은 눈으로 뚫어질 듯 쳐다보며 말했다. "장담하는데, 오늘은 일이 완벽하지 않을 거예요. 어쩌면 완벽할 수도 있지만, 그러지 못할 가능성이 매우 높다는 뜻이죠."

휘트니는 다소 놀란 표정이었다. 그녀는 이 순간을 위해 6개월을 준비했고, 잘해보겠다는 생각으로 세부적인 업무까지도 열심히 숙지했다. 보조 인력으로 일하면서 중요한 내용을 메모하고 회의에 참여하며 모든 직원들을 그림자처럼 따라다녔다. 그랬던 그녀에게 부점장은 일을 망칠 수밖에 없다는 말을 직설적으로 던지고 있었다.

"오늘 하루가 성공적이었는지 판단할 수 있는 방법을 알려줄게요." 라인하르트는 말을 덧붙였다. "만약 누군가에게 열 번 정도 도움을 요청한다면 그건 성공한 겁니다. 하지만 모든 일을 혼자 하려 든다면……" 라인하르트는 말꼬리를 흐렸지만, 무슨 말을 하려는 것인지는 분명했다. '혼자서는 망쳐요.'

픽사와 네이비실, 그리머시 태번에서 일어나는 어색한 순간들이 이해가 가지 않는 사람도 있을 것이다. 전혀 원만해 보이지 않는 순간들이 긴밀한 협력을 이끌어내니 말이다. 그들은 의도적으로 어색하고 고통스러운 소통을 유도하고, 결과적으로 이는 서로에 대한 신뢰와 협동을 불러온다. 이러한 일이 어떻게 현실로 나타나는지 조금 더 깊이 살펴보자.

## 취약성의 고리:
## 고난을 나누면 하나가 된다

당신은 지금 모르는 사람과 대화를 나누고 있다. 상대방에게 다음 두 종류의 질문을 던졌다고 상상해보자.

A.

▶ 지금껏 받아본 최고의 선물은 무엇인가요?

▶ 마지막으로 키웠던 반려동물에 대해 자세히 이야기해주세요.

▶ 어디에서 고등학교를 다녔나요? 학교 생활은 어땠나요?

▶ 작년 여름에 무엇을 했나요?

▶ 가장 좋아하는 배우는 누구인가요?


B.

▶ 모든 것을 알려줄 수 있는 신비한 수정 구슬이 있다면, 무엇을 알고 싶은가요?

▶ 오랫동안 간절히 바란 꿈이 있나요? 왜 아직까지 그것을 이루지 못했나요?

▶ 일생을 통틀어 최고의 성취로 꼽을 수 있는 것은 무엇인가요?

▶ 친구 관계에서 무엇을 가장 중요하게 생각하나요?

▶ 최근에 혼자 노래를 부른 적은 언제인가요? 다른 사람에게 노래를 불러준 적이 있나요?


얼핏 보면 두 부류의 질문은 크게 다른 것 같지 않다. 모두 상대방의 개인적인 정보를 궁금해하고 그 이야기를 듣고 싶어 한다. 하지만 이러한 실험을 진행한다면(총 36개의 질문으로 구성되어 있다), 2가지 차이점을 눈치 챌 수 있을 것이다. 첫 번째 차이점은 다음과 같다. 리스트 B에 적힌 질문을 주고받으면 약간 불안해질 수 있다. 심장박동이 빨라지고 안절부절못하게 될 가능성이 크다. 얼굴은 빨개지고 말하기를 주저하며 긴장을 이기지 못하고 껄껄 웃어버릴 수도 있다. 평생 꿈꿔온 이야기를 모르는 사람에게 하기란 쉬운 일이 아니기 때문이다.

두 번째 차이점은 리스트 B의 질문을 통해 당신과 상대방이 서로를 더욱 가깝게 느끼게 된다는 것이다. 실험 결과에 따르면, 리스트 B의 질문을 한 경우가 리스트 A에 비해 실험자 간의 친밀도가 24퍼센트 높았다. 심지어 한 커플은 이 실험을 계기로 결혼에 골인했을 정도였다. 리스트 A의 질문은 안전지대에 머무르게 하지만, 리스트 B는 불편하면서도 진솔한 고백을 이끌어내면서 관계의 장벽을 허물고 서로를 더욱 깊이 이어준다. 리스트 A가 정보를 생산한다면, 리스트 B는 더욱 강력한 뭔가를 유발한다. 그 무언가는 바로 취약성이다.

관계가 어느 단계에 이르면, 취약성이 협력과 신뢰를 촉발하기도 한다. 모든 사람들이 직관적으로 그 사실을 감지하지만 무심코 지나치기도 한다. 그러나 중요한 건 이 과정이 집단의 소통에서 서로의 신뢰를 부르는 강력한 신호로 작동한다는 사실이다. 하버드 경영대학원의 조직행동론 교수인 제프 폴저(Jeff Polzer)의 이론은 이러한 메커니즘을 이해하는 데 매우 유용하다. 그는 사소해 보이는 사회적 교류가 어떻게 폭포수와도 같은 집단 내 소통을 유발하는지 연구해왔다.

"일반적으로 취약성이라는 개념을 신체적 약점으로 받아들이는 경향이 있습니다. 과연 그게 전부일까요?" 폴저가 말했다. "나에겐 약점이 있고, 도움이 필요하다는 확실한 신호를 계속해서 내보내는 것입니다. 그 행동이 다른 사람에게도 하나의 모델로 자리 잡는다면, 누구나 불안해하지 않고 일을 시작하며 서로를 신뢰하고 도와줄 수 있습니다. 반면 취약한 순간을 한 번도 보여주지 않았다면, 상대방 또한 자신의 약점을 감추려 할 테고 매 순간 불안감으로 가득 찰 것입니다."

폴저는 취약성을 공유하는 과정에서 신호를 보내는 사람보다 받는 사람이 더욱 중요하다는 점을 지적한다. "받는 사람이 핵심입니다. 가감 없이 취약성을 끄집어내 자신의 약점을 밝힐까요, 아니면 아무것도 없는 척 숨기고 가장할까요? 결과에서는 아주 큰 차이가 납니다." 그는 이러한 신호가 집단을 관통하는 순간이 언제인지를 아주 잘 포착한다. "사람들이 여유를 갖고, 교감하고, 서로를 신뢰하기 시작하는 순간을 목격할 수 있습니다. 집단 차원에서 아이디어를 채택하고 이런 메시지를 전달합니다. '그래요. 앞으로 이렇게 하면 되겠네요.' 그렇게 사람들은 약점을 인정하고 서로를 도와도 좋다는 합의에 따라 움직이기 시작합니다."

폴저가 설명하는 소통 방식은 '취약성 고리(vulnerability loop)'라는 용어로 압축된다. 진정성 있는 태도와 열린 마음이 전제될 때, 가장 내밀하고 취약한 부분이 협동과 신뢰를 쌓아 올리는 머릿돌 역할을 하는 것이다. 취약성 고리는 대체로 다음과 같은 단계로 진행된다.

1. A가 자신이 취약하다는 신호를 보낸다.
2. B가 신호를 감지한다.
3. B도 자신이 취약하다는 신호로 화답한다.

4. A는 신호를 감지한다.

5. 취약성을 공유하자는 합의가 세워지고, A와 B 사이에 신뢰도가 높아진다.

유나이티드항공 232편의 기장이었던 앨 헤인즈의 상황을 떠올려보자. 그는 기장으로서 막강한 힘과 권한을 지녔고, 모두를 책임지고 정확한 현실을 알려주고 문제 해결의 방향을 주도할 수 있었다. 폭발로 조종이 어려워지자, 그는 조종간을 붙잡고 본능적으로 말했다. "내가 해볼게." 훗날 헤인즈는 이 말을 두고 "일생 동안 했던 말 중에 제일 바보 같은 말이었어요"라고 자조했다. 만약 계속 이런 방식으로 소통이 이루어졌다면 232편은 추락을 면치 못했을 것이다. 하지만 그는 이러한 방식을 고집하지 않았다. 그는 기장의 권위를 내던지면서까지 자신의 취약성을 알리고 대원들의 조언을 적극적으로 수용하며 소통하는 일을 해냈다. 이 모든 과정은 단지 두 단어로 충분했다. "의견 있어요?"

파일럿 훈련 교관이었던 데니 피치도 마찬가지였다. 일촉즉발의 상황에서 조종실에 들어왔을 때 그 또한 명령을 내리고 책임을 맡을 수도 있었다. 피치도 헤인즈만큼이나 비상 상황에 어떻게 대처해야 하는지 잘 알았기 때문이다. 하지만 피치는 반대로 행동했다. 그는 스스로를 낮추며, 조력자로서의 역할에 충실했다. "뭐가 필요한지 알려주면 돕겠습니다."

전달하는 데 몇 초밖에 걸리지 않은 아주 작고 단발적인 신호들이었다. 하지만 이 신호들이 결정적인 효과를 발휘한 이유는 동떨어져 있던 두 사람이 하나가 되어 기능할 수 있었기 때문이다.

이러한 전환 과정을 면밀하게 검토해보는 것도 중요하다. 과학자들은 같은 상황을 재현하는 '기브섬(Give-Some) 게임'을 기획했다. 게임은 다음과 같이 진행된다. 서로 한 번도 본 적 없는 두 사람이 각각 교환권 4장을 갖는다. 각각의 교환권은 혼자 가지고 있을 때 1달러, 다른 참가자에게 줄 때는 2달러의 가치를 지닌다. 이 게임의 관건은 오직 하나이다. 상대방에게 얼마나 많은 교환권을 줄 것인가?

간단히 결정할 문제는 아니다. 교환권의 가치를 높이겠다고 상대방에게 전부 줘버리면 수중에 아무것도 남지 않기 때문이다. 보통의 경우 모르는 사람에게 평균 2.5장의 교환권을 준다. 협동하는 쪽으로 살짝 기울어진 결정인 셈이다. 이를 기준으로 삼아 취약성의 정도가 강해질 때 사람들의 행동이 어떻게 변하는지가 흥미로운 부분이다.

하나의 실험을 가정해보자. 당신은 무표정한 얼굴로 묵묵히 있는 사람들을 대상으로 짤막한 프레젠테이션을 해야 한다. 그 후 기브섬 게임이 진행된다. 흔히 자신의 난처한 모습을 보였을 경우 기브섬 게임에서 협동성이 낮아질 거라고 생각하지만 실상은 반대이다. 발표자의 협동 수준은 거의 50퍼센트 가까이 늘어났다. 취약성을 보여주었던 순간이 협동의 의지를 꺾기는커녕 배가시키는 결과를 가져온 것이다. 반대의 공식 또한 성립한다. 스스로 힘을 가진 존재라는 생각이 강해질수록(다시 말해 취약하지 않다는 느낌이 들도록 상황을 가공한다면), 협력 의지는 현저히 감소한다.

취약성과 협동 사이의 연결 고리는 개인뿐 아니라 집단에게도 적용된다. 노스이스턴대학교의 데이비드 디스테노(David DeSteno)가 실시한 실험은 이를 잘 보여준다. 참가자들에게는 길고 지루한 컴퓨터 작업이 주어진다. 그러나 컴퓨터는 그들이 작업을 마칠 무렵 망가지도록 설계되어 있다. 컴퓨터가 망가졌을 때, 한 동료가 문제를 점검하고 자신의 시간을 들여 컴퓨터를 '고쳐준다'(당사자 몰래 사전에 모의된 행동이다). 도움을 받은 참가자는 일을 처음부터 다시 해야 하는 위기에서 벗어난다. 충분히 예상하겠지만, 각각의 참가자들은 컴퓨터를 수리해준 사람과의 기브섬 게임에서 훨씬 적극적이고 협조적인 태도로 임했다. 여기에서 주목할 것은 따로 있다. 나중에 그들은 완전히 모르는 사람과 게임을 해도 똑같이 높은 수준의 협동을 보여주었다. 취약성 고리가 신뢰와 친밀감을 촉발시켜 방 안에 있는 모두에게 전이되는 효과를 가져왔다. 다시 말해, 취약성 고리가 전염된 것이다.

"한번 쌓인 신뢰는 쉽게 변하지 않는다고 생각하기 마련입니다. 하지만 매 순간 우리의 뇌는 주변 환경을 추적하고, 주변 사람들을 믿고 그들과 유대 관계를 맺을 수 있는지를 끊임없이 계산합니다." 디스테노의 말이다. "신뢰란 맥락의 관점으로 이해해야 합니다. 그것은 자신이 취약하고, 다른 사람이 필요하고, 혼자서는 해낼 수 없다는 인식에서 비롯됩니다."

많은 경우 신뢰나 취약성을 마치 단단한 땅 위에서 미지의 세상으로 뛰어넘어가는 것처럼 바라보는 경향이 있다. 먼저 신뢰를 쌓고, 이를 바탕으로 자신의 취약함을 드러낸다는 듯이 말이다. 그러나 과학적인 연구 결과를 보면, 이 과정은 거꾸로 진행된다. 취약성은 신뢰에 뒤따르는 것이 아니라 선행한다. 미지의 세상으로 다른 사람들과 함께 도약할 때, 견고한 신뢰의 기반을 쌓아 올릴 수 있다.

## 빨간 풍선 프로젝트의 교훈

질문을 하나 해보려고 한다. 당신이라면 미국 전역에 무작위로 날려 보낸 10개의 빨간 풍선들을 어떻게 찾아내겠는가? 쉽지도 않을뿐더러 다소 엉뚱한 발상이다. 그리고 이 문제가 제기된 곳은 다름 아닌 미국 국방성 산하 핵심 연구 개발 조직인 방위고등연구계획국 (Defense Advanced Research Projects Agency, DARPA)이었다. DARPA는 미국 군대의 전력 강화를 위해 미래 기술을 연구하는 기관으로, 위성항법 장치와 음성인식 소프트웨어, 탄도미사일 방어 시스템, 인터넷 등 많은 기술 혁신을 이루었다. 그렇게 DARPA 과학자들의 주도 아래 '빨간 풍선 찾기 (Red Balloon Challenge)'가 시작되었다.

프로젝트의 내용은 미국 전역에 무작위로 날린 10개의 빨간 풍선을 찾는 일이었다. 이 문제는 여러모로 테러리즘이나 전염성 질병의 통제 같은 현실 속 딜레마와 닮아 있었다. DARPA는 빨간 풍선 프로젝트를 발표하기 5주 전인 2009년 10월 29일, 10개의 풍선을 모두 정확히 찾아내는 첫 그룹에게 4만 달러의 상금을 주겠다고 공고했다. 거의 1만 제곱킬로미터에 육박하는 방대한 국토 면적을 감안하면, 오히려 성공하는 게 더 이상했다. 국립지리정보국(National Geospatial Intelligence Agency)의 수석 애널리스트가 공식 석상에서 불가능한 프로젝트라고 단언할 정도였다.

공고가 나간 후 며칠 만에 수백 팀이 지원서를 제출했다. 해커를 비롯해 소셜 미디어 기업, IT 회사, 연구 단체 등 미국 최고의 두뇌들이 모여들었다. 대체로 참가 팀들은 문제를 풀기 위해 논리적인 접근을 시도했다. 위성사진 기술을 분석하기 위해 검색 엔진을 만들거나, 기존의 사업

네트워크나 사회적 인맥을 활용했다. 그러고는 홍보를 시작하고, 오픈 소스 소프트웨어를 구축하고, 소셜 미디어 유저들의 커뮤니티를 육성했다.

하지만 MIT 미디어랩 팀은 그런 복잡한 작업을 거치지 않았다. 풍선을 날리기 4일 전에야 겨우 이 프로젝트를 알았기 때문이다. 릴리 크레인 (Riley Crane)이 주도한 학생 그룹은 팀을 조직하거나 새로운 기술을 고안하고 조직화된 접근을 시도할 시간이 없었다. 결국 방향을 바꿔 자신들의 약점을 강점으로 활용했다. 그들은 웹페이지를 만들고 다음과 같이 사람들을 불러 모았다.

> MIT 팀에 가입하시는 분들은 초대 링크를 받게 됩니다(http://balloon.mit.edu/yournamehere). 링크를 활용해 당신의 친구들을 초대하세요. 당신이 초대하는 친구, 그 친구가 초대하는 친구 그리고 그 친구가 다시 초대하는 친구(줄줄이 계속됩니다)는 돈을 벌게 됩니다. 물론 당신도 예외가 아닙니다!
>
> 빨간 풍선에 대한 정확한 정보를 보내주는 첫 지원자에게는 2000달러가 지급됩니다. 이게 전부가 아닙니다. 그 사람을 초대한 친구에게는 1000달러, 그 친구를 초대한 다른 친구에게는 500달러, 그 다른 친구를 초대한 또 다른 친구에게는 250달러(줄줄이 계속됩니다)가 지급될 테니까요!

다른 그룹들이 시도한 복잡한 기술과 비교해볼 때, MIT 팀의 접근은 우스꽝스러울 정도로 단순하고 원시적이었다. 조직화된 구조나 전략, 소프트웨어가 미비한 것은 물론이고 풍선의 위치를 참고할 지도조차 없었다. 최신 장비라고는 전혀 존재하지 않는 어설픈 팀에 불과했다. 서둘러 휘갈긴 구조 요청 메시지를 병 속에 넣어 인터넷이라는 바다에 던진 것이나 다름없었다. '이걸 보신다면, 제발 저를 도와주세요!'

풍선을 날리기 이틀 전인 12월 3일 아침, MIT 팀은 웹사이트를 활성화시켰다. 몇 시간이 지나도 아무런 반응이 없었다. 오후 3시 42분쯤 사람들이 모여들었다. 보스턴을 시작으로 시카고, 로스앤젤레스, 샌프란시스코, 미니애폴리스, 덴버, 텍사스, 심지어 유럽에 이르기까지 폭발적으로 연결이 이루어졌다. 마치 거대한 신경망을 한자리에 모아놓은 것 같았다. 매 시간마다 수백 명의 새로운 사람들이 합류하게 된 것이다.

12월 5일 동부 시간 오전 10시, DARPA는 샌프란시스코의 유니언 스퀘어에서 텍사스 휴스턴 외곽의 야구장, 델라웨어 크리스티아나 인근의 숲에 이르기까지 미국 전역에서 빨간 풍선을 날렸다. 수천 팀이 행동을 개시했고, 주최 측은 장시간 기다릴 준비가 되어 있었다. 그들은 우승 팀이 나오려면 최소 일주일은 걸릴 거라고 예상했다.

풍선을 날린 지 8시간 52분 41초가 지나자 경기는 끝났다. 우승자는 MIT 팀이었다. 그들은 4665명의 도움을 받아 풍선 10개를 모두 찾았다. DARPA의 주최 측 피터 리(Peter Lee)는 다음과 같이 표현했다. "놀라울 정도의 적은 돈으로 거대한 참가를 이끈 셈이죠." 촉박하게 진행된 원시적이고 조악한 방법은 우수한 장비를 갖춘 팀들을 압도하며 깊고도 빠른 팀워크와 협동을 이끌어냈다.

이유는 간단했다. 다른 팀들은 논리적으로 접근했고, 도움을 이끌어내기 위해 당근을 내세웠다. "이 프로젝트에 참여하세요. 돈을 벌 수 있습니다." 얼핏 이 메시지는 구미가 당기지만 자세히 들여다보면 협동을 촉진하지는 않는다. 실제로는 그 반대이다. 남들에게 이 정보를 알리는 순간, 그 사람이 돈을 딸 가능성은 조금씩 줄어든다. 풍선을 먼저 발견한 사람이 모든 상금을 독식하는 구조이기 때문이다. 이러한 팀들은 자신의 우위를 놓치지 않으면서 상대방에게는 취약성을 요구했던 것이다.

MIT는 다른 신호를 보냈다. 우선, 그들은 빨간 풍선을 찾는 모두가 상금을 공유할 것이라고 약속함으로써 자신들의 취약성을 알렸다. 그리고 친구들, 또 그들의 친구들에게 연쇄적으로 다가가는 방법을 통해 취약성의 네트워크를 창조할 수 있는 계기를 마련했다. MIT 팀은 상대방이 무엇을 해야 하는지, 어떻게 할 수 있는지를 말해주지 않았다. 또한 완수해야 할 특별한 과제를 제시하지도, 활용해야 할 기술을 제공하지도 않았다. 그들은 단지 링크를 알려주며 마음이 가는 대로 해도 좋다는 메시지를 전달했을 뿐이다. 그들의 마음이 향한 곳은 무수히 많은 사람들과 이어지는 현장이었다. 모든 초대 메시지들은 협동을 유발하는 또 다른 취약성 고리를 형성했다. '여기 좀 봐. 지금 너무나 황당한 풍선 찾기 프로젝트를 하고 있는데, 네 도움이 필요해.'

물리적 한계를 초월해 광범위한 협동을 가능하게 하는 힘은 어디에서 비롯된 것일까? 단순히 많은 사람들의 도움을 받고 얼마나 효율적으로 풍선을 찾아냈는가의 문제가 아니다. 결코 해답은 당신에게 있지 않다. 상호 리스크의 관계를 얼마나 효과적으로 구축했는지의 문제이다. 빨간 풍선 찾기는 기술을 겨루는 대회가 아니었다. 사람들의 협동을 창출하려 했던 여타 노력들과 마찬가지로 취약성 콘테스트에 가까웠다.

빨간 풍선 프로젝트의 결과는 상당한 충격을 선사한다. 대부분의 사람들은 취약성을 숨겨야 한다고 본능적으로 생각하기 때문이다. 하지만 과학적으로도 취약성은 협동을 창출하는 데 위험 요인으로 작용하기는커녕, 반드시 필요한 심리 기제이다.

"집단의 입장에서 진정한 목표로 삼아야 하는 것은 무엇일까요?" 폴저의 질문이다. "우리가 힘을 결합할 수 있고, 우리의 기술을 상호 보완적으로 활용할 수 있다는 것이 핵심이죠. 서로의 약점을 공유하면 오히려 걱정이나 망설임 없이 함께 일할 수 있습니다. 하나의 단위가 되어 일하게 되는 거죠."

폴저와의 대화를 끝마친 이후에도, 다양한 곳에서 취약성 고리들을 발견할 수 있었다. 대개 그것은 소소하고 재빠른 의사소통의 형태로 이루어졌다. 한 프로야구 팀의 코치는 시즌 개막을 앞두고 선수들에게 "오늘 이 연설을 앞두고 몹시 긴장했습니다"라는 말로 운을 뗐다. 선수들 또한 그에게 공감하며 미소로 화답했다. 긴장한 것은 그들도 마찬가지였기 때문이다. 이러한 고리들은 물리적 실체로 나타나기도 한다. 가령 던앤드브래드스트리트신용회사(Dun&Bradstreet Credibility Corporation)는 '실패의 벽(Failure Wall)'이라고 부르는 화이트보드를 세워놓고 실패한 순간을 공유하도록 한다.

한편, 완벽하고 빈틈없어 보이는 리더들의 습관에서도 취약성의 고리는 여지없이 등장한다. 애플의 창립자 스티브 잡스(Steve Jobs)는 "황당한 아이디어가 하나 있어요"라는 말로 모든 대화를 시작했다. "실제로 황당한 적도 있었어요." 애플의 디자인 수석 부사장인 조너선 아이브(Jonathan Ive)는 잡스를 추도하며 회상했다. "정말로 황당했죠. 어찌나 황당한지 겁날 때도 있었어요."

제각기 다른 형태이지만, 공통적으로 그들은 비슷한 패턴을 공유하고 있었다. 혼자의 한계를 인정하고, 집단을 통해 노력을 더 큰 성과로 연결시킬 수 있다는 사실을 정확히 인식하는 것이다. 전달하고자 하는 신호는 늘 같았다. '여기에 당신의 역할이 준비되어 있어요. 당신이 필요해요.'

"훌륭한 팀일수록 극한의 과제들을 힘을 모아 함께 수행하려는 경향이 높습니다. 그 이유가 바로 여기에 있습니다." 디스테노가 말했다. "취약성이 지속적으로 공유되면서, 구성원들은 정서적으로 충만해지고 서로에 대한 신뢰가 높아지며 더욱 가까워집니다. 끈끈하게 이어져 있기에 거대한 위험도 감당할 수 있습니다. 그들 스스로를 토대로 삼는 것이죠."

협동의 기제는 다음과 같은 말로 요약할 수 있다. '우리는 본능적으로 취약성을 숨기려 들지만, 정작 취약성을 드러내는 행동은 신뢰를 높이고 협동을 형성하는 통로가 된다.' 이는 곧 팀워크의 작동 원리와 연결된다. 곧이어 다루겠지만 협동심이란 갑자기 줄어들지 않는다. 일종의 '집단의 근육'과 같아서, 소통이 특정한 패턴으로 반복되면서 형성된다. 한 무리의 사람들이 저마다 취약성을 드러내고, 위험 부담을 함께 떠안지만, 궁극적으로 보람된 과정을 공유한다.

취약성 고리의 발상이 유용하고 흥미로운 이유는 겉보기에 이질적인 것들이 어떻게 연결되고 영향을 주고받는지 알 수 있기 때문이다. 왜 어떤 코미디 극단들은 그토록 대박을 터뜨리는 걸까? 전 세계에서 제일 악명 높은 보석 도둑단은 어떻게 조직되고 운영된 걸까? 무거운 통나무를 같이 들고 나르는 훈련이 세계 최고의 특수부대를 육성하는 것과 무슨 관계가 있을까? 지금부터 그 비밀을 파헤쳐보자.

## Chapter 6

# 협동의 근육은
# 어떻게 단련되는가

## 델타포스에는 없고
## 네이비실에는 있는 것

네이비실 팀의 특화된 자질 가운데 하나는 뛰어난 은폐 기술과 적응력이다. 그들은 완벽한 정적 속에서도 위험하고 복잡한 현장을 확실하게 탐색하고 파악한다. 그런 까닭으로 네이비실은 오사마 빈라덴 사살이나 머스크 앨라배마호에서 필립스 선장을 구출하는 일처럼 잘 알려지지 않았지만 상당한 위험이 뒤따르는 임무들을 성공적으로 수행해왔다. 이를 두고 실 팀은 '픽업 농구(pickup basketball)를 즐겼을 뿐'이라고 표현한다. 훌륭한 선발 선수들로 구성된 여느 픽업 팀과 마찬가지로, 그들은 말을 많이 할 필요도 없고 미리 정해진 계획을 따를 필요도 없다. 그들은 그저 경기를 즐길 뿐이다.

"한번은 육군의 델타포스 팀과 같은 미션을 수행한 적이 있었죠." 네이비실의 전임 팀장이 말했다. "델타 팀장과 저는 인근 기지에서 임무 상황을 알려주는 드론 비디오를 주시하고 있었습니다. 작전 내내 델타 팀장은 팀원들과 계속 무전을 주고받았어요. 그는 쉬지 않고 명령을 내리더군요. '이렇게 하고, 그걸 찾아.' 마치 사이드라인에서 작전을 지시하는 코치 같았습니다. 어느 순간, 델타 팀장은 내가 단 한 마디도 하지 않고 있다는 사실을 눈치채고 못 미더운 듯 쳐다보더군요. 눈으로는 '당신은 왜 팀원들에게 아무런 지시도 하지 않는 거요?'라고 말하고 있었죠. 꽤 충격적이었던 모양입니다. 우리 팀원들과 그들의 팀원들은 같은 임무를 수행하던 중이었거든요. 그는 계속 말을 했고, 우리는 한마디도 하지 않았어요. 그 이유는 간단해요. 우리는 그럴 필요가 없기 때문이죠. 우리 팀원들이 문제를 스스로 해결할 테니까요."

군인들 사이에서는 왜 네이비실 팀원들이 주어진 상황에서 별도의 지시 없이 임무를 수행하는 데 능숙한지에 대한 몇 가지 주장이 있다. 그중 하나는 엄격한 선발 프로그램이다. 혹독한 정신적·육체적 훈련을 거치다 보면 지원자들 가운데 소수만 살아남는다는 논리다. 이 외에도 부대원으로 선발된 개인의 자질이 우수하다는 점이나, 끊임없는 자기계발의 기풍을 꼽는 사람도 있다.

이러한 주장들은 나름 그럴듯해 보이지만 충분하지는 않다. 예컨대 미 육군 특수부대인 델타포스 또한 고되고 힘든 훈련을 거치며, 팀원을 선발하는 기준은 오히려 더 엄격하다(실 팀의 탈락률은 67퍼센트인 반면, 델타포스의 탈락률은 95퍼센트이다). 게다가 우수한 인력을 유치하고 자기계발을 멈추지 않도록 분위기를 조성하는 것은 여타 특수부대도 마찬가지다. 결국 다음과 같은 질문이 남게 된다. 왜 실 팀은 유난히 서로 잘 어울리고 화합할 수 있는 걸까? 해답의 열쇠를 찾아가다 보면, 깡마르고, 지독한 근시에, 엄청나게 깐깐했던 네이비실의 문제아 드레이퍼 카우프만(Draper Kauffman)의 이야기로 귀결된다.

카우프만은 1911년 미 해군의 전설로 통하는 제임스 카우프만의 아들로 태어났다. 카우프만은 어렸을 때부터 반항기가 다분했는데, 사람들이 원하는 바를 정확히 알고는 반대로 행동하곤 했다. 다섯 살이 되던 해, 집 밖에서 늦게까지 놀다가 곤란해지자 어머니에게 이렇게 말했을 정도였다. "밖에 나가서 계속 놀 수 있게 빨리 와서 엉덩이를 때려주세요." 그 후 카우프만은 해군사관학교에 진학했지만, 근시가 심해 장교의 꿈을 접고 해운 회사에서 사회생활을 시작했다. 제2차 세계대전이 일어나기 직전 그는 다시 진로를 바꾸고자 마음먹었고, 미국민간지원앰뷸런스주식회사(American Volunteer Ambulance Corps)에 입사하기 위해 직장을 그만두었다. 카우프만의 부모와 누이는 하나뿐인 아들이자 남동생의 안전이 걱정되어 다시 생각해보라는 편지를 보냈다. 그러자 그는 도리어 회사 측에 가장 위험한 지역으로 배치해달라고 요청하며 반항아의 기질을 다시 한번 드러냈다. 그가 배치된 장소는 히틀러가 프랑스를 침공하기 위해 결집했던 마지노선(Maginot Line)의 북부 지역이었다. 1940년 2월 카우프만이 이곳에 도착하자마자 전쟁은 시작되었다.

카우프만의 첫 임무는 전쟁터 한가운데에서 구급차를 운전해 부상병을 수송하는 일이었다. 그는 아비규환인 전쟁터에 전혀 준비가 되어 있지 않았다. "어떤 일인 줄 미리 알았다면 절대 하지 않았을 겁니다." 생전에 카우프만은 그렇게 회고했다. "눈앞으로 폭탄이 수도 없이 떨어졌어요……. 오직 머릿속에는 최대한 빨리 운전해서 피하자는 생각뿐이었죠.

차가 거의 망가지기 직전이었어요. 병원으로 돌아가는 구급차에 (부상병을) 옮겨 싣고, 운전석에 앉아 사시나무처럼 떨곤 했지요."

그러던 어느 날, 카우프만은 근방에서 한 무리의 프랑스 군인들을 만났다. '자유 군단(Corps Franc)'으로 불리던 그들은 자원자들로 구성된 엘리트 그룹이었다. 그들은 적진의 후방에 침투해 통신을 차단하고, 포로들을 탈출시키고, 설비를 파괴하는 역할을 담당했다. 주로 소규모 팀을 이루어 경량 무기와 폭탄을 휴대하고 다녔고, 형제처럼 끈끈한 결속을 자랑했다. 그들이 나누는 교감은 카우프만이 해군사관학교에서 느꼈던 그 어떤 경우보다도 훨씬 깊고 강력했다. "자유 군단의 일원이 되느냐 그렇지 않느냐는 천지 차이였습니다." 카우프만은 이렇게 말했다. "그들은 나를 위해 그 어떤 일이라도 할 수 있었어요. 순찰대원 하나가 포로가 되면, 나머지 5명이 50명의 독일군을 공격해 구출했을 겁니다."

약 6주가 넘는 기간 동안, 카우프만은 자유 군단과 밤낮을 함께하며 전사자의 시신을 화장하는 야간 의식, 전장에서 보이는 침착한 모습 등 많은 것을 목격했다. "열기가 가득한 순간에는 아주 짧은 시간에 친구가 될 수 있었습니다." 카우프만은 회고했다. "전쟁이 절정에 달했을 때, 자유 군단의 부대원이던 트완을 구출한 일이 떠올라요. 그의 얼굴 반쪽과 다리 하나가 날아갔고, 한쪽 팔은 산산조각이 났습니다. 그를 막사로 데려와 불빛 아래 눕히자 다리에 힘이 풀렸죠. 그는 저를 향해 남은 눈을 깜빡이고, 남은 팔로 제 손을 꼭 잡는 것 말고는 아무것도 할 수가 없었습니다."

마지노선을 수복하고 나서, 카우프만은 영국으로 옮겨가 영국 해군의 폭탄 처리 부대에 자원했다. 그리고 1943년 6월 미국으로 돌아와 해군에 입대했다. 비쩍 마른 중위 하나가 폭탄 처리에 탁월한 재능을 발휘한다는 소문이 퍼지자, 카우프만은 프랑스 및 북부 아프리카 해안의 독일 방어선을 침투할 수중 폭파 부대를 선발하고 훈련시키는 임무를 맡았다. 모두들 카우프만이 해군의 기존 교안에 따라 훈련을 진행할 것이라고 생각했다. 장교들이 참관하는 가운데 몇 주에 걸쳐 상당히 까다로운 훈련을 진행하는 방식이었다. 하지만 카우프만은 이 교안을 던져버리고 제2의 자유 군단을 만들리라 결심했다.

우선, 카우프만은 이른바 '지옥의 주간(Hell Week)'을 운영했다. 이 기간 동안 훈련병들은 마지노선에서 경험할 법한 수준의 고통, 두려움, 혼란을 이겨내야 했다. 지옥의 주간에 시행된 훈련 내용은 6킬로미터가 넘는 거리의 바다 수영을 비롯해 장애물 경주, 맨손 격투기, 16킬로미터 달리기, 잠 안 자기, 영국 특공대에서 체력과 팀워크를 향상시키기 위해 실시했던 우스꽝스러운 나무 기둥 들기 등이었다. 지옥의 주간을 통과한 사람들은 전체의 25~35퍼센트에 불과했다. 이들은 약 8~10주 동안 특수 훈련을 받으며 전장에서 활용할 고급 기술을 배우고 연마했다.

둘째, 카우프만은 모든 훈련을 팀 기반으로 진행한다고 공표했다. 훈련병들은 홀로 작전을 수행하기보다 6명 단위의 그룹을 구성해(해군용 고무보트에 탑승 가능한 최대 인원이다) 훈련 내내 늘 함께 움직였다. 각 팀은 자생력을 갖춰 중앙의 명령 없이도 장애물을 탐색하거나 헤쳐 나갈 수 있어야 했다.

셋째, 카우프만은 장교와 훈련병 사이의 위계질서를 없앴다. 그가 고안한 프로그램에서는 계급의 지위 고하를 막론하고 모두가 동일한 훈련을 받았다. 물론 카우프만 역시 예외가 아니었다. 훈련병들은 지독한 근시에 어설프기 짝이 없는 지휘관을 지켜보며 끝까지 가진 못할 거라고 생각했다. 하지만 카우프만은 그들이 틀렸음을 멋지게 입증해 보였다.

제1폭파원 댄 딜런(Dan Dillon)은 이렇게 기술했다. "우리는 훈련 내내 카우프만을 눈여겨보았다. 결과적으로 그에 대한 존경심이 깊어진 이유는 다른 장교들과 달랐기 때문이다. 여타 장교들은 뭔가를 스스로 해 보이는 대신 부하들에게 지시한다. 하지만 그는 우리에게 뭔가를 제안하라고 요구했다. 그는 괜찮은 제안을 접수하면 즉시 실전에 활용했고, 아무리 더럽고 냄새 나는 일이라도 항상 그 자리에서 팀원들과 함께했다. 어떻게 그를 존경하지 않을 수 있겠는가?"

카우프만의 훈련 프로그램을 수료한 팀들은 오마하 해변에서부터 태평양 전선에 이르기까지 연이어 승리했다. 1960년대에 이르러 비공식적으로 미국의 전투 역량을 증강시키자는 케네디 대통령의 의지와 맞물려, 카우프만의 훈련 프로그램은 네이비실 팀의 전신인 특수부대의 교안으로 쓰이기 시작했고 지금까지도 여전히 활용되고 있다. 이 모든 것들은 아주 이례적인 결과를 낳았다. 전 세계에서 제일 수준 높고 효율적인 부대가 1940년대 이후 전혀 바뀐 적이 없는 낡고 원시적이고 비과학적인 프로그램을 바탕으로 수립된 것이다.

"저는 그를 '무의식의 천재'라고 부릅니다." 실 팀의 훈련 장교가 말했다. "기존의 훈련 프로그램을 고안했던 사람들은 왜 카우프만의 방식이 최고의 팀을 만들어낼 수 있었는지 알지 못했습니다. 하지만 이제 그것이 최선의 방법이었다는 사실은 너무나 명확해졌죠. 지금이라도 얼마든지 이 프로그램을 변경하고 현대화할 수는 있지만, 그렇게 하지 않는 이유는 겉으로 드러난 결과물을 존중하기 때문입니다."

## 통나무 PT에 숨겨진
## 협동의 원리

실 팀의 훈련장에는 카우프만의 통나무가 놓여 있다. 이 통나무들은 콜로라도의 실 팀 장애물 코스와 버지니아 해변 근처의 언덕에 쌓여 있다. 수많은 손길이 닿아 부드럽게 닳았고, 햇빛에 색이 바래 추억의 물건처럼 보이기도 한다. 하지만 실 팀의 지휘관들 사이에서 이 통나무는 성스러운 물건으로 통한다. "통나무 PT(Physical training)를 통해 여기에서 일어나는 모든 일을 알 수 있습니다." 실의 사령관 톰 프리먼(Tom Freeman)이 말한다. "모든 발전에 필요한 핵심을 대변하죠. 팀워크에 관한 일이거든요."

통나무 PT는 복잡하지 않다. 5~6명의 훈련병들이 시골 마을의 외양간을 짓는 일에나 어울릴 법한 수작업을 수행한다. 그들은 통나무를 들고 운반하고 굴린다. 어깨에서 어깨로 통나무를 옮기며, 함께 발로 밀어내기도 한다. 통나무를 안은 채 윗몸일으키기를 하고, 팔을 뻗쳐 통나무를 들고 오랜 시간을 서 있기도 한다. 아무런 전략도 기술도 없고, 고도의 사고 능력이나 자아성찰 또한 전혀 찾아볼 수 없다. 통나무 PT가 차별화되는 이유는 2가지 환경을 제공하기 때문이다. 바로 고도의 취약성과 깊은 상호 협력이다.

먼저 취약성부터 살펴보자. 네이비실 팀원들이 쓰는 표현대로라면, 통나무 PT는 '하는' 것이 아니라 '당하는' 것이다. 모든 훈련 중에서도 통나무 PT는 순전한 고통, 최악의 고통을 선사한다. "교관이 30분 내로 O코스(O-Course)로 집합하라는 지시를 내릴 때가 있죠. 모두가 바로 압니다. '아 이런, 통나무 PT를 당하겠네.'" 프리먼은 말했다. "체력을 보충하고 한껏 두려워하라는 취지에서 점심을 먼저 먹습니다. 제일 힘든 것은 90분이라는 시간입니다. 총 90분 과정에서 30초만 지나도 어깨가 타들어가고, 여전히 90분이나 남았다는 사실을 자각하게 되죠."

둘째, 상호 교류이다. 통나무가 워낙 무겁고(100킬로그램 이상) 길다 보니(3미터) 엄청난 관성을 지니게 된다. 여러 명의 손으로 통나무를 움직이려면 각 팀원들이 적당한 타이밍에 적당한 힘을 가해야 한다. 모두가 세심한 주의를 기울이는 수밖에 없다. 이론적으로는 한 손으로 곤봉을 돌리는 것과 똑같다. 엄지손가락과 나머지 손가락이 제 타이밍에 같이 움직이면 쉽게 곤봉을 돌릴 수 있다. 하지만 손가락 하나가 타이밍을 놓치면, 단 1초만 벗어나도 실패하기 마련이다. 그래서 체력이 약해도 함께 움직이는 팀은 체력과 정신력이 강해도 제각기 노는 팀보다 성공 확률이 높다.

이러한 2가지 여건은 아주 특별한 느낌을 선사한다. 바로 취약성이 상호 교류와 어우러지는 순간이다. 그들은 다른 팀원과 숨소리가 느껴질 정도로 바짝 붙어 서서 극도의 고통을 느낀다. 팀원이 비틀대거나 움직임이 틀어지면 이를 바로 느낄 수 있다. 마찬가지로 누군가 무너질 때 다른 팀원도 똑같이 느낄 수 있다. 따라서 자신에게만 집중하거나, 팀과 주어진 목표에 집중하거나, 둘 중 하나를 선택해야 한다.

통나무 PT가 엉망으로 끝나면 훈련병들은 통나무를 내팽개치고 서로 싸우고 감정이 상한다. 하지만 통나무 PT를 무사히 마치면 평온하고 부드러운 분위기가 자리 잡는다. 사실 표면적인 분위기보다 더 중요한 건 눈에 보이지 않는 이면에서 일어나는 일련의 소통이다. 누군가가 비틀거리면, 통나무의 수평을 유지하기 위해 옆에 선 팀원은 힘을 더 준다. 누군가의 손이 미끄러지면, 팀원들이 바로 빈틈을 메운다. 통나무의 섬유를 통해 대화가 오고 가는 형국이다.

1. 팀원이 비틀댄다.
2. 다른 팀원들이 이를 감지하고, 더한 고통을 감내한다.
3. 균형을 회복한다.

카우프만 덕분에 이러한 취약성과 상호 교류의 소통은 네이비실 팀 구석구석에 깃들고 굳건한 가치로 수립될 수 있었다. 모든 일은 공동으로 해결해야 한다. 훈련병들은 늘 서로를 주시해야 하며, 전우를 눈에서 놓치는 것보다 더 큰 잘못은 없다. 보트 훈련에서 훈련병들은 끊임없이 서로의 위치와 리더 역할을 바꾼다. 구보를 제시간에 마치는 것은 반드시 지켜야 할 규칙이지만, 교관들은 다른 팀원을 돕고자 속도를 늦추는 훈련병에게는 이러한 기준을 유연하게 적용한다. 팀을 위해 헌신하는 의지를 높이 평가하기 때문이다.

"우리는 순간순간에 집중하고 있습니다." 프리먼은 말했다. "모든 발전 과정은 팀워크의 순간을 포착하기 위한 도구예요. 가까이 밀착될 수밖에 없는 수많은 순간들 속에서 누가 좋은 전우가 될지 알아낼 수 있습니다. 그리고 그 순간은 의도치 않게 다가오죠. 가령, 부대원들이 주어진 시간 안에 목표점에 도착하지 못해 교관의 기합이 눈앞에 기다리는 상황을 가정해봅시다. 누군가는 나서서 모두에게 서두르라고 채근하고 앞장서 뛰어가겠죠. 반면 어떤 부대원은 부대 전체를 멈추게 한 다음 이렇게 말합니다. '이봐, 어쨌건 기합은 피할 수 없는 상황이니, 잠시만 쉬면서 심기일전하자. 도착하는 순간 100퍼센트 준비되어 있도록 말이야.' 후자의 인물에게는 우리가 바라는 가치가 보입니다. 그가 자신만 먼저 챙기기보다 팀을 생각하기 때문입니다."

이러한 관점에서 파악한다면, 실 팀이 보여주는 고도의 협동이란 놀라운 현상보다는 당연하고 불가피한 현상에 가깝다. 그들이 잘 협동하는 이유는 카우프만의 훈련 프로그램이 밀착성과 협동심을 유발하는 수많은 개별 사건들을 만들어주기 때문이다. "팀워크 이상의 차원입니다." 프리먼은 말했다. "나 자신을 완전히 개방하는 겁니다. 모든 부대원들이 내가 어떤 사람인지를 압니다. 자신을 테이블 위에 올려놓기 때문이죠. 잘만 하면 그 어디에서도 볼 수 없는 수준의 높은 신뢰를 쌓을 수 있습니다."

## 취약성 고리의 엔진: 즉흥극 〈해럴드〉의 비밀

1999년 어느 저녁이었다. 유명 코미디 프로그램 〈새터데이 나이트 라이브(Saturday Night Live, SNL)〉의 프로듀서 론 마이클스(Lorne Michaels)는 뉴욕 웨스트 69번가에 자리 잡은 자신의 펜트하우스를 나와 남쪽으로 향했다. 그는 첼시의 슬럼가를 찾아 60석 규모의 소극장으로 걸어 들어갔다. 음산한 기운이 풍기는 이 극장은 몇 달 전까지만 해도 하모니 벌레스크 스트립쇼 클럽의 본거지였다. 후문 근처에 놓인 쓰레기통에는 쥐들이 들끓었다. 시청 조사관들은 소방법 위반으로 3년 안에 극장을 폐쇄할 계획이었다. 하지만 오늘 밤, 마이클스는 무대에 관심이 없다. 그는 재능 있는 배우를 스카우트하러 여기에 왔다.

마이클스는 연극판의 숨은 진주를 찾는 일을 계속해왔다. 최고의 기대주를 찾고 발굴하고 끌어왔던 것이다. 과거에 그는 자신의 고향인 토론토는 물론, 시카고의 극단 세컨드 시티(Second City)와 임프루브올림픽(ImprovOlympic) 등 여러 지역에서 수많은 기대주를 발굴했다. 최근 몇 달간은 새로운 부류의 코미디 배우들을 눈여겨보기 시작했다. 똑똑하고 당돌한 그들은 거침없는 입담과 창의력으로 대중을 자극하며 엄청난 속도로 연예계를 주름잡았다. 〈오피스〉, 〈데일리 쇼〉, 〈30록〉, 〈콜버트 리포트〉, 〈팍스 앤 레크리에이션〉, 〈커뮤니티〉, 〈코난〉, 〈키 앤드 필〉, 〈브로드 시티〉, 〈밥스 버거〉, 〈뉴 걸〉, 〈리그〉, 〈걸스〉, 〈빕〉 등 각종 드라마와 예능 프로그램을 휩쓸었다. 〈앵커맨〉, 〈탤러디가 나이트〉, 〈브링 잇 온〉, 〈내 여자 친구의 결혼식〉 같은 영화들은 말할 것도 없었다. 그들은 스스로를 업라이트 시티즌 극단(Upright Citizens Brigade, UCB)이라고 불렀다.

마이클스가 보기에 UCB의 독특한 점은 그들의 깊이였다. 대부분의 즉흥 공연 그룹은 소수의 팀만 빛을 보지만, UCB의 경우에는 수십 개의 팀이 대단한 노련미를 발휘했다. 더욱 신기한 점은 UCB가 세컨드 시티나 임프루브올림픽 등의 여타 코미디 극단과 크게 달라 보이지 않는다는 것이다. 이들은 모두 세상을 떠난 코미디계의 전설 델 클로즈(Del Close)의 영향을 받아 장르의 경계를 허물고 미적 요소를 편식하지 않았다. 유일한 차이점은 UCB의 코미디 배우들이 평소 연습할 때 〈해럴드〉라는 기이하고도 난해한 즉흥극을 활용했다는 사실이다.

대부분의 즉흥극은 단순하고 빠르다. 관객들의 반응에 응답해 대략적인 밑그림을 그리는 수준이다. 하지만 〈해럴드〉는 달랐다. 느리고 복잡하며, 8명의 배우가 얽히고설킨 8개의 장을 담당했다. 상연 시간은 40분가량이었는데, 주의력이 흐트러지기 쉬운 즉흥 공연에서는 거의 영겁과도 같은 시간이다. 〈해럴드〉는 가르치기도, 배우기도 어렵다. 그래서 종종 참담한 실패로 끝나기도 한다. 일찍이 클로즈는 〈해럴드〉 공연을 성공적으로 마무리하는 건 모든 사람들이 한꺼번에 계단에서 굴러떨어진 다음 같은 순간에 벌떡 일어서는 것이나 다름없다고 말했다. 하지만 대부분은 굴러떨어지는 것에서 끝이 난다.

〈해럴드〉는 다음과 같이 구성된다.

- ▶ 그룹 오프닝
- ▶ 첫 번째 장— 1A, 1B, 1C
- ▶ 그룹 게임
- ▶ 두 번째 장— 2A, 2B, 2C
- ▶ 그룹 게임
- ▶ 세 번째 장— 3A, 3B, 3C

(*각각의 장은 두 사람이 담당한다)

따라 하기 힘들 거라고 걱정할 필요가 없다. 그게 핵심이니까 말이다. 〈해럴드〉에서는 7명의 다른 사람들과 함께 임기응변으로 각 장면을 떠올려 이어나가야 한다. 만만치 않은 일이다. UCB의 이른바 '게임'과 각 장면의 재미난 요소에 잔뜩 집중해야 하고, 이러한 맥락을 잘 파악한 다음 새로운 장면을 만드는 순간에도 이전 장면과의 연관성을 생각해야 한다.

실제로 UCB는 다른 코미디 그룹들처럼 〈해럴드〉를 어쩌다 한 번씩 공연하지 않았다. 그들은 〈해럴드〉에 집착하는 수준이었다. 해럴드 팀, 해럴드의 밤, 해럴드 교육 과정, 해럴드 경연, 해럴드 연습 과정 등을 운영했고, 〈해럴드〉의 각 요소를 분석하는 연습 과정도 마련했다. 그들은 극장벽에 가장 훌륭했던 〈해럴드〉 팀의 사진을 붙여놓았다. 오죽하면 UCB에서 〈해럴드〉를 공연하는 것을 두고 가톨릭교회에서 대축일 미사를 여는 것에 비유하기도 했다. 그 정도로 UCB는 고통과 어색함을 유발하는 이 일에 엄청난 시간을 소비하면서 최고의 화합을 구가하는 코믹 앙상블을 만들어냈다.

더 자세한 정보를 얻기 위해 나는 첼시 26번가에 자리 잡은 UCB의 최신 극장(냄새도 안 나고 쥐도 없는)을 찾았다. 〈해럴드〉 야간 공연 표를 구매하고 좌석에 앉아 옆자리에 앉은 여성과 이야기를 나누었다. 그 여성의 이름은 발레리였고, 공연을 관람하러 온 많은 사람들과 마찬가지로 UCB 교육 과정을 이수 중이었다. 그녀는 언젠가 〈해럴드〉 팀에 들어가겠다는 꿈을 품고, 즐기기보다는 배우기 위해 이 공연을 보러 왔다. "대부분 기술을 유심히 살펴봅니다." 그녀는 말했다. "선택이죠. 사람들이 압박에 시달리는 상황에서 어떻게 반응하는지를 보는 거예요. 그런 다음 낡은 습관에서 벗어나 사람들에게 진정성 있게 반응하려 노력합니다."

즉흥극이 시작되었다. 세 팀이 나왔고, 각 팀 모두 〈해럴드〉를 공연했다. 연기가 끝나자 발레리는 아주 신속히 분석을 마쳤다. "너무 일방적이에요." 첫 팀의 공연에서는 헤드폰을 낀 여성이 지하철에서 아델(Adele)의 노래를 너무 크게 불렀다. "동료가 이어받을 여지를 남기지 않았어요. 저 여자는 계속 자기가 웃기려고 할 뿐, 동료들에게 아무런 기회를 허락하지 않더군요."

"너무 딱딱해요." 발레리는 두 번째 공연이 끝난 후 이렇게 속삭였다. 이 공연에서는 인공지능 커피 머신이 주인의 여자 친구를 유혹하려는 장면이 나왔다. 그녀는 좋은 공연이 되려면 같은 스토리 공간에 함몰되어서는 곤란하며, 완전히 다른 시나리오로 넘어갈 수 있어야 한다고 설명했다.

"정말 대단했어요." 발레리는 세 번째 공연을 이렇게 평가했다. 이 공연에서는 뱀파이어, 휴가 중인 가족, 살아 있는 섹스 토이를 출산한 커플이 등장했다. "그들은 한껏 서로를 배려했죠. 자기 역할에만 몰입하지 않고 공연을 끌고 나가는 모습 보셨죠? 정말 좋았어요."

클로즈는 70대에 〈해럴드〉를 기획하며 다음과 같은 규칙을 만들었다.

- ▶ 참여하는 모든 사람이 조연이다.
- ▶ 평소 떠오르던 충동을 점검해라.
- ▶ 필요 없는 순간에 끼어들지 말자.
- ▶ 동료의 기회를 배려하라. 작품 자체에 대한 걱정은 접어도 좋다.
- ▶ 당신이 주로 할 일은 보조하는 것이다.
- ▶ 늘 끊임없이 생각하라.
- ▶ 청중을 과소평가하거나 거들먹거리지 마라.
- ▶ 농담은 금물이다.
- ▶ 신뢰가 중요하다. 동료들을 신뢰하라. 당신을 보조해주고, 부담을 주더라도 기꺼이 응해줄 사람들이다.
- ▶ 무엇이 극을 망치는지 판단하지 말자. 유일하게 따라야 할 기준은 극의 흐름을 파악하려면 도움이 필요한지, 가장 어울리는 방법은 무엇인지에 관한 것뿐이다.
- ▶ 다른 사람의 말을 경청하라.

일련의 규칙들은 무대의 중앙에 서고 싶은 이기적 본능을 억제하고,

타인을 돕도록 유도한다. 다시 말해 상대방을 보조하고, 연기할 기회를 제공하고, 그들을 믿는 것이다. 클로즈의 규칙은 지키기 어렵지만, 협동심을 구축하는 데 유용하다. 〈해럴드〉를 공연하는 누구나 관중 앞에서 주목받고 싶은 본능을 거스르고 집단을 위해 봉사해야 한다. 요컨대 〈해럴드〉는 통나무 PT의 코미디 버전이다.

"'어떻게 하면 재미있을까' 혹은 '어떻게 해야 주인공이 될 수 있을까' 하는 생각을 버려야 합니다." UCB의 전 예술감독 네이트 던(Nate Dern)의 말이다. "스스로를 발가벗기고, 할 말이 없어져야 합니다. 그래야 뭔가를 함께할 수 있거든요. 마음을 비워야 한다고 말하는 사람들도 있는데, 딱 들어맞는 말은 아닙니다. 마음을 열어야 한다는 게 더 정확한 표현이죠."

UCB는 〈해럴드〉를 하나의 스포츠처럼 접근한다. 스포츠라는 용어가 대변하는 정신이 밑바탕에 깔려 있는 것이다. 감독이 아니라 코치가 나서고, 리허설이 아니라 연습 경기를 한다. 각 과정을 마치고 나면 AAR과 다를 바 없는 혹독한 피드백 과정이 기다리고 있다. "긍정적인 평가도 나오지만 대부분은 비평의 대상이죠." 던이 말했다. "예를 들면 '동료의 의견을 전혀 듣지 않더군', '동료를 바보로 만들고 나설 기회를 주지 않았어' 하는 식입니다. 연기자로서 버겁다고 느낄 정도로 상당히 혹독한 과정입니다. 이미 망쳤다는 사실을 잘 알고 있는데, 코치가 와서 아주 엉망이었다는 확인 사살을 덧붙이니까요."

"다른 즉흥 공연에서는 매력으로 승부해야 하죠." UCB 뉴욕의 지도 교수 케빈 하인스(Kevin Hines)는 이렇게 말했다. "하지만 〈해럴드〉에서는 그게 통하지 않습니다. 그러니 얼마나 힘들겠어요. 여기에서 성공하는 사람들이 엄청난 노력파인 이유가 바로 거기에 있습니다."

달리 말하면 〈해럴드〉는 취약성 고리의 엔진이나 마찬가지다. 집단 차원의 두뇌 노동이 이뤄지면서 열린 마음으로 서로 긴밀하게 연결되는 과정이 순수하고도 고통스럽게 교차된다. 무대와 스크린을 통해 UCB의 재기발랄한 공연을 감상한다는 것은, 수천 가지의 소소한 이벤트와 상호 소통을 생성하고 뒷받침한 결과물을 보는 것이나 다름없다. 그리고 그렇게 화합할 수 있는 이유는 작품 하나하나를 거치면서 서로 이어지고 협동하기 위한 근육을 키워냈기 때문이다.

## "그들은 하나의 두뇌로 생각합니다"

2000년 무렵, 새로운 유형의 도둑단이 전 세계에서 가장 보안이 철저한 보석 가게를 털었다. 그들은 훤한 대낮에, 그것도 보안 카메라가 득실대는 가장 번화한 쇼핑 구역에서 거사를 실행했다. 방법은 늘 동일했다. 부유한 쇼핑객처럼 차려입고 가게에 들어가, 망치로 보석 상자를 부순 다음 제일 값진 보석들만 훔쳐냈다. 기획도 실행도 완벽했다. 45초 내에 모든 일이 끝났다. 가끔 경비원이나 고객과 충돌하는 경우도 있었지만, 절대로 총은 사용하지 않았고 아주 기상천외한 방법으로 도망쳤다. 런던에서는 기사가 딸린 벤틀리로 현장을 빠져나갔고, 도쿄에서는 자전거를 활용했다. 한 범죄학자는 그들의 작업을 '예술'이라는 말로 표현했다. 도둑단에 대해 알려진 바로는, 전쟁의 참화를 겪었던 옛 유고슬라비아의 세르비아와 몬테네그로 출신의 젊은이라는 것뿐이었다. 경찰은 그들을 '핑크 팬더'라고 불렀다.

▶ **2001년 파리:** 작업부 차림으로 파리 부셰론 본점의 창문 보안 코팅을 토치램프로 녹이고 창문을 박살낸 다음, 150만 달러 상당의 보석을 훔쳐 달아났다.

▶ **2005년 도쿄:** 부유한 고객으로 가장해 보안 요원에게 후추 스프레이를 뿌리고 350만 달러 상당의 보석을 훔쳐 달아났다.

▶ **2005년 생트로페:** 챙 넓은 모자와 꽃무늬 셔츠를 차려입고 바닷가 상점에 침입해 300만 달러 상당의 보석을 훔쳐 스피드 보트로 달아났다.

▶ **2007년 두바이:** 미리 렌트한 아우디 2대에 나눠 타고 와피(Wafi) 몰에 들어간 다음, 그라프 보석상으로 돌진해 문을 박살냈다(차의 에어백이 작동하지 않도록 미리 손을 써두었다). 그들은 340만 달러 상당의 보석을 훔쳐 달아났다.

▶ **2007년 런던:** 4명의 남성 강도들이 가발과 값비싼 드레스를 이용해 중년 여성으로 가장하고 해리 윈스턴 보석상을 털었다. 그들은 에메랄드, 루비, 새알만 한 다이아몬드 등 총 1억 500만 달러 상당의 보석을 훔쳐 달아났다.

보안 카메라에 찍힌 핑크 팬더들은 늘 한결같고도 흠 없는 패턴을 보여줬다. 그들은 물 흐르듯 자연스럽게 가게로 진입한다. 모든 몸놀림은 말끔하고 차분하며 고도의 집중력을 보여준다. 그들은 서로를 쳐다보지 않고, 어디로 가서 무엇을 할지 알고 있었다. 정확하고도 침착하게 망치를 휘두르고 깨진 유리를 치우고 능숙하게 다이아몬드를 집어낸 다음, 그림자처럼 현장을 뜬다.

당국에서는 이들의 또 다른 점에 놀랐다. 거사를 치르는 과정에서 특정인에 대한 충성심은 찾아볼 수 없었지만, 서로에게 순수한 애착을 보여준 것이다. 2005년, 드라간 미킥이라는 핑크 팬더 소속의 도둑이 프랑스 교도소를 탈출했다. 한 무리의 남성들(아마도 동료 팬더였을 것이다)이 사다리와 소총, 절단기를 들고 교도소에 침입해 그를 빼냈다. 검사는 이렇게 말했다. "그 친구들은 교도소에 갈지도 모른다는 생각을 전혀 하지 않았습니다. 마치 탈출이 정해진 사실인 양 말이죠." 이들을 지켜본 누군가는 이렇게 말했다. "그들은 하나의 두뇌로 생각합니다."

핑크 팬더의 악명이 높아지면서 의문이 꼬리를 물었다. 대체 누구일까? 어떻게 만든 조직일까? 유고슬라비아 전쟁에 참가했던 제대 군인들의 조직이라는 설이 대세를 이루었다. 슬로보단 밀로세비치의 악명 높은 비밀 친위부대 아칸 타이거스나, 세르비아 특수부대 JSO 출신이라고 생각하는 사람들도 있었다. 출신이 어떻든 간에, 모종의 중앙 조직이 통제하고 명령을 내리는 단체라는 것에는 이견이 없어 보였다. 그리스부동산범죄연대(Greek Property Crimes Unit)의 대표 게오르게 파파시파키스(George Papasifakis)는 기자에게 이렇게 말했다. "누군가 세르비아에서 조종하고 있어요. 젊은 단원들을 모집해 훈련시키는 게 분명합니다." 영화에서나 볼 수 있는 흥미진진한 이야기였다. 정체불명의 리더가 대도가 된 특공대원들을 소집해 명령을 내린다는 음모론이었다. 그토록 완전무결한 작전을 수행하려면 특별 훈련과 강력한 리더십, 중앙 집중화된 조직이 반드시 필요하다고 생각했기 때문이다.

처음에는 아주 그럴듯해 보였다. 틀렸다는 사실 하나만 빼면 말이다. 지난 5년간 경찰과 언론은 치밀한 분석과 추적을 통해 핑크 팬더의 실체에 상당 부분 근접했다. 예상과 달리 핑크 팬더는 자발적으로 소집되고 자율적으로 운영되는 조직이었다. 전직 운동선수와 잡범을 비롯해 평범한 계층의 사람들로 구성되어 있었다. 세르비아의 유소년 국가대표 농구선수도 있었고, 로스쿨 졸업생도 있었다. 그들 모두는 끔찍한 전쟁을 헤쳐나간 기억, 무엇을 해야 할지 아는 본능적인 감각, 끈끈한 우애, 더 이상 잃을 것이 없다는 자각을 공유하고 있었다.

"그들 대부분은 세 도시에서 친구로 함께 자랐습니다." 다큐멘터리 〈스매시 앤드 그랩(Smash and Grab)〉을 통해 핑크 팬더의 이야기를 풀어낸 하바나 마킹(Havana Marking) 감독이 말했다. "공산주의 체제와 그에 뒤따른 전쟁의 아비규환을 함께 경험하며 동지애가 생긴 겁니다."

원래 핑크 팬더 대부분은 살아남기 위해 밀수꾼이 되었다. 그들이 이러한 환경에서 동고동락했던 이유는 돈 때문이 아니라 생존을 위해서였다. 문서를 위조하고 국경을 넘는 방법을 비롯해 다양한 기술을 습득했다. 그들이 벌였던 일들은 발칸에서 흔히 볼 수 있는 일상이나 다름없었다. 발칸이 아니었다면, 어쩌면 그들은 사업가나 변호사, 기자로 대성했을지도 몰랐다.

핑크 팬더라는 도둑단으로 만난 그들은 매끄럽게 각자의 역할을 분담했다. 장소를 물색하는 '자보닉(zavodnik)', 현장에서 보석을 탈취하는 체격 좋은 '마가레(magare)' 그리고 운반을 담당하는 '자탁(jatak)'으로 크게 나뉘었다. 각 팀마다 리더가 있었지만 명령을 내리지는 않았다. 그들은 한 팬더가 마킹에게 설명해준 간단한 규칙에 따라 움직였다. "우리 모두는 서로를 의지합니다."

실제로 그들은 준비 단계에서부터 서로를 의지했다. 5~6명으로 이뤄진 각 팀은 시내로 이동해 목표로 삼은 가게의 정보를 수집했다. 그들은 몇 주를 합숙하며 집중적으로 계획을 세웠다. 가게를 고르고, 직원들의 동선을 점검하고, 가장 값진 보석의 진열 상황을 확보했다. 나아가 계획을 실행하는 데 드는 비용까지도 꼼꼼히 계산했다(비용도 상당했다. 도쿄에서 보석상을 터는 데 들어간 비용은 10만 달러였다). 그들은 외부 구조나 안전망에 의존하지 않았다. 그들 자체가 구조였고, 1명이라도 실패하면 팀 전체가 실패할 수밖에 없었다.

다시 말해, 핑크 팬더는 〈해럴드〉를 연기하는 코미디 배우들이나 통나무 PT를 실시하는 실 부대원들과 꽤 닮아 있었다. 소규모 팀이 취약성과 상호 연결성을 늘 유지하면서 문제를 풀어나갔던 것이다. 한때 핑크 팬더의 일원이었던 렐라라는 여자는 마킹에게 이렇게 말했다. "저의 실수 하나에 그들이 위험해져요. 제가 어디에선가 실수를 저지르면, 말 그대로 우리는 끝장이에요."

마킹은 영화를 만들기 위해 핑크 팬더에서 한 팀으로 활동했던 남녀를 각각 인터뷰했다. 그들은 몇 년간 서로의 얼굴을 보지 못했다. 마킹은 그들이 소통하는 방식을 지켜보았다. "그들은 오랫동안 못 만났는데, 이번에 봐서 너무 좋았던 모양이에요." 그녀는 말했다. "그들 사이에서 우정을 느낄 수 있었고, 아주 가까운 사이 같았습니다. 그런 관계는 바로 알아챌 수 있잖아요. 두 사람을 보니 딱 그렇더군요."

## Chapter 7

# 진실을 이끌어내는
# 질문

## 지구상에서 가장 효율적인
## 팀을 이끈 리더십

이 지구상에서 가장 효율적인 팀은 어디에 있을까? 그 해답이 궁금하다면 드레이퍼 카우프만의 후예들이 본거지로 삼고 있는 버지니아의 댐 넥(Dam Neck)을 찾아야 한다. 이곳에는 300명의 네이비실 부대원들이 활동하고 있다. 전·현직 실 부대원들에게 어떤 리더를 제일 존경하느냐고 물어보면 가장 많이 나오는 이름이 있다. 바로 데이비드 쿠퍼(David Cooper)이다.

어찌 보면 놀라운 일이다. 2014년에 은퇴한 쿠퍼는 다른 부대원에 비해 특출한 점도 없을뿐더러 가장 똑똑하지도, 강인하지도 않았다. 명사수나 최고의 수영선수도 아니었고, 근거리 전투의 달인도 아니었다. 하지만 쿠퍼는 너무나도 중요한 부문에서 최고의 능력을 발휘했다. 그는 훌륭한 팀을 조직하는 최고의 인재였다.

"쿠퍼는 참호 속에서 오래 머무를 수 있는 아주 영리한 친구였죠." 전임 실 부대원 크리스토퍼 볼드윈이 말했다. "그저 윗자리로 계속 올라가는 친구는 아니었습니다. 그는 곧 우리였습니다. 더 큰 그림을 이해하는 친구였고, 항상 편하게 이야기할 수 있었습니다." 다른 실 단원이 말했다. "종종 상관과 다투기도 했습니다. 늘 규칙을 따르는 사람이 아니었죠. 하지만 그와 한 팀이 되면, 어떤 점이 효율적인지 알 수 있을 겁니다." 또 다른 누군가는 간략히 표현했다. "그 녀석이라 부를 수 있을 것 같은데요."

부대원들이 말하는 쿠퍼의 활약상은 보스니아, 소말리아, 이라크, 아프가니스탄 등 네이비실에서 일상처럼 마주하는 곳에서 더욱 잘 드러난다. 그들은 작전 장소에서 쿠퍼의 팀이 함께 일하는 방식을 설명했다. 특히 최악의 상황에 처했을 때 얼마나 이를 잘 극복했는지 또한 알려주었다. 그들과의 대화가 이어질수록, 내 머릿속에서 쿠퍼는 빈스 롬바르디(Vince Lombardi)와 제이슨 본(Jason Bourne)을 합쳐놓은 전설적인 인물이 되어 갔다. 이후 우리는 버지니아 비치의 한 레스토랑에서 만났다.

쿠퍼는 하와이안풍 셔츠와 반바지를 입고 샌들을 신은 채로 나타났다. 보통 체격이었고 특별히 남다른 면은 전혀 보이지 않았다. 그가 매우 건강하다는 것은 한눈에 알 수 있었지만, 수다스럽고 따뜻한 면모는 미처 예상하지 못했다. 다른 사람이 말할 때 그는 눈썹에 힘을 주고 온 정신을 집중한다. 대부분의 실 대원들과 마찬가지로, 그는 팔꿈치를 몸에서 떼고 주의력을 발산하며 방 안을 탐색한다. 이른바 공간을 통제하는 것이다. 곧이어 그가 물었다. "그래서 뭘 알고 싶으시죠?"

대부분의 네이비실 대원들처럼, 쿠퍼의 뒷이야기도 특이하다. 그는 펜실베이니아의 작은 마을에서 자랐고, 의사의 꿈을 키웠다. 그는 주니아타 칼리지에서 분자생물학을 전공했다. 학교는 아담했고 자유로운 분위기였으며, 1년에 한 번 채용 담당자들이 캠퍼스를 방문했다. 진로에 대해 고민하던 중 그는 역사학 교수에게 네이비실 부대 이야기를 들었다. 그는 자신의 마음을 사로잡았던 말을 아직도 생생하게 기억한다. "실은 아주 총명하고, 다재다능한 인재들입니다." 완전히 매료된 그는 1987년 대학을 졸업한 다음 실 부대에 자원했다. 그는 지옥의 주간에서 살아남았고, 카우프만의 선발 과정을 통과했고, 5년 후인 1993년 추가 선발 과정을 통과해 네이비실에 합류했다.

네이비실의 대원으로서 쿠퍼가 해줄 말은 많지만, 팀을 어떻게 구성하는지 물어본다면 해줄 수 있는 이야기가 딱 하나 있다. 2001년 새해 전날, 아프가니스탄 바그람과 잘랄라바드를 오가는 황량한 도로 위에서 있었던 일이다. 쿠퍼는 그의 상관과 함께 이 도로를 하루 만에 왕복해야 했다. 180킬로미터나 펼쳐진 도로는 구간 곳곳이 폐쇄되었고, 폭탄이 비 오듯 쏟아지며 온갖 강도와 반란군이 득실댔다. 하지만 쿠퍼의 상관은 작전을 기획한 당사자로서 자신감을 피력했다. 강화 타이어를 장착한 서버번(suburban) 차량으로 들키지 않고 재빨리 빠져나갈 테니 문제없을 것이라고 생각한 것이다. 쿠퍼는 반신반의했지만 명령을 따라 차를 몰았다.

바그람을 출발하자마자 계획은 삐걱대기 시작했다. 도로는 생각 이상으로 상태가 좋지 않았다. 고속도로라기보다 등산로 같았다. 무장한 서버번 차량은 땅바닥에서 십몇 센티미터밖에 떨어져 있지 않아 대부분의 구간에서 천천히 움직일 수밖에 없었고, 해가 떨어지고 나서야 잘랄라바드에 도착했다. 상관은 계획대로 임무를 마치기 위해 그날 밤 바그람으로 돌아갈 것을 지시했지만, 쿠퍼는 날이 밝을 때까지 기다려야 한다고 주장했다. 고성이 오고 가는 논쟁 끝에, 결국 쿠퍼는 계급장 논리에 굴복했다. 그는 무거운 마음으로 서버번에 올랐고 어둠 속에서 출발했다.

1시간 뒤, 어둠 속에서 트럭과 지프 대대가 갑자기 나타나 서버번을 둘러쌌다. 쿠퍼의 운전수는 탈출하려 했지만 강화 타이어가 터지고 말았다. 어둠 속에서 가까스로 달리는 와중에 사방에서 총탄이 비 오듯 쏟아졌다. 부대원 하나는 다리에 총을 맞고 피를 흘렸다. 쿠퍼의 말에 따르면 거의 초주검 상태였다. 손을 들고 항복하는 것 말고는 방법이 없어 보였다. 죽음을 피할 길이 보이지 않았다. "무슨 이유인지, 그들은 우리를 더 이상 쏘지 않았습니다." 쿠퍼는 말했다. "보복이 두려웠거나, 우리가 별 위협이 되지 못한다고 생각했기 때문이겠죠." 반란군은 실 팀의 무기를 빼앗아 어둠 속으로 사라졌다. 쿠퍼 팀은 몇 시간 후 그들을 구조하러 온 델타 부대원들을 만날 수 있었다. 그는 목숨을 건지고 바그람으로 돌아가 새롭게 세상을 보게 되었다.

"그날 밤 인생이 바뀌었습니다." 쿠퍼가 말했다. "그 후로 집단의 기능을 더욱 효율적으로 만들 방법을 찾아야겠다고 생각했습니다. 사람이라면 무의식적으로 강력한 권위의 편견에 시달립니다. '윗사람이 뭔가를 지시하면 설사 잘못되었더라도 따라야 한다.' 그러나 한 사람이 다른 사람에게 뭔가를 시키는 것은 확률적으로도 좋은 결정을 내리는 믿을 만한 방법이 아닙니다. 그렇다면 이러한 상황을 만들지 않고 집단 지성을 구축할 수 있는 방법은 무엇일까요? 서로에게 이의를 제기하고, 알맞은 질문을 던지고, 권위에 의지하지 않을 방법은 무엇일까요? 제가 만들어보려고 했던 건 리더 사이의 리더입니다. 무작정 사람들에게 강요할 수는 없는 일이죠. 그들이 이러한 행동을 개시하는 환경을 만들어야 합니다."

2001년, 쿠퍼는 그날 밤부터 자신의 팀에 이러한 환경을 구축하기 시작했다. 협동심을 기르기 위한 그의 조치는 권위에 지나치게 의존하는 구태에 대한 반발이기도 했다. 단순히 협동할 수 있는 공간을 만드는 것만으로는 부족했다. 그는 팀원들의 타고난 성향을 떨어내고 상호 의존과 협동성으로 유도할 환경을 적극적으로 만들고자 했다. "인간의 본성은 늘 반대로 작동하려 들죠." 그는 말한다. "늘 이러한 장벽과 함께 살아가야 합니다. 결코 없어지지 않는 장벽이죠."

쿠퍼의 계획은 작고 사소한 것에서부터 시작되었다. 새로운 팀원이 그의 계급을 부르면 즉시 시정했다. "쿠프, 데이브, 얼간이 등 뭐든 당신이 원하는 대로 불러도 좋습니다." 그는 자신의 의견을 말할 때 '여기에서 돌파구를 마련할 수 있을지 한번 봅시다', '이 의견이 뭐가 잘못되었는지 말해주세요'라는 말을 의도적으로 덧붙였다. 상대방의 반응을 이끌어내기 위해서였다. 그는 명령을 내리기보다 많은 질문을 하려고 노력했다. "의견 있는 사람 없어요?"

임무 중에도 항상 팀원들, 특히 새로운 팀원들과 더 자주 대화의 필요성을 강조할 기회를 가지려고 했다. 그는 주저하지 않았다. "예컨대, 도시에서 교전 중인데 유리창에 문제가 있다고 가정해봅시다." 쿠퍼는 말했다. "유리창 앞에 서 있으면 어디에 있을지 모르는 저격수에게 당할 수 있습니다. 만약 당신의 눈에 누군가 창문 앞에 서 있는 게 보인다면 어떻게 하겠어요? 빨리 피하라고 말할 건가요, 거기 가만히 서서 총에 맞게 놔둘 건가요? 신참 팀원들에게 물어보면, 다들 이렇게 대답합니다. '옆으로 피하라고 말해주겠습니다.' 그러면 저는 이렇게 대꾸합니다. '바로 그겁니다. 여기에서 늘 염두에 두어야 할 행동 지침이죠. 모든 결정 하나하나에서요.'"

나아가 쿠퍼는 구체적인 수단을 개발하기 시작했다. "무언가를 하면서 쌓아갈 수 있어요." 그는 말한다. "밖에서 함께 시간을 보내고, 어울리는 일 같은 거죠. 팀의 화합을 강화하기에 가장 좋은 방법은 어려운 일을 같이하는 것입니다. 다 함께 절벽에서 떨어지고, 물에 젖어 추위에 떨면서 한 팀이 되는 겁니다."

가장 유용했던 방법은 AAR, 즉 사후 평가였다. 이는 보이지 않는 진실을 보여주는 과정으로 앞에서 이미 다룬 바 있다. 각 임무가 끝나자마자 실시한 AAR에서는 팀원들이 모여 짧은 미팅을 열고 핵심적인 의사 결정을 토론하고 재연했다. AAR은 지휘관이 아니라 부대원들이 주도했다. 의제도 없고 기록을 남기지도 않았다. 목표는 계급장을 뗀 원탁회의를 구성하는 것이다. 그 자리에서는 모든 일의 실체를 정확히 파악하고 실수에 대해 토론할 수 있다. 특히 그들 자신이 어떤 실수를 저질렀는지를 말이다.

"얼마든지 말해도 좋습니다." 쿠퍼는 말한다. "계급장을 떼고, 겸손해지는 겁니다. 사람들이 이렇게 말하는 순간을 기다립니다. '그거 내가 망쳤어.' 실제로 리더의 입에서 나오는 말 중에 이 세 단어가 제일 중요하다고 할 수 있습니다. '그거 내가 망쳤어.'"

바람직한 AAR의 지침은 간단하다. "지금 당장 해치워야 합니다." 쿠퍼는 말한다. "총을 내려놓고 다 같이 모여 대화를 시작합니다. 보통은 수행했던 임무를 처음부터 끝까지 시간 순서에 따라 설명합니다. 모든 의사 결정을 비롯해 모든 과정을 설명해야 합니다. 여기에서 숨기고 싶은 유혹을 뿌리치고 사람들이 배울 수 있도록 일어난 일의 진실을 파헤쳐야 합니다. '왜'라고 질문한 다음 상대방이 대답하면 또다시 '왜'라고 질문합니다. 왜 그 순간 발포했지? 뭐가 보였지? 다른 대안은 뭐가 있었지? 질문하고, 질문하고, 또 질문하는 거죠."

AAR의 목표는 진실을 위한 진실을 파헤치거나 상벌을 주기 위해서가 아니다. 앞으로의 임무에 바로 적용할 수 있는 가치 모델을 공유하는 것이다. "그 누구도 다 보거나 다 알 수는 없어요." 쿠퍼가 말했다. "하지만 함께 모여 지난 일을 분석하면 모두가 사건의 일부가 아닌 전체를 알게 됩니다. 사람들은 경험과 실수를 모두 공유하죠. 그들은 자신의 행동이 다른 사람에게 어떤 영향을 미치는지 알 수 있고, 집단 지성을 구축할 수 있습니다. 이로써 모두가 함께 활동하며 팀의 잠재력에 이바지할 수 있는 거죠."

쿠퍼는 '겸손의 근간'이란 문구로 바람직한 AAR이란 언제야 하는지를 묘사한다. 이 문구는 진실을 바라보고 싶은 의지와 주인 행세를 하고 싶은 의지가 끝없이 충돌하는 AAR의 역설적인 면을 포착하는 데 유용하다. 통나무 PT나 〈해럴드〉와 마찬가지로 원칙과 개방성을 결합해야 한다. 물론 통나무 PT나 〈해럴드〉처럼 쉬운 일은 아니다. 하지만 그만한 보상을 충분히 기대할 수 있다.

## 빈라덴 암살 작전:
## 불편한 진실과 마주할 용기

바그람의 도로에서 깨달음을 얻은 쿠퍼는 이후 10년간 대부분의 시간을 중동에서 보내며 팀을 이끌었다. 그는 차근차근 네이비실의 최고 사령관으로 승진했고 팀 전체의 훈련을 담당하게 되었다. 2011년 3월, 쿠퍼는 또 다른 실 팀의 리더와 함께 CIA의 윌리엄 맥레이븐(William McRaven) 장군의 호출을 받았다. CIA 본부가 있는 버지니아 매클레인에 도착하자 맥레이븐은 그들을 호출한 이유를 콕 짚어 말했다. 오사마 빈라덴(Osama bin Laden)을 찾은 것 같고, 그를 쫓는 임무를 맡아줘야겠다는 내용이었다. 네이비실 대원들은 스텔스 헬리콥터를 타고 파키스탄으로 침투해 헬리콥터를 빈라덴 본거지의 지붕에 밧줄로 고정시킨 다음 알카에다의 지도자를 사살해야 했다.

이 말을 들은 쿠퍼는 스텔스 헬리콥터에 주목했다. 레이더를 피해 들키지 않고 영공으로 침투할 수 있다는 게 스텔스 헬리콥터의 장점이었지만, 아직 실전에 사용된 적이 없었다. 특수작전에서 검증되지 않은 장비를 사용하다간 자칫 참사를 불러올 수도 있었다.

"외람되지만, 전 이번 임무에서는 스텔스 헬리콥터를 쓰지 않겠습니다. 하지만 그에 상응하는 다른 방법을 활용하겠습니다. 그 방법이 여의치 않으면 그때 헬리콥터를 쓰도록 하죠." 쿠퍼는 목소리를 높였다. "지금 계획을 바꿀 수는 없소." 맥레이븐은 잘라 말했다. 그러나 쿠퍼는 물러서지 않고, 이 문제를 정식으로 논의하려 들었다. "제 생각을 숨긴다면 그게 바로 직무태만입니다." 맥레이븐은 언성을 높였다. "지금 절대 계획 변경 못한다고 하지 않았소!"

"그 순간, '난 이제 해고구나' 라는 확신이 들더군요." 쿠퍼는 말했다. "그렇다고 입을 닫을 수는 없었습니다." 그는 다시 한번 자신의 생각을 피력했다. 맥레이븐은 또다시 그의 입을 틀어막았다. 두 사람의 토론은 거기에서 끝났다.

결국 합의점을 찾지 못하고 쿠퍼는 회의실에서 나와야만 했다. 따라야 할 명령이 받아들이기 힘든 위험을 수반한다면 어떻게 해야 할까? 이것은 2001년 새해 전날 밤, 잘랄라바드로 가는 도로 위에서와 똑같은 상황이었다. 명령을 따르느냐 거부하느냐의 갈림길에 서 있었던 것이다.

쿠퍼는 제3의 방안을 택했다. 그는 스텔스 헬리콥터를 사용하는 대신 실패할 경우의 대비책을 세워놓았다. 이후 실 팀은 노스캐롤라이나, 네바다, 아프가니스탄에 빈라덴의 기지를 그대로 재현한 모형물을 지었다. 쿠퍼는 각 모형물에서 몇 번이고 헬리콥터 추락 훈련을 반복했고, 모형물 안팎을 비롯해 지붕, 마당, 몇백 미터 떨어진 곳까지 훈련 범위를 넓혔다. 훈련은 모두 동일했다. "자, 이제 내려가야지." 파일럿들은 헬리콥터가 지상에 닿을 때까지 자동 회전시켰고, 팀은 어디에 착지하건 모형 시설을 공격해야 했다. "정답도, 오답도 없었습니다. 그들은 자율적으로 문제를 해결해야 했습니다." 쿠퍼는 말했다. "그다음 AAR을 실시합니다. 지난 작전을 토론하고 제반 과정을 파악하는 거죠."

헬리콥터 추락 훈련은 쉽지 않았다. 고도의 주의력과 협동, 임기응변이 필요했다. 각 훈련에 뒤따른 AAR에서는 무엇이 잘못되고, 어디에서 실수했고, 어떻게 해야 더 잘할 수 있었을지 몇 번이고 반복했다. 쿠퍼는 이렇게 말했다. "하도 이 훈련을 거듭하다 보니 대원들이 이런 농담을 하더군요. '쿱 선생, 훈련 시나리오 말인데요. 이 버전 말고 다른 버전으로 제발 좀 바꿔주면 안 될까요?"

5월 1일, 백악관은 명령을 발동했다. 스텔스 헬리콥터 2대가 잘랄라바드 미국 기지를 출발했다. 본부 사령부에서는 쿠퍼와 맥레이븐, 다른 사령관들이 모니터 주위에 모여 드론 영상을 지켜보고 있었다. 백악관에서도 오바마 대통령과 국가안보진이 몸을 숙이고 같은 영상에 몰두했다.

출발은 순조로웠다. 그들은 들키지 않고 파키스탄 영공에 침투해 빈라덴의 본거지에 접근했다. 하지만 첫 번째 헬리콥터가 착륙을 시도하면서 문제가 발생했다. 마치 빙판에 미끄러지듯 회전하며 땅바닥 쪽으로 동체가 기울었다. 건물 지붕에 착륙할 예정이던 다른 헬리콥터에도 문제가 생겨 땅 쪽으로 방향이 바뀌었다(이후 건물의 높은 장벽이 하강기류를 형성해 비행을 방해했다는 사실이 밝혀졌다. 훈련 당시 사용했던 모형물은 단단한 재질이 아닌 철조망으로 벽을 올렸다). 설상가상으로, 첫 번째 헬리콥터의 조종사가 기체의 평형을 유지하지 못해 땅에 추락했다. 꼬리는 벽에 부딪히고 코는 진흙탕에 처박혔다. 사령부에서는 장군들이 할 말을 잃고 화면만 바라보았다. 상황실은 무거운 침묵으로 뒤덮였다.

하지만 그들 앞에 예상치 못한 장면이 펼쳐졌다. 훈련 때와 마찬가지로 대원들이 헬리콥터에서 쏟아져 나와 작전을 시작했다. 최고의 '픽업 농구'를 시작한 것이다. "단 한 박자도 놓치지 않았습니다." 쿠퍼는 말했다. "그들이 땅을 밟은 순간, 이미 결과는 정해져 있었죠." 38분 후, 작전은 성공리에 끝났고 전 세계는 실 팀의 기술과 용기에 감탄했다. 하지만 이렇게 만인의 찬사를 받다 보면 더 심오한 기술이 있다는 사실을 간과하기 쉽다. 이 순간을 가능케 했던 훈련 과정 및 AAR 과정 말이다.

멀리서 보면 빈라덴 공습 작전은 팀의 타고난 역량과 위력, 통제력의 결과물처럼 보였다. 하지만 자세히 들여다보면 그들의 역량은 진실을 찾고, 그렇게 찾은 진실을 기꺼이 대면하며, 다 함께 단순한 질문을 몇 번이고 되물어볼 줄 아는 의지에서 비롯되었다. '여기에서 무슨 일이 벌어지고 있는 거지?' 쿠퍼와 그의 팀은 몇 번이고 다시 돌아가 헬리콥터 추락 상황을 재연할 필요가 없었다. 그럼에도 그들이 성공했던 이유는 함께 취약해지는 것만이 무적의 팀이 될 수 있는 유일한 방법이라는 사실을 알았기 때문이다.

"흔히 용기에 대해 이야기할 때, 우리는 기관총을 들고 적과 대적하는 장면을 떠올리기 마련이죠." 쿠퍼가 말했다. "하지만 진정한 용기란 진실을 알아보고 서로 이 진실을 이야기하는 것입니다. 많은 경우 '잠깐만, 지금 무슨 일이 일어나고 있는 거지?'라고 묻기를 꺼립니다. 하지만 그것이 바로 네이비실 팀의 문화였고, 성공의 비결이었습니다."

## 벨 연구소의 의외의 성공 비결

지금으로부터 약 100년 전, 뉴저지 외곽에 커다랗고 별 특징 없는 건물들이 자리 잡았다. 그곳은 바로 발명과 혁신의 요람, 벨 연구소였다. 1925년 미국 내 통신망 구축을 위해 조성된 벨 연구소는 르네상스 당시 피렌체에 맞먹는 과학의 본거지이자 집단 지성의 요람으로 성장했다. '디지털의 아버지'로 불리는 클로드 섀넌(Claude Shannon)도 벨 연구소 출신이었다. 외발자전거를 타고 곡예를 하며 복도를 가로지르는 재기 발랄하고도 박학다식한 학자였던 그는, 트랜지스터, 데이터 네트워킹, 태양광 전지, 레이저, 통신 위성, 이진법 연산, 이동통신을 발명하고 개발했다. 한마디로 현대사회에서 활용하는 대부분의 도구와 기술을 창조한 것이다.

벨 연구소가 전성기를 구가하자, 경영진은 괄목할 만한 성장 이면에 자리 잡은 성공 비결에 관심을 갖기 시작했다. 그들은 2가지 간단한 질문을 통해 조사를 시도했다. 첫 번째는 '어떤 과학자들이 가장 많은 특허를 취득했을까?'였고, 두 번째는 '그 과학자들의 공통적인 특징은 무엇일까?'였다. 첫 조사는 벨 연구소의 특허 도서관에서 시작되었다. 그곳에는 과학자들의 이름 순서로 특허 내역을 정리한 특허집이 보관되어 있었다.

"대부분의 특허집들은 부피가 비슷했죠." 특허 전문 변호사 빌 키파우버(Bill Keefauver)는 이렇게 회상했다. "하지만 어떤 특허집은 눈에 띌 정도로 남다른 부피를 자랑합니다. 이러한 특허집의 주인공은 수십, 수백 개의 특허를 신청한 창조성의 대가들입니다. 그들을 대략 10명 정도로 압축할 수 있었죠."

경영진은 압도적으로 많은 양의 특허를 낸 10명의 과학자들을 연구하며 공통된 실마리를 추적했다. 그들은 어떤 공통점이 있을까? 전문성일까, 학습 배경일까, 가정환경일까? 수십 가지의 연결 고리를 고민하고 버리기를 반복한 후에야, 그들이 습관 하나를 공유하고 있다는 사실을 알아냈다. 벨 연구소의 카페테리아에서 과묵한 스웨덴 출신 엔지니어 해리 나이퀴스트(Harry Nyquist)와 함께 정기적으로 점심을 먹은 것이다.

곱씹을수록 놀라운 결과였다. 물론 나이퀴스트는 벨 연구소의 무명인사는 아니었다. 오히려 그 반대였다. 전기 통신과 궤환 증폭 부문에서 괄목할 만한 성과를 냈기 때문이다. 하지만 역동적이고 남다른 괴짜들로 북적이는 이곳에서 나이퀴스트는 정반대의 면모를 보여주었다. 스웨덴의 작은 농가에서 자란 그는 부드럽고 온화한 루터교 신자로, 전통적인 규범에 따라 업무를 처리했다. 매일 아침 6시 45분에 일어나 7시 30분에 출근하고, 저녁은 집에서 가족들과 함께 6시 15분에 먹었다. 종종 지하철이 아닌 페리를 타고 출근하는 특이한 습관이 있었다(맑은 공기를 즐기기 위해서였다). 역사상 가장 창조적인 현장의 제일 중요한 인물이 전혀 눈길을 끌지 않는 평범한 사람이었던 것이다. 그렇기에 그가 지닌 기술들을 더욱 자세히 살펴보는 것이 중요하다.

사람들의 말에 따르면, 나이퀴스트에게는 2가지 특징이 있었다. 우선 그는 심성이 따뜻했다. 그와 함께하면 누구나 아버지 같은 온기를 느꼈다. 두 번째로 끊임없는 호기심을 보여주었다. 다양한 과학적 분야로 구성된 이곳에서, 나이퀴스트는 폭넓고 깊은 지식을 바탕으로 연관 관계를 찾으려고 시도했다. "나이퀴스트의 머리는 아이디어와 질문으로 가득 차 있었어요." 벨 연구소의 기술자 채핀 커틀러(Chapin Cutler)는 이렇게 회상했다. "그는 사람들을 사고의 장으로 끌어들였어요."

"당시 벨 연구소가 장려했던 행동이 있습니다. 나이퀴스트는 이러한 행동에 익숙한 사람이었죠." 키파우버는 말했다. "온갖 지식 분야와 프로젝트에 몸담은 사람들이 완전히 다른 분야에서 일하는 제3자와 프로젝트를 논의하고 새로운 시각에 눈뜨는 겁니다. 나이퀴스트는 상대방이 뭘 하고 있는지 포착한 다음, 새로운 아이디어를 그들에게 제시하고 이렇게 묻습니다. '이거 한번 해보는 게 어때요?'"

나 또한 여러 집단을 찾아다니는 과정에서 따뜻함과 호기심을 지닌 사람들을 많이 만날 수 있었다. 워낙 많다 보니 어느 순간부터 그들을 '나이퀴스트족'으로 부르기 시작했다. 그들은 예의 바르고 신중하고 노련한 청자였으며, 주변에 다가가면 안전한 기운과 사람들을 북돋우는 분위기가 묻어났다. 뿐만 아니라 그들은 다양한 분야에 깊은 지식이 있었고, 그들이 던지는 질문은 아이디어와 의욕을 자극했다. 나이퀴스트족을 찾는 제일 좋은 방법은 이렇게 질문해보는 것이다. '당신들의 문화가 작동하는 과정을 알기 위해 딱 한 사람만 만나봐야 한다면, 누가 제일 먼저 떠오르나요?' 성공적인 문화가 협동의 엔진이라면, 나이퀴스트족은 여기에 불을 붙이는 도화선이다. 에너지를 창출하고 발전을 이끄는 강력하고 꾸준한 과정의 원천으로 작용한다. 지금껏 만난 사람 가운데 이를 가장 멋지게 체화한 인물로 로시 기베치(Roshi Givechi)를 꼽을 수 있다.

## 적재적소에 꽂히는 질문 던지기

로시 기베치는 캘리포니아 팰로앨토에 설립된 다국적 디자인 회사 아이디오의 뉴욕 지점에서 근무한다. 오늘날 아이디오의 위상은 벨 연구소에 버금간다. 애플 컴퓨터의 마우스, 당뇨병 환자를 위한 인슐린 펜, 직립형 치약 튜브 등을 고안했고, 역사상 가장 많은 디자인상을 수상했다. 아이디오는 약 600명의 인력을 소규모의 팀으로 나누어 운영하며, 재해 발생 시 전 지구 차원의 대책을 수립하는 것부터 스마트폰 충전 패키지를 고안하는 것까지 온갖 과업을 수행한다. 기베치의 공식적인 직업은 디자이너이다. 하지만 비공식적으로도 수많은 프로젝트에 관여하면서 촉매제 역할을 자처하며 디자인 팀의 방향을 잡아주고 있다. "팀들이 교착 상태에 빠지거나 힘겨워하면, 로시가 마법사처럼 등장합니다." 아이디오의 직원 두에인 브레이(Duane Bray)가 말했다. "그녀는 봉인을 풀고 팀의 잠재력을 이끌어내는 데 탁월한 기술을 발휘하고, 질문을 던져 사람들을 열린 가능성으로 인도합니다. 정확히 그녀의 비결이 무엇인지는 잘 모르지만, 효과 만점이라는 건 확실히 알고 있죠."

기베치는 작은 체구의 40대 여성이다. 평소에 커다란 주머니가 달린 치렁치렁한 치마를 즐겨 입는다. 검은색 곱슬머리에, 검고 반짝이는 눈 주변에는 웃어서 생긴 잔주름이 보인다. 처음 그녀와 만났을 때 기베치는 굳이 자신의 매력을 강조하려고 하지 않았다. 어떤 농담도, 잡담도 하지 않을뿐더러 열정적인 모습도 전혀 찾아볼 수 없었다. 대신 그녀는 이전에도 몇 번 만났던 사람마냥 여유로운 침묵을 보여주었다.

"저는 사람들과 어울릴 때 그다지 말을 많이 하는 편이 아닙니다." 기베치는 말했다. "이야기를 좋아하지만 주도하는 편은 못 되죠. 주로 한 걸음 떨어져서 이야기를 듣고 질문을 하는 편이에요. 분명하고 간단하고 불필요해 보이는 질문들이죠. 하지만 이런 질문들을 던지면 뭐가 어떻게 진행되는지 알 수 있어요."

기베치의 소통은 아이디오의 '플라이트(Flights)'에서 빛을 발한다. 플라이트는 아이디오에서 모든 프로젝트의 초기, 중간, 마지막 단계에 진행되는 정기 회의로, 모든 팀원들이 모인다(브레인트러스트나 AAR의 아이디오 버전이라고 생각할 수 있다). 기베치는 플라이트를 진행할 때 바깥쪽에서 안쪽으로 접근한다. 대부분 대화를 통해 이 절차를 시작하며, 팀이 고민하던 이슈를 디자인의 관점(어디에 장벽이 있는지?)과 팀워크의 관점(어디에서 마찰이 일어나는지?)에서 파악한다. 이러한 밑그림을 바탕으로 사람들을 끌어모아 긴장을 완화시키는 질문을 던지며 프로젝트와 팀의 현 상황을 명확히 깨닫도록 유도한다. 기베치는 이 일련의 과정을 가리켜 '표면화

(surfacing)'라고 부른다.

"개인적으로 '교류'라는 단어를 좋아합니다." 기베치는 말했다. "제 입장에서 모든 대화는 똑같습니다. 사람들의 인식, 흥분, 동기 부여를 자극해 더 큰 영향을 미치도록 만들기 때문이죠. 사람들은 저마다 다릅니다. 따라서 그들의 생각을 편하게 나누도록 하려면 각기 다른 방법으로 접근해야 합니다. 결단력의 문제가 아니라 발견의 문제입니다. 적재적소의 질문을 제대로 던지는 것이 핵심이죠."

기베치의 동료들은 하나같이 그녀의 역설적인 면을 꼽는다. 부드러우면서 강하고, 따뜻하면서도 고집이 있다는 점이다. 아이디오의 디자인 감독 로렌스 에이브러햄슨(Lawrence Abrahamson)은 말했다. "로시에게는 강인한 면이 묻어납니다. 그녀는 의제를 제시하지 않습니다. 하지만 이면에는 의제가 숨어 있습니다. 아주 부드러운 유도책이죠. 그녀의 도구 상자 가운데 가장 강력한 도구는 시간입니다. 그녀는 대화가 바람직한 방향으로 진행되도록 인내하며 대화를 나누는 데 많은 시간을 소비합니다."

또 다른 디자인 감독 피터 안토넬리(Peter Antonelli)는 이렇게 말했다. "로시는 늘 때를 놓치지 않습니다. 늘 상대를 자극하고 뒤흔들어 눈앞에 있는 것 이상을 생각하도록 돕습니다. 늘 확실하고 뚜렷한 것에서부터 질문합니다. '그건 잘못됐어'라는 식으로 논쟁을 일으키지 않습니다. 대화 속에 유기적으로 녹아 있죠."

기베치가 다른 사람의 말을 듣는 태도를 지켜보면 마치 노련한 육상선수를 관찰하는 느낌이 든다. 그녀는 두 눈으로 가이거 계수기처럼 상대의 기분과 표현 방식의 변화를 빠르고 정확하게 포착한다. 그리고 일정한 주제에서 조금이라도 긴장감이 묻어나면 놓치지 않고 원인을 찾기 위해 설계한 질문을 던진다. 그녀는 늘 한마디씩 덧붙인다. '아마 그런 경험 있을 거예요', '당신이 하는 일도 비슷할 거예요', '여기에서 말을 멈췄던 이유는…….' 그 과정에서 끊임없이 교류의 신호를 발산하기 때문에, 상대방은 편히 마음을 연 상태에서 위험을 감수하고 진실을 말하게 된다.

마치 마법이 펼쳐지는 것 같지만, 사실 수많은 연습의 결과물이다. 예컨대 기베치는 아이들처럼 좋아하는 책을 읽으며 카세트 레코더로 몇 번이고 자신의 목소리를 녹음한다. 톤과 타이밍을 조금씩 바꿔가면서 전달하는 의미가 달라지는 지점을 체크해보는 것이다. 한때 그녀는 대학에서 심리학과 디자인을 공부하면서, 시각장애인 도우미에 자원하고 댄스와 안무를 주제로 논문을 썼다. 그 연장선상에서 댄스에서 아이디어를 얻어 아이디오의 디자인 팀에게 적용하는 법을 설명하고, 나아가 음악을 발굴하고 리듬을 따르기도 한다. "저는 공연의 지휘자가 아닙니다." 그녀는 말한다. "바람잡이에 가깝지요. 안무를 끌어들여 좋은 일이 일어날 환경을 만들려 노력합니다."

1년 전, 아이디오는 기베치의 능력을 조직 전반으로 확대하고자 했다. 회사는 그녀에게 팀 스스로가 자문해볼 수 있는 질문들을 만들어달라고 주문했다. 그러고 나서 그 질문들을 개선 방안으로 활용하도록 디자인 팀들에게 제공했다.

- ▶ 나를 제일 들뜨게 하는 것은 _____ 이다.
- ▶ 별로 들뜨지 않는 이유는 _____ 이다.
- ▶ 이 프로젝트에서 개선하고 싶은 것은 _____ 이다.

기베치의 질문이 재미있는 이유는 아주 단순하기 때문이다. 디자인과는 아무런 상관도 없지만, 두려움이나 야망, 동기 부여처럼 더 깊은 감정을 공유하는 데 초점을 맞춘다. 그래서 질문하기도 어렵고 대답하기도 어렵다. 다른 사람들의 손에 이 질문지가 들어간다면 아무런 효과를 내지 못하고 대화를 유도하지도 못할 것이다. 진정한 소통의 힘은 감정의 전달에 있다. 감정의 전달이 미세한 교류의 여건을 조성하며 이를 바탕으로 대화가 오고 간다.

"미묘하다는 말이 핵심입니다." 에이브러햄슨이 말했다. "그녀는 잘난 척하지 않습니다. 아주 열린 자세로 타인의 말을 경청하고 보살펴 사람들을 무장해제시킵니다. 로시는 자신의 생각을 완전히 멈추고 상대방과 질문에 오롯이 집중하며 질문이 뜻하는 바를 파악합니다. 상대방을 어디론가 끌고 가지 않습니다. 그저 상대방의 입장에서 생각하죠. 그녀의 진정한 강점입니다."

"공감이란 단어는 아주 부드럽고 멋지게 느껴지지만, 실제로 벌어지는 것과는 거리가 있어요." 수석 커뮤니케이션 디자이너 뇨키 기타히(Njoki Gitahi)가 말했다. "로시의 행동이 효과를 발휘하려면 어떤 행동이 사람들을 움직이게 만드는지 확실히 알아야 합니다. 그 행동이 늘 예의 바른 것은 아니에요. 상대방을 잘 알아서 그들이 무엇을 원하는지 이해하는 것도 그 일부가 될 수 있습니다. 도움과 칭찬을 원할 수도 있지만, 때로는 비판과 더 열심히 일해야 한다는 다짐, 새로운 것을 시도해야 한다는 채근이 필요할 수도 있습니다. 바로 그것이 그녀가 베푸는 가치입니다."

"그녀는 상대방의 말을 경청하고 더 깊이 들어가 정확한 의미를 마주볼 수 있게끔 질문합니다." 디자인 연구가 닐리 메투키(Nili Metuki)의 말이다.

"뭔가를 애매하게 남겨두는 법이 없죠. 불편한 내용이라도 예외가 없다는 것이 핵심입니다."

## 훌륭한 청자가
## '우리'를 만든다

이러한 멈춤, 취약성과 진솔함을 공유하는 나이퀴스트식 순간의 이면에는 무엇이 깃들어 있을까? 그 순간 속으로 들어가 무슨 일이 일어나는지를 정말 알 수 있을까?

하버드대학교에서 신경과학을 가르치는 칼 마시(Carl Marci) 박사는 이 문제를 오랫동안 연구해왔다. 그는 외과수술에 치우친 서구식 치료법에서 벗어난 의학 수업을 듣고 크게 매료되었다. 치료사들은 과학적으로 증명되지 않은 방법으로도 놀라운 효과를 내보였다. 가령 손을 대지 않고 마사지를 하거나, 아무 성분도 들어 있지 않은 물을 처방하는 식이었다. 마시가 알아낸 그들의 비결은 환자와 나눈 교감이었다.

"치료사들의 공통점은 탁월한 청자라는 사실입니다. 그들은 앉아서 환자의 기나긴 병력을 듣고, 환자의 모든 것을 숙지합니다." 마시는 말했다. "모두 믿기 어려울 정도로 공감 능력이 뛰어났죠. 사람들과 교류하고 신뢰와 유대감을 형성하는 데 일가견이 있었습니다. 흥미로운 부분은 치료 자체가 아니라 이야기를 듣고 관계를 형성하는 측면입니다. 바로 우리가 연구해야 할 주제이죠."

마시는 대화하는 모습을 녹화하며 피부의 전기 반응을 측정해보았다. 그가 발명한 이 방법은 전기 저항의 변화로 고조되는 감정을 측정할 수 있었다. 두 사람의 감정 곡선에는 대부분 변화가 없었으나, 일정한 대화의 특별한 순간에는 두 곡선이 완벽한 일치를 기록했다. 마시는 이러한 순간을 '동조(concordance)'라 불렀다.

"방 안에 감도는 감정에 진실하게 반응할 때 동조가 일어납니다." 마시는 말했다. "공감을 바탕으로 이해하고 교류를 이끌어내는 동작과 발언, 표현에 따라 행동을 개시합니다."

동조 현장을 녹화한 영상 하나에는 마시가 직접 출연했다. 마시는 의자에 앉아 회색 정장을 입은 노인을 쳐다보고 있었다. 노인은 마시의 치료사였다. 마시는 과거 자신의 여자 친구에게 프러포즈했던 날을 떠올리고 있었다. 두 사람 사이에 놓인 기계가 그들의 뇌파 변동을 한 쌍의 선으로 포착해 스크린에 투사했다. 마시는 파란색 선, 노인은 녹색 선이었다.

> **마시:** 우리는 브레드 앤드 서커스라는 식당에 갔어요. 그곳에서 야채 사모사를 주문하곤 했거든요. 그녀는 나들이를 가거나 데이트하러 가자는 말로 알아들었죠.
>
> **치료사:** (수긍하는 듯 적당히 고개를 끄덕인다.)
>
> **마시:** 가끔 거기로 올라가서 석양을 바라봤거든요. 하늘에 뭔가 볼거리가 펼쳐지는 중이라 생각했을지도 몰라요.
>
> **치료사:** (확실히 공감하는 듯 크게 고개를 끄덕인다.)
>
> **마시:** 나중에 여자 친구가 말하길, 그때 제가 프러포즈할지도 모른다는 생각이 아주 잠깐 들었다고 하더라고요. 말 그대로 아주 잠시뿐이었죠.
>
> **치료사:** (공감하는 듯 고개를 끄덕이고, 고개를 기울인다.)
>
> **마시:** 여자 친구는 자리에서 일어났습니다. 늘 그랬던 것처럼 옷을

잘 차려입은 모습이 눈부시게 아름다웠어요. 그녀는 이렇게 말했죠. '대체 무슨 일이에요?' 나중에 알고 보니 음식이 없어서 의아했던 모양이에요.

**치료사:** (엷은 미소를 짓는다.)

**마시:** 그녀에게 '이리 와서 앉아 볼래요?'라고 말하고는 커밍스의 시 첫 구절을 낭송했습니다. '시간에 의지했던 듯 무한을 추구하리라. 사랑이 끝나려면 시작도 않으리라.'

**치료사:** (머리를 살짝 위로 들고, 눈썹을 치켜뜬다.)

**마시:** (시를 계속 낭송한다.) '사랑이여, 아무도 숨 쉬고 걷고 헤엄치지 않는 곳에서 대기와 대양과 대지가 되리라.' 그리고 이렇게 말했습니다. '그대는 나의 대기, 나의 대양, 나의 대지입니다.'

**치료사:** (고개를 살짝 기울인 다음, 미소를 지으며 끄덕인다.)

**마시:** 감동적인 순간이었어요. 제가 반지를 꺼내는 걸 보자, 진심 어린 눈물이 그녀의 눈에서 흘러내렸죠. 감동적이고도 멋진 장면이었죠. 벅차오르는 감정을 주체하지 못하더군요.

**치료사:** (수긍하는 듯 적당히 고개를 끄덕인다.)


영상을 보며 가장 먼저 눈에 들어온 것은 대화 중 완벽한 동조의 순간이 몇 차례 등장한다는 사실이었다. 녹색과 파란색의 선이 미풍에 흔들리는 삼각 깃발처럼 완벽히 조율되어 상승과 하강을 반복한다. 그다음 눈에 띄는 것은 이러한 동조가 일어나는 순간에 치료사가 단 한 마디도 하지 않는다는 사실이다. 그렇다고 이 노인이 상호 소통을 게을리하는 것은 아니다. 침착하게 주의를 기울이고, 조용히 자세를 유지한다. 두 손을 무릎 위에 올린 다음 두 눈을 크게 뜨고 상대방의 말에 집중한다. 그는 고개를 끄덕이며 미세한 반응을 보인다. 달리 말하면, 치료사는 기베치가 아이디 오에서, 나이퀴스트가 벨 연구소에서 담당했던 역할을 수행하고 있었다. 그는 대화에서 가장 중요한 순간은 적극적이고 열정적으로 상대방의 말을 듣는 때라는 것을 증명하고 있었다.

"한 사람이 말하고 다른 사람은 듣는 와중에 동조가 일어나는 현상은 우연이 아닙니다." 마시는 말했다. "자신이 말하는 순간에 상대방에게 공감하기란 매우 어렵습니다. 사람의 말이란 아주 복잡합니다. 말하려는 것을 생각하고 준비해야 하기 때문이죠. 따라서 스스로의 생각에 매몰될 가능성이 큽니다. 하지만 다른 사람의 말을 들을 때는 그렇지 않아요. 듣고 있으면 시간에서 해방됩니다. 자신을 의식하지 못하게 되죠. 나에 관한 이야기가 아니니까요. 상대방과 완전히 이어지느냐의 문제일 뿐입니다."

마시의 연구는 동조 현상과 공감을 의식하는 현상의 상관관계를 보여준다. 잦은 빈도로 동조가 일어날수록 두 사람의 친밀감은 깊어진다. 더불어 친밀감은 조금씩 변화하지 않고 한순간에 변해버린다. "동조가 일어나는 순간이 있습니다." 마시는 말했다. "상대방의 말을 경청하고, 정말로 하나가 되는 것처럼 한껏 상대의 존재를 느끼는 순간이 찾아옵니다. 서로의 장벽을 무너뜨리는 순간이죠. '지금까지와 달리 앞으로는 새로운 방식으로 소통하겠네요. 우리는 서로 이미 변한 것을 알고 있죠'라고 말이에요."

# 협동의 습관을 기르는 리더의 행동 전략13

집단 내에서 취약성 고리를 만들고 협동의 습관을 기르는 일은 근력 훈련과 비슷하다. 결실을 맺기 위해서는 일정 시간을 두고 지속적으로 반복해야 하며, 고통을 감수하려는 의지 또한 필요하다. 핵심은 근력을 키울 때와 마찬가지로 계획을 세워 접근하는 것이다. 개인과 집단에 적용할 수 있는 몇 가지 실행 방안을 소개해본다.

**리더의 취약한 모습을 보여줘라** 앞서 살펴본 것처럼 서로의 취약한 순간을 일상적으로 여러 번 반복할 때 집단의 협동심이 형성된다. 특히 리더 자신의 취약성을 암시하는 순간이 가장 강력한 효력을 발휘한다. 데이비드 쿠퍼가 그랬듯이, "그거 내가 망쳤어"라는 말만큼 리더에게 중요한 것은 없다.

뉴욕의 유명 레스토랑 체인을 운영하는 대니 마이어(Danny Meyer)의 사례가 대표적이다. 그는 쉐이크쉑 버거부터 유니언 스퀘어 카페, 그래머시 태번 등 유명 음식점들을 거느린 수십억 달러 가치의 요식업 그룹을 창립했다. 생애 첫 TED 강연을 마친 다음 날 아침, 마이어는 약 20명가량의 직원들과 자신의 연설 동영상을 시청하며 회의를 시작했다. 불이 들어오고, 마이어가 이야기를 시작했다.

"전 두려웠어요." 마이어는 말했다. "너무 긴장해서 사시나무 떨듯 떨었죠. 지금껏 많은 강연을 해왔지만 TED 청중들은 좀 더 심오하고 통찰력 있는 뭔가를 기대하니까요. 전날 3시간밖에 못 자서 이렇게 눈 밑이 처진 거예요. 리허설도 엉망이었죠. 프레젠테이션 자료도 망쳤어요. 정말 부끄러운 수준이었죠. 하지만 건진 게 하나 있어요. 정말로 끝내주는 도움을 받았거든요." 그는 말을 멈추고 두 사람을 가리켰다. "칩과 헤일리에게 감사할 따름입니다. 두 사람 덕분에 무사히 마칠 수 있었어요. 훌륭한 원고를 준비했을 뿐 아니라, 유익한 조언을 해주고 모든 일들을 제대로 흘러가게 만들었죠." 모두가 칩과 헤일리를 쳐다보며 박수를 보냈다. 마이어 또한 흐뭇한 눈으로 이 광경을 바라보았다.

마이어가 '전 두려웠어요'라고 말했던 것에 주목해야 한다. 그는 이 말을 침착하고 자신 있고 편안하게 하면서 더 깊은 메시지를 강조했다. '여기에서 진실을 고백해야 안전합니다.' 그의 취약성은 약점이 아니라 강점이었던 것이다.

구글의 인사 담당 수석 부사장이었던 라즐로 복(Laszlo Bock)은 리더들에게 다음의 3가지 질문을 던지라고 주문한다.

▶ 지금 하는 일 중에 계속하고 싶은 일은 무엇인가?
▶ 좀 더 자주 하면 좋겠다고 생각하는 일은 무엇인가?
▶ 내가 어떻게 해야 직원들이 효율적으로 일할 수 있을까?

"한꺼번에 5~6가지를 묻지 말고 하나만 물어봐야 합니다." 복은 말한다. "그래야 사람들이 대답하기 쉽습니다. 리더가 이런 식으로 피드백을 요청하면 함께 일하는 사람들은 여기가 안전하다는 느낌을 받게 되지요. 그렇게 효과는 전염됩니다."

**협동을 부추기는 계기를 마련하라**  훌륭한 집단들은 협동심이 저절로 생겨난다고 여기지 않는다. 그 대신 협동에 대한 기대를 형성하고, 협동의 틀을 세우고, 그에 맞는 언어와 역할을 통해 서로 돕는 행동을 극대화할 뚜렷한 신호를 보내야 한다고 생각한다. 아이디오는 이를 보여주는 좋은 사례이다. 아이디오의 리더들은 끊임없이 협동에 대한 기대감을 피력한다(아이디오의 CEO 팀 브라운은 '문제가 복잡할수록 더 많은 도움이 필요해'라는 말을 주문처럼 반복한다). 그들은 조력자의 역할을 명확히 규정하고, 취약성을 일종의 정형화된 모형으로 수립한다. 예컨대 아이디오의 사내 게시판은 수많은 요구 사항으로 가득 차 있다. '괜찮은 중국어 강의 좀 추천해주세요', '크리스마스 휴가 때 고양이를 돌봐줄 도우미를 구합니다' 등의 온갖 메시지가 큰 글씨로 쓰여 있다. 뿐만 아니라 그 내용을 사내 소식지에도 실어 전 직원에게 한 부씩 배포했다. 소식지에는 이런 문구가 제일 많이 등장했다. '협동하세요. 동료를 성공시키세요. 다른 사람을 돕기 위해 애쓰는 것이 비결이랍니다.'

**배드 뉴스는 개인적으로 전달한다**  일부 집단에서 통용되는 비공식적인 규칙이다. 부정적인 소식이나 피드백은 직접 얼굴을 맞대고 전달해야 한다. 비용 처리 내역을 반려하는 것처럼 아무리 사소한 일이라도 마찬가지다. 이러한 규칙은 상당히 지키기가 어렵지만(전달하는 사람이나 전달받는 사람이나 이메일로 소통하는 것이 훨씬 편하다), 직접 마주 보고 허심탄회하게 이야기하면 긴장감을 해소할 수 있다. 오해를 피하고 명확하게 소통하며 교감을 나눌 수 있기 때문이다.

부정적인 뉴스를 다루는 최고의 방법은 미국 프로야구 팀 시카고

컵스의 코치 조 매든(Joe Maddon)에게도 배울 수 있다. 와인 애호가인 그의 사무실에는 종이쪽지를 넣은 유리그릇이 있고, 쪽지에는 비싼 와인의 이름이 적혀 있다. 선수가 팀의 규칙을 어길 때마다, 매든은 그릇에서 쪽지를 꺼내 거기에 적힌 와인을 구매하고 매니저와 함께 와인을 딴다. 다른 팀에서는 엄하게 군기를 잡을 때, 매든은 구성원들이 다시 한번 교감할 기회를 제공하는 것이다.

**처음 두 번의 결정적인 순간에 집중하라**  하버드 경영대학원에서 대인관계를 연구하는 제프 폴저 교수는 두 번의 결정적인 순간에 집단의 협동이 달려 있다고 말한다. 두 번 모두 집단이 구성된 초기에 찾아온다.

1. 처음 취약성을 경험하는 순간
2. 처음 의견이 불일치하는 순간

이러한 순간들은 사소해 보여도 실제로는 2가지 길로 인도하는 통로가 된다. 강한 척을 해야 할까, 함께 그림을 그려 나가야 할까? 소통을 성공하는 게 중요할까, 함께 배우는 게 중요할까? "대부분의 사람들은 꾹 참고 기다리거나, 방어적으로 변하거나, 합리화를 시작합니다. 이 과정에서 많은 긴장감이 형성됩니다." 폴저는 말했다. "하지만 이런 선택을 할 수도 있죠. '오, 이거 참 재미있는데. 동의할 생각 없니? 내가 틀렸을 수도 있어. 궁금한데 좀 더 이야기해보고 싶어.' 바로 이 순간이 뒤따르는 모든 것들의 패턴을 결정합니다."

**트램펄린처럼 반응하라**  잘 듣는 것이 주의를 기울이는 것보다 중요하다. 경청은 통찰을 더해주고, 서로의 진면목을 발견하는 순간을 만들어낸다. 리더십 컨설턴트 과정을 연구하는 잭 젠거(Jack Zenger)와 조지프 포크먼(Joseph Folkman)은 중간관리자 양성 과정에 참가한 3492명을 분석해보았다. 그 결과, 제일 효율적인 청자들은 다음 4가지 사항을 실천하고 있었다.

1. 상대방이 안전하고 보호받는 느낌이 들도록 소통했다.
2. 남을 돕고 협동하는 자세를 취했다.
3. 부드럽고 건설적인 방식으로 진부한 의견에 이의를 제기했다.
4. 때때로 대안을 제시했다.

젠거와 포크먼의 표현에 따르면, 가장 효율적인 청자들은 트램펄린처럼 행동했다. 수동적으로 반응하는 스펀지와 달리, 적극적으로 반응하며 다른 사람이 주는 것을 흡수하고 뒷받침하고 에너지를 보태 원활한 대화를 촉진했다.

효율적인 청자들과 트램펄린의 또 다른 공통점은 반복을 통해 증폭된다는 사실이다. 그들은 질문을 하고 나서 첫 응답에 멈추는 경우가 거의 없다. 오히려 다양한 방법으로 어디에서 긴장이 유발되는지를 탐구한다. 그리하여 미처 드러나지 않은 진실과 교감을 밝혀내고 협동을 가능하게 한다.

"질문할 때마다 마주하는 첫 반응은 질문에 대한 대답이 아닙니다. 상대방이 처음 보이는 반응일 뿐이죠." 로시 기베치가 말했다. "그래서 저는 사태를 천천히 파악하는 방법을 찾고, 공유해야 할 대상을 끌어내려 합니다. 사람들은 이를 바탕으로 뭔가를 구축할 수 있습니다. 같은 질문을 하더라도 방법은 여러 가지고, 다양한 각도에서 접근할 수 있습니다. 더 많은 것을 탐구하려면 상대방의 첫 반응을 바탕으로 더 많은 질문을 구상해야 합니다."

**모든 대화에 의미를 부여할 필요는 없다** 취약성을 수립하는 데 제일 중요한 요소는 '무엇을 말하는가'가 아닌, '무엇을 말하지 않는가'에 달려 있다. 이는 곧 자신의 주도로 방안을 제시하고 뭔가를 제안하는 쉬운 기회를 포기한다는 것을 의미한다. 나이퀴스트들은 '좋은 아이디어가 있어' 또는 '내가 비슷한 상황에서 어떤 효과를 봤는지 알려줄게'라는 말로 상대방의 말을 끊지 않는다. 대개 그런 말들은 상대방이 아닌 자신에게 해당하는 말이기 때문이다. 중요한 건 상대방이 말을 이어갈 수 있도록 몸짓과 표현을 조절하는 것이다. "제가 제일 입에 자주 올리는 말은 간단해요." 기베치는 말했다. "'그 이야기 좀 더 해볼래요?'라고 묻는 거죠."

제안을 하지 말라는 뜻이 아니다. 제안을 하려면 이른바 '생각의 발판'를 수립한 다음에 해야 한다는 뜻이다. 기베치가 말한 이러한 발판은 대화의 밑바탕을 이루며 위험과 취약성을 뒷받침한다. 발판을 갖추면 사람들은 위험을 좀 더 쉽사리 감수할 수 있고, 위험을 감수하는 것은 협동에 필수적이다. 발판이 없으면 대화는 무너진다.

**모두가 솔직함을 드러내는 훈련이 필요하다** AAR은 군사 환경에 맞춰 고안되었으나, 방법론만큼은 다른 영역에도 적용할 수 있다. 바람직한 AAR 구조는 다음 5가지 질문을 활용한다.

1. 우리가 의도한 결과는 무엇인가?

2. 실제로 얻은 결과는 무엇인가?

3. 무엇이 이러한 결과를 초래했는가?

4. 똑같은 순간이 찾아오면 무엇을 할 것인가?

5. 무엇을 다르게 할 수 있는가?


간혹 어떤 팀들은 사전 평가(Before-Action Review)를 활용한다. 이 또한 비슷한 질문으로 구성되어 있다.


1. 우리가 의도한 결과는 무엇인가?

2. 어떤 도전을 예상할 수 있는가?

3. 우리나 다른 사람들이 비슷한 상황을 통해 무엇을 배웠는가?

4. 이번에는 무엇이 우리에게 성공을 안겨줄 수 있을 것인가?


네이비실의 AAR 운영 방식을 따르는 것도 유용한 방법이다. 그들은 개방성과 진실성을 촉진하기 위해 강력한 리더십을 제쳐놓고 AAR을 운영한다. 그 과정에서 발견한 내용을 적어두고(특히 다음에 무엇을 똑같이, 무엇을 다르게 할 수 있는지) 집단 내부에서 공유하는 것도 중요하다. AAR의 목표는 불편한 진실을 수면 위로 올리는 데 그치지 않고 미래의 문제를 찾도록 도와주는 가치 모델을 수립하고 공유하는 데 있음을 명심하자.

한편, 픽사의 브레인트러스트는 경험이 풍부한 리더들이 하나의 팀이 되어 이끌어간다. 그들은 프로젝트에 공식적인 권한이 없고, 솔직하고 열린 자세로 강점과 약점을 비평한다. 앞서 언급했지만 브레인트러스트의 핵심 규칙은 해결책을 제시하지 않고 문제만 부각시켜야 한다는 점이다. 이러한 규칙 덕분에 담당자는 보다 책임감 있게 프로젝트를 발전시킬 수 있고, 윗사람들의 지시만을 따르는 수동적인 자세에서 벗어나게 된다.

네이비실의 AAR이나 픽사의 브레인트러스트는 모두 같은 행동에 바탕을 두고 있다. 그들은 취약성을 습관적으로 드러낸다. 그리고 이를 통해 무엇이 제대로 기능하고 그렇지 않은지, 무엇이 더 나은 방법인지를 더욱 쉽게 파악하는 것이다.

**솔직하되 가혹해지면 안 된다** 솔직한 피드백을 주는 것은 말처럼 쉽지 않다. 누군가의 기를 꺾거나 상처를 줄 수 있기 때문이다. 픽사의 사례에서 분명히 드러난 점은 솔직함을 추구하면서 가혹한 정직함을 피하라는 것이다. 솔직함을 추구하면(더 작고, 더 목표지향적이고, 덜 개인적이고, 덜 비판적이면서 영향력은 뒤지지 않는 피드백을 의미한다), 안전하다는 느낌과 집단에의 소속감을 유지하기가 훨씬 쉬워진다.

**불편함을 끌어안아라** 취약성을 습관적으로 드러내는 것을 꺼리는 가장 큰 이유는 정서적인 고통이 크고 비효율적이라고 여기기 때문이다. AAR이나 브레인트러스트만 봐도 상당히 지난한 과정을 거쳐야 한다. 이미 일어난 일을 몇 번이고 반복하며 곱씹어야 하고, 유쾌하지 않은 진실을 마주하려면 얼굴이 화끈거릴 정도로 어색해지기도 한다. 그러나 모든 일에는 대가가 따르기 마련이다. 그러한 고민은 더욱 강력하고 긴밀한 집단을 형성하는 데 수반되는 성장통이라고 생각하자.

**언어와 행동이 일치해야 한다** 매우 협력적인 집단들은 상호 의존을 강화하기 위한 언어를 사용한다. 가령 항공모함으로 돌아오는 해군 조종사들은 '착륙한다' 대신 '되돌아왔다'라고 표현한다. 아이디오에는 '프로젝트 매니저'가 없고, '디자인 커뮤니티 리더'라는 직책만이 존재한다. 마찬가지로 픽사는 영화의 초기 버전에 '주의 사항'을 붙이지 않고, 문제에 대한 해결책을 제시하며 영화를 '살찌운다.' 사소한 수사의 차이로 보일 수도 있으나, 단어의 쓰임이 중요한 이유는 목표에 깃든 협동성과 상호 연결성을 끊임없이 강조하고 집단의 바탕에 깔린 정체성을 강화해주기 때문이다.

**성과 평가와 직업적인 계발을 구분하라** 성과와 자기계발이라는 2가지 담론을 함께 묶는 것이 자연스러워 보이지만, 실제로는 떨어뜨리는 것이 효율적이다. 성과 평가는 높은 위험을 수반하기 마련이며 부정적인 소통을 피하기 어렵다. 게다가 급여와 직결되는 민감한 문제이다. 반면 자기계발은 각각의 강점을 인지하고 성장을 뒷받침하고 기회를 제공하는 문제이다. 2가지 화두를 하나의 담론으로 합쳐버리는 순간 뒤죽박죽되어 명확한 피드백도 어려워진다. 이미 수많은 기업이나 기관, 집단에서 구성원들의 서열을 매기는 것에서 탈피해 맞춤화된 조언을 제시하는 모델로 바뀌나가고 있다. 이를 통해 구성원들은 생생한 성과 평가와 개선 방향이 담긴 피드백을 수시로 제공받게 된다.

**플래시 멘토링을 활용하라** 협동심을 구축하는 최고의 기술로 '플래시 멘토링(Flash Mentoring)'을 꼽을 수 있다. 배우고 싶은 상대를 골라 그를 따라 한다는 점에서 전통적인 멘토링과 비슷하지만, 결정적으로 다른 점이 있다. 몇 달, 몇 년 동안 지속하지 않고 딱 몇 시간으로 끝내는 것이다. 이러한 간단한 소통은 집단 내의 장벽을 무너뜨리고, 관계를 구축하며, 인지력을 자극해 서로를 돕는 행동을 촉진한다.

**종종 리더를 사라지게 만들어라** 구성원들을 강하고 긴밀하게 응집시키는 리더들은 결정적인 순간에 집단을 외로이 남겨두는 경우가 많다. 가장 좋은 실례는 그레그 포포비치다. 흔히 NBA에서는 각 팀이 사전에 준비된 프로토콜에 따라 타임아웃을 활용한다. 먼저 코치들이 몇 초간 머리를 맞대고 모여 의견을 나누고, 곧이어 벤치로 걸어가 선수들에게 메시지를 전달한다. 그러다가 한 달에 한 번 꼴로 이상한 장면이 펼쳐진다. 스퍼스 코치들은 타임아웃을 위해 모이기만 할 뿐, 그걸로 끝이다. 이번만큼은 선수들에게 걸어 나가지 않는다. 선수들은 벤치에 앉아 포포비치가 나타나기만을 기다린다. 그러다 포포비치가 오지 않는다는 것을 뒤늦게 깨닫고, 알아서 대화를 시작하고 계획을 짠다. 뉴질랜드의 올블랙스 럭비 팀도 마찬가지다. 선수들은 매주 몇 가지 연습 과정을 스스로 진행한다. 데이비드 쿠퍼에게 최고의 팀들은 어떤 패턴을 공유하는지 하나만 말해달라고 요청했을 때, 그는 이렇게 말했다. "최고의 팀은 늘 제가 그다지 신경을 쓰지 않았던 팀이었어요. 특히 훈련할 때 그러한 현상이 두드러졌습니다. 그들은 제가 눈앞에서 사라져도 전혀 저를 찾지 않았어요. 오히려 제가 있을 때보다 무엇이 그들에게 필요한지 훨씬 잘 포착하더군요."

# '우리'를 만드는
# 이야기가 있는가

## Chapter 8

# 공동의
# 이정표 세우기

## 벼랑 끝에 선 회사를 구한
## 1장짜리 사훈

　　　　　　1975년의 어느 날, 헬스 케어 회사 존슨앤드
존슨의 대표 제임스 버크(James Burke)는 35명의 수석 매니저를 비공식적
으로 소집했다. 전략이나 마케팅, 기획 등의 업무 이야기를 나누는 자리
가 아니었다. 회의의 목적은 '크레도(Credo)'라고 불리는 32년 묵은 1장짜
리 서류를 토론하는 것이었다.

　크레도는 존슨앤드존슨의 전임 회장이자 창립자 중 한 사람인 로버트
우드 존슨(Robert Wood Johnson)이 1943년에 작성한 사훈이다. 크레도는
아래와 같이 시작된다.

　우리의 첫 책임은 의사, 간호사, 환자를 비롯해 우리의 물건과 서비

스를 이용하는 모든 아버지, 어머니를 향해 있습니다. 그들의 필요를 만족시키려면 모든 제품과 서비스에서 높은 품질을 달성해야 합니다. 합리적인 가격을 유지하기 위해 끊임없이 비용을 절감해야 합니다. 고객의 주문을 신속하고 정확하게 처리해야 합니다.

크레도는 크게 4개의 구절로 구성된다. 각각의 이해 당사자와의 관계를 설명하고, 고객, 직원, 커뮤니티, 주주 순서로 우선순위를 매긴다. 누가 보아도 기업 철학이 아주 확고하게 담긴 문서였다. 명확하고 솔직 담백해 마치 구약성서처럼 진지한 분위기가 풍겨 나왔다('해야 한다'는 말이 21번이나 나온다). 존슨앤드존슨의 모든 사업장에는 크레도가 잘 보이는 곳에 걸려 있고, 뉴저지 본사에는 화강암 벽에 크레도가 조각되어 있다.

하지만 버크가 보기에 직원들은 크레도에 대해 크게 신경 쓰는 것 같지 않았다. 때로는 버크조차도 크레도가 중요하게 다뤄져야 한다고 확신하지 못했다. 시대가 바뀌었다고 해서 크레도에 이의를 제기하는 경우도 없었다. 회사에서 사람들이 일하고 소통하는 모습을 지켜본다면 누구나 느낄 수 있는 분위기였다. 훗날 버크가 말한 것처럼 "존슨앤드존슨에 입사한 대부분의 젊은 직원들은 크레도에 많은 주의를 기울이지 않았습니다. 그들은 크레도를 일종의 대외 홍보 전략 정도로 생각하는 것 같았어요. 사람들을 통합하지 못했던 거죠."

버크는 크레도를 하나의 도전 과제로 삼고자 마음먹었다. 버크가 이러한 미팅을 제안했을 때, 회사의 많은 중역들이 정면으로 반대 의사를 표시했다. 한 집단의 근간을 이루는 슬로건에 새삼스레 의문을 제기하는 것은 시간 낭비처럼 보였다. 이사회 의장 딕 셀러스(Dick Sellars)가 우스꽝스럽다고 폄하했을 정도였다. 그는 버크를 향해 크레도에 도전하는 것은 천주교가 교황에 도전하는 것이나 마찬가지라고 말했다.

그러나 버몬트 출신에, 제2차 세계대전에서 상륙선을 지휘했던 버크는 굵은 목청을 울리며 물러서지 않았다. "저는 매일 아침 일어날 때마다 (교황에게) 도전합니다." 그는 말했다. "때로 그분이 미쳤다는 생각이 들 때도 있고, 제가 믿는 종교가 엉망이라는 생각이 들 때도 있습니다. 당연히 이 또한 도전의 대상입니다. 모두가 자신의 가치에 도전하며, 크레도 또한 예외가 될 수 없습니다."

결국 버크가 이겼고, 회의는 커다란 연회장에서 열렸다. 매니저들이 자리에 앉은 후 버크는 그들이 할 일을 정해주었다. "여러분은 회사의 혼이나 다름없는 크레도에 도전할 수 있습니다." 그는 말했다. "크레도의 원칙에 따라 움직일 수 없다면, 차라리 벽에서 떼어버리는 게 낫습니다. 지키지도 못하면서 걸어두는 것은 가식에 불과하니까요. 내용을 바꾸고 싶으면, 어떻게 바꾸고 싶은지 말해주시기 바랍니다." 그렇게 대화가 시작되었다.

"(크레도의) 내용은 절대적이어야 해요." 한 매니저가 말했다.

"웃기는 소리예요." 누군가가 말을 가로막았다. "사업의 목적은 이익을 창출하는 거예요."

또 다른 매니저가 목청을 높였다. "그렇다면 비즈니스에서 제일 바람직한 길을 걸어서는 안 된다는 건가요? 도덕적·윤리적으로 올바를 뿐 아니라, 크레도를 따라 사회의 필요를 충족하고 모든 일을 더 잘, 더 우아하게, 더 인간답게 할 수 있는 길을 포기하라고요?"

"찰리, 당신이 말한 건 전통적인 가치론이고, 그게 옳다는 건 누구나 다 알고 있어요." 얼마 안 남은 머리칼로 민머리를 가린 남성이 일어나 날카로운 목소리로 말했다. "관건은, 무엇이 타당한 사회의 요구인지, 우리가 달성하고 유지할 수 있는 범위가 어느 정도인지를 아는 거예요."

이 회의는 비즈니스 회의가 아니었다. 오히려 철학 세미나에 가까웠다. 하루 종일 회의실 안에 있던 36명의 사람들은 기업의 사회적 책임이 어디까지인지를 확정하려 노력했다. 그날 밤, 몇몇은 밤늦게까지 떠오른 생각을 서면으로 정리했다. 이 과정을 마칠 무렵에는 지금의 크레도를 유지하는 것으로 의견이 모였다. 버크는 여기에서 멈추지 않았다. 이후 몇 년간 그는 회사의 모든 의사 결정 단계마다 크레도에 도전할 수 있는 대화를 지속적으로 유도했다. 버크의 시도는 효과를 발휘했다. 버크를 비롯한 회사의 중역들은 직원들이 크레도를 새로운 시각으로 인지한다는 것을 깨달았다. 하지만 이러한 깨달음은 실체가 없는 탓에 일상 속에서 정확히 측정하기가 어려웠다.

그로부터 7년이 지난 1982년 9월 29일, 평온한 일상이 순식간에 깨졌다. 버크는 이틀에 걸쳐 엑스트라스트렝스 타이레놀 캡슐을 복용한 7명의 소비자가 사망했다는 소식을 들었다. 문제의 캡슐에는 청산가리 성분이 들어 있었다. 시카고에는 공포가 엄습했다. 경찰들은 사람들에게 경고하기 위해 호루라기를 불며 거리를 활보했고, 보이스카우트들이 집집마다 돌아다니며 노인들에게 이 사실을 알렸다. 마을 곳곳에 우려의 목소리가 들불처럼 퍼져나갔다. 샌프란시스코의 공무원들은 하수에 독이 풀리지 않도록 타이레놀을 변기에 버리지 말라고 경고했다. 한 언론사는 타이레놀 독극물 이슈가 케네디 대통령 암살 이후 언론 보도 1위를 차지했다고 분석했다.

몇 시간 만에 존슨앤드존슨은 약이 아닌 독극물을 공급하는 회사로 전락했다. 본사는 충격과 불신의 도가니였다. 그러나 이보다 더 큰 문제는 위기를 다룰 채비가 되어 있지 않다는 사실이었다. 당시 회사에는 공공 문제를 다루는 부서는커녕, 리콜 절차도 없었다. 홍보팀에는 전화 1대당 스프링 노트 1권이 배분된 게 전부였다. "전염병이 창궐한 수준이었죠." 타이레놀을 제조한 존슨의 자회사 맥닐 프로덕츠(McNeil Products)의 회장 데이비드 콜린스(David Collins)가 말했다. "사태의 끝이 어디일지 가늠할 수가 없었습니다. 단 하나 확실했던 건 그 누구도 상황이 어떻게 돌아가고 있는지 모른다는 사실이었죠."

존슨앤드존슨은 본부 사무실 하나를 임시 상황실로 꾸린 후, 이젤과 도화지를 설치했다. 희생자와 발생 지역, 약제의 물품 번호, 구입 지역 등 입수한 다양한 정보들을 도화지에 적어 벽에 붙여놓았다. 곧이어 상황실은 답을 찾기 힘든 긴급한 질문들로 뒤덮였다. 이제 더 이상 타이레놀을 팔 수 없다는 사실만 확실해 보였다. "타이레놀이라는 이름을 붙인 제품은 더 이상 판매가 불가능해 보였습니다." 광고계의 전설로 통하는 제리 델라 페미나(Jerry Della Femina)가 《뉴욕타임스》에서 한 말이다.

버크는 7명으로 구성된 위원회를 조직해 어려운 문제들을 다뤄나갔다. 관계 당국의 사법 조치에 어떻게 대응할지, 소비자들에게 뭐라 말할지 등의 문제들이 결정을 기다리고 있었다. 하지만 제일 중요한 문제는 전국에 공급된 타이레놀 제품을 처리하는 문제였다.

사건 이후 4일이 지나, 버크와 위원들은 FBI 및 FDA와 계획을 논의하기 위해 워싱턴 DC로 날아갔다. FBI와 FDA는 리콜 지역을 시카고로 한정하라고 강권했다. 그들이 내세운 근거는 명확했다. 그 어떤 독극물 사레도 시카고 밖에서는 발견되지 않았으며, 리콜을 미국 전체로 확대할 경우 불필요한 불안감을 부추기고 모방 범죄를 불러올 수 있다는 이유였다. 게다가 전국적인 규모의 리콜을 감행하면 수백만 달러의 손실이 불가피한 상황이었다.

버크와 팀원들은 잠시 생각에 잠겼다. 이내 그들은 FBI와 FDA의 조언을 무시하기로 결정하고 미국 시장에서 타이레놀 제품을 전량 수거한다고 즉시 발표했다. 약 3100만 정의 타이레놀 가치는 1억 달러에 달했다. 이토록 과감한 의사 결정의 배경을 묻자, 버크는 즉시 대답했다. '우리의 첫 책임은 의사, 간호사, 환자를 비롯해 우리의 물건과 서비스를 이용하는 모든 아버지, 어머니를 향해 있습니다. 그들의 필요를 만족시키려면 모든 제품과 서비스에서 높은 품질을 달성해야 합니다.'

이후 몇 주 동안, 존슨앤드존슨은 제약 회사에서 공중 안전 기관으로 탈바꿈했다. 그들은 위조가 불가능한 포장 방식을 새롭게 설계 및 제작하고, 교환·환불 프로그램을 개발했으며, 정부와 사법기관, 대중매체와 긴밀한 관계를 구축했다. 사태가 발생한 지 한 달이 지나갈 즈음, 회사 차원에서 2000명이 넘는 판매원을 움직여 의사와 약사에게 지침을 전달하고 앞으로 닥칠지도 모르는 재앙을 경고했다. 나아가 버크는 미국 전역에 방송되는 매체들을 섭렵했다. 공개적으로 자책하고 슬퍼하는 모습을 보여주며 공공의 안전을 위해 회사가 노력하는 모습을 직간접적으로 알린 것이다. 사내 변호사들은 그저 경악을 금치 못할 뿐이었다. 6주 후, 그들은 안전한 신규 포장법을 소개했다. 그 순간 놀라운 일이 일어났다. 0으로 떨어졌던 타이레놀의 시장 점유율은 서서히 올라가 이전 수준을 회복했고, 그 후로도 상승세를 멈추지 않았다. 한 전문가는 이를 가리켜 "나사로의 부활 이후 최고의 부활"이라고 표현했고, 타이레놀 사태는 기업의 위기를 다스리는 절대 표준으로 자리 잡았다.

"그때 순간순간 처리할 의사 결정은 수백 가지가 넘었습니다." 훗날 버크는 말했다. "돌이켜보면, 우리가 내린 결정에는 실수가 없었습니다. 정말로요. 후회할 만한 결정은 하지 않았습니다. 수천 가지의 의사 결정이 눈부실 정도의 일관성을 유지했습니다. 국민의 안전이 최우선이라는 원칙에 충실했기 때문입니다. 제일 위태로운 주체는 국민이니까요. 크레도를 토론할 때마다 타이레놀 사례가 언급되는 이유는, 크레도가 그때의 위기에 적절하게 대처할 수 있었던 원동력이었기 때문입니다. 존슨앤드존슨과 다른 연관 기관의 인력들 모두 동일한 지성과 감성을 바탕으로 무엇을 해야 할지 잘 알고 있었습니다."

겉보기에 타이레놀 사태는 남다른 화합과 품위로 사고에 대응한 거대 집단의 일화처럼 다가온다. 하지만 그 이면에는 흥미로운 사실이 자리 잡고 있다. 존슨앤드존슨의 남다른 대처 방법이 평범한 1장짜리 서류에 담겨 있다는 사실이다. 크레도는 수천 명이 복잡한 선택의 지형을 찾아 헤매는 동안 생각과 행동의 길잡이가 되어주었다. 어떻게 이런 일이 가능했을까? 어떻게 단순하고 직설적인 몇 개의 문장이 집단의 행동에 그처럼 큰 변화를 불러올 수 있었을까?

1부와 2부에서 우리는 소속감과 협동에 대해 알아보았다. 구성원들에게 안전하다는 확신과 취약성을 공유하는 작은 신호들이 어떻게 사람들을 이어주고 하나의 몸통으로 만들어주는지를 살펴보았다. 3부에서는 더 큰 차원에서 이 문제에 접근해보려고 한다. 이것의 목적은 무엇일까? 우리는 무엇을 위해 일하고 있을까?

성공적인 집단을 방문할 때마다 공통적으로 감지한 사실이 하나 있다. 그들은 집단의 목적이나 가치에 관계된 이야기를 나눌 때마다 코에 펀치를 맞는 것만큼이나 신경을 곤두세웠다. 그들은 주변 환경에서부터 시작했다. 일반적인 경우 집단의 목적을 상기시키는 몇 가지 사항으로 주변 환경을 채울 뿐이다. 하지만 성공적인 집단들은 여기에서 그치지 않는다. 그 이상의 것, 훨씬 많은 것을 실시했다.

## 모두가 같은 것을
## 보게 하는 법

댐 넥에 자리 잡은 네이비실의 본부에는, 9·11 테러 현장에서 가져온 뒤틀린 구조물과 모가디슈(Mogadishu)의 깃발 등 전사한 실 대원들을 추모하는 기념물이 전시되어 있다. 마치 군사 박물관 같은 느낌도 든다. 마찬가지로 픽사 본사에는 그들이 제작한 영화가 파노라마처럼 전시되어 있다. 〈토이 스토리〉에 나오는 우디(Woody)와 버즈(Buzz)의 레고 모형부터 픽사의 상징인 6미터 높이의 룩소 램프(Luxo Lamp) 조각까지, 모든 것이 픽사의 마법으로 빛나고 있다. 한편 업라이트 시티즌 극단(Upright Citizens Brigade)의 지하 소극장은 명예의 전당을 보는 기분이다. 그곳은 지금의 극단을 만든 〈해럴드〉 팀의 사진으로 도배되어 있다(거의 모든 사진에서 당시에는 무명이었지만 지금은 유명해진 인사들을 찾아볼 수 있다). 열악한 이너 시티에 자리 잡은 KIPP 스쿨 역시 놀라운 성과를 낸 자율형 공립학교이다. 이곳에서는 교사들이 어디에서 대학 생활을 보냈는지를 각 교실마다 눈에 띄도록 이름을 적어 붙여놓고, 학생들의 동기를 높일 수 있도록 유도한다. 심지어 학교 화장실 거울에도 '어느 대학에

갈 건가요?'라는 식의 질문들을 붙여놓았다.

　그러한 공간들을 거닐다 보면 동일한 리듬으로 같은 문구와 모토가 전달되는 것을 느끼게 된다. 놀라운 일이다. 픽사 직원들에게 '기술이 예술을 촉진하고, 예술이 기술을 촉진한다'라는 사실을 늘 상기시키는 건 쉬운 일이 아니다. 네이비실 대원들에게 '쏘고, 움직이고, 소통하라'라는 말, KIPP의 학생들에게 '열심히 공부하고 예의바르게 행동하라'라는 말을 상기시키는 것 또한 마찬가지다. 실제로 하루에도 몇 차례씩 그들은 자신이 속한 집단의 가치가 담긴 문장을 암송한다. 그들은 자신들의 스토리를 말하는 데 엄청난 시간을 할애하며, 그들에게 주는 정확한 의미를 상기한다. 그리고 이 과정을 무한 반복한다. 왜 그럴까?

　이 대답의 실마리는 찌르레기라는 새에서 찾을 수 있다. 다른 새들과 마찬가지로, 찌르레기는 종종 무리를 지어 날아다닌다. 그러다가 매와 같은 맹금류를 만나면 그 이상의 것으로 변신을 시도한다. 이를 가리켜 '군무(murmuration)'라고 하는데, 대자연에서 감상할 수 있는 가장 아름답고도 기이한 장면이다. 찌르레기 떼들은 살아 움직이는 구름처럼 눈 깜짝할 사이에 소용돌이치며 형상을 바꾼다. 거대한 모래시계였다가 나선형이 되고, 마치 영화 〈해리 포터〉에 나오는 것처럼 덩굴손이 하늘을 가로지르는 형상을 취하기도 한다. 매가 찌르레기 한 마리를 덮치려 들면, 다른 편에 있던 수천 마리의 무리가 이를 감지하고 하나로 움직여 위기에 대처한다. 어떻게 이런 일이 가능할까? 어떻게 이처럼 많은 새들이 한 몸처럼 움직일 수 있을까? 과거의 자연학자들은 찌르레기에게 무리의 움직임을 인지하고 계획할 수 있는 신비한 레이더가 있다고 생각했다. 이를 두고 학자들은 '텔레파시' 혹은 '생물학적 라디오'라고 부르곤 했다.

2007년 로마대학교의 이론물리학자 팀이 이 비밀을 풀어냈다. 찌르레기가 멋진 화합을 이루는 이유는 일련의 작은 신호들에 끊임없이 주의를 기울이기 때문이었다. 기본적으로 찌르레기 한 마리 주변에는 예닐곱 마리의 찌르레기가 늘 밀착해 있다. 그들은 방향, 속도, 가속, 거리에 대한 신호를 항상 주고받는다. 모든 찌르레기들의 집중적이고 밀착된 관찰은 무리를 통해 증폭되고, 그 덕분에 하나로 움직일 수 있다. 찌르레기 무리가 이토록 영리하게 움직일 수 있는 이유는 텔레파시나 신비한 마법 때문이 아니었다. 소규모 핵심 지표에 온 정신을 집중하는 단순한 능력 덕분이다.

찌르레기의 군무를 통해 성공적인 집단들이 어떻게 목적을 창출하고 유지하는지 이해할 수 있다. 찌르레기 떼와 마찬가지로 그들은 겉으로 잘 드러나지 않는 진실에 접근한다. 그것은 모종의 신비한 내부 동력이 아니라, 공동의 목표를 위해 집중하고 노력하는 뚜렷한 길잡이를 만드는 일이다. 놀라운 성과를 내는 집단에서는 각 구성원들의 이야기를 전달하고 공유할 방법을 끊임없이 찾아 나선다. 이른바 고목적 환경(high-purpose environments)을 구축하는 것이다.

고목적 환경은 현재의 상황과 미래의 청사진을 잇는 작고 뚜렷한 신호들로 가득 차 있다. 그들은 모든 탐구 과정에 필요한 2가지 지표를 제공한다. '우리의 현주소는 여기며, 우리가 가고 싶은 곳은 저기다.' 과학적 관점에서 놀라운 사실 하나는 이러한 패턴의 발신에 사람들이 적극 반응한다는 점이다.

몇 년 전, 심리학 교수 가브리엘레 외팅겐(Gabriele Oettingen)은 역사상 가장 간단하고 기초적인 심리학 실험을 실시했다. 실험의 내용은 다음과 같았다.

**1단계** 달성하고 싶은 현실적인 목표를 생각해본다. 다양한 스포츠를 섭렵하거나, 누군가와 좋은 관계를 맺거나, 살을 빼거나, 새로운 직업을 얻는 등 무엇이든 상관없다. 몇 초간 그 목표를 생각하고 곧 실현될 것이라고 상상해본다. 이 목표를 달성한 미래를 상상해본다.

**2단계** 몇 초 동안 당신과 목표 사이에 놓인 장애물을 최대한 뚜렷하게 그려본다. 부정적인 요소를 얼렁뚱땅 넘기려 하지 말고, 현상 그대로 보아야 한다. 예컨대 살을 빼고 싶으면 따뜻한 쿠키 냄새에 의지가 꺾여 1~2개 맛보았던 순간을 떠올린다.

이게 전부이다. 일련의 과정을 '정신적 대비(mental contrasting)'라고 하는데, 과학적이라기보다 심야 방송의 인포머셜(해설식 광고)에서 접할 수 있는 조언 정도로 다가온다. '달성 가능한 목표를 꿈꾸고, 장애물을 그려보세요.' 하지만 외팅겐이 발견한 것처럼 이 방법은 유효하며, 행동과 동기에 유의미한 변화를 불러온다. 한 연구 결과에 따르면, 이 방법을 통해 공직적격성평가(PSAT)를 준비한 학생들은 대조군에 비해 연습 문제를 60퍼센트나 많이 풀었다. 다른 연구 결과에서는 다이어트를 시도한 사람들이 현저히 적은 칼로리를 섭취하면서도 더 활력이 넘치고 살도 더 많이 뺄 수 있었다. 이처럼 낯선 사람과 소통하고, 거래를 협상하고, 대중을 상대하고, 시간을 관리하고, 소통을 늘리는 등 정신적 대비를 통해 다양한 능력이 향상되었다. 외팅겐이 기술한 대로 "현실과 미래를 연속선상에서 고심해보면 두 시간대에 동시에 접근할 수 있다. 이렇게 보면 현재는 미래를 실현하는 과정에 자리를 잡게 된다. 이러한 관점에서 두 시간대를 연결하는 것이다."

외팅겐의 연구는 동기와 목표에 대한 일반적인 상식을 거스른다. 우리는 보통 동기와 목표가 개인의 타고난 천성이라고 생각한다. 그러한 관점으로 보면, 사람들은 동기나 욕망을 갖거나 갖지 못하거나 둘 중의 하나이다. 하지만 일련의 실험들이 보여주는 것은 동기란 주어지는 것이 아니라, 일정한 방식으로 소통해 만들어낸 결과물이다. '당신의 현주소는 여기고, 당신이 가고 싶은 곳은 저기다.' 이렇게 공유한 미래는 목표가 될 수도 있고 행동으로 이어질 수도 있다. 존슨앤드존슨의 '우리는 고객의 안전을 최우선으로 삼는다'라든가, 네이비실의 '우리는 쏘고, 움직이고, 소통한다'라는 슬로건처럼 말이다. 연결 고리를 만들고 그 주변에 끊임없이 이어지는 것이 중요하다. 다시 말해 핵심은 '스토리'를 전달하는 일이다.

우리는 스토리라는 말을 무심코 사용한다. 마치 스토리와 화법이 변치 않는 현실에 대한 일시적인 장식인 양 말이다. 더 깊은 신경학적 진실은 스토리가 현실을 숨기지 않고 창조하며, 인지와 동기의 물결을 촉발한다는 데 있다. 두뇌 스캔이 그 증거이다. 인간이 어떤 사실을 들으면 두뇌의 일부 영역이 활성화되며 단어와 뜻을 해석하기 시작한다. 마치 밤이 되면 라스베이거스 시내에 불이 반짝 들어오듯이, 두뇌는 원인과 결과, 의미의 연결 고리를 찾아 나서기 시작한다. 스토리는 그냥 이야기가 아니며, 행동을 촉진하는 정신 모델을 제공하는 데 특화된 최고의 발명품이다.

타이레놀 독극물 사건이 터진 후 며칠간 존슨앤드존슨의 리더들이 마주친 악몽과도 같은 딜레마를 생각해보자. 연방 공무원들의 조언까지 거스르며 1억 달러의 돈을 쓰고, 주주와 이사회에 이러한 결정을 설명하기란 쉬운 일이 아니었다. 수천 명의 직원들을 새롭고 생소한 역할로 재편하고, 왜 그러한 변화를 받아들여야 하는지 설명하는 것 또한 어려운 일이었다. 이렇게 결정하고 행동으로 옮기는 일이 얼마나 고통스럽고 힘들었을지 짐작할 수 있다. 하지만 버크는 고통스럽거나 힘든 티를 내지 않고 진솔하게 이 문제를 드러냈다.

"엄청난 신뢰를 얻는 계기였죠." 버크는 기자에게 말했다. "물론 할 일이 단순했던 건 사실이지만, 당시의 상황에서는 달리 할 수 있는 일이 없었다고 보는 편이 맞을 거예요. 존슨앤드존슨에서 일하는 전 세계의 직원들이 이 사태를 지켜보고 있었어요. 우리가 이렇게 하지 않았다면, 직원들이 어떻게 느꼈을지 생각해보세요. 제 말은, 기업의 영혼이 우리를 지켜보고 있었다는 뜻입니다."

버크와 그의 팀은 무리 속의 찌르레기와 같은 심정이었다. 그들이 하나로 움직일 수 있었던 이유는 집단 속에서 확실히 울려 퍼지는 크레도의 신호에 조율되었기 때문이다. '우리의 첫 책임은 의사, 간호사, 환자를 비롯해 우리의 물건과 서비스를 이용하는 모든 아버지, 어머니를 향해 있습니다. 그들의 필요를 만족시키려면 모든 제품과 서비스에서 높은 품질을 달성해야 합니다.' 그들이 내린 어려운 결정은 실제로는 그렇게 어렵지 않았다. 거의 반사적인 동작에 가까웠다.

## 이야기가 사람들을 움직인다

스토리는 어떻게 집단의 행동을 유도할까? 이를 이해하는 데 가장 큰 장애물은 다른 많은 요소들과 달리 스토리를 외따로 떨어뜨리기가 어렵다는 사실이다. 스토리는 공기와 같다. 어디에나 있지만, 어디에도 없다. 그렇다면 스토리의 효과를 어떻게 가늠할 수 있을까?

1965년 하버드의 심리학자 로버트 로즌솔(Robert Rosenthal)은 스토리의 효과를 측정하는 방법을 발견했다. 그는 캘리포니아에 있는 공립 초등학교를 섭외해 학생들에게 새로 개발한 지능 검사를 제안했다. 이 지능 검사의 이름은 '하버드변형습득검사(Harvard Test of Inflected Acquisition)'로, 다음 학년에 어떤 아동이 뛰어난 학업 성적을 기록할지 정확히 예측할 수 있었다. 학교는 거절할 이유가 없었고, 모든 학생을 상대로 이 시험을 실시했다. 몇 주 후, 교사들은 잠재력이 높은 학생들로 분류된 아동들의 명단을 받았다(전체 학생의 20퍼센트 정도였다). 주최 측은 교사들에게 이들을 특별한 학생들로 공지했다. 시험 결과에 따르면 이 아이들은 과거에는 그다지 우수하지 않았지만 "지적 성장에 남다른 잠재력을 보유하고" 있었다(학생들은 시험 결과를 받아보지 못했다).

이듬해, 로즌솔은 이 학생들이 잘하고 있는지 알아보러 다시 학교를 방문했다. 시험 결과가 예측한 대로 잠재력 상위 1군과 2군의 학생들은 놀라운 결과를 보여주었다. 1군은 지능 지수가 27점 올랐고(나머지 학생들은 12점), 2군은 17점(나머지 학생들은 7점)이 올랐다. 나아가 고잠재력군 학생들은 측정 범위를 뛰어넘는 성과를 보여주었다. 그들은 호기심 많고 발랄하고 적응도 잘하고 성공을 경험할 확률이 높다는 평가를 받았다. 게다가 교사들은 과거 어느 때보다도 가르치는 것이 즐거웠다고 말했다.

하지만 '하버드변형습득검사'는 완전한 속임수였다. 실제로 고잠재력 군은 무작위로 선택된 학생들이었다. 이 시험의 대상은 학생들이 아니라 교사와 학생들 사이의 관계였다. 로즌솔은 하나의 스토리가 흐르고 있다는 사실을 발견했다. '이 아이들은 평범하다'라는 생각이 '이 아이들은 특별하다. 성공할 운명을 타고났다'라는 스토리로 대체되어 교사들의 평가에 반영되었고, 성공적인 미래로 학생들을 이끌 일련의 행동을 창출했다. 스토리가 속임수라거나 학생들이 평범하다는 사실은 중요하지 않았다. '이 아이는 남다른 지적 성장의 가능성을 지니고 있다'라는 단순하고도 빛나는 발상이 동기, 인식, 행동을 한 방향으로 일치시켰다. 로즌솔은 그 변화를 4가지로 분류했다.

1. **따뜻함** : 교사들은 더 친절하고, 주의 깊고, 친밀한 교감을 추구했다.

2. **투입** : 교사들은 더 많은 학습 자료를 제공했다.

3. **반응** : 교사들은 학생들을 자주 부르고, 그들의 말을 유심히 들었다.

4. **피드백** : 교사들은 더 많은 피드백을 주었고, 특히 학생이 실수를 범할 때 피드백을 집중했다.

흥미로운 점은 작은 행동들 수백 가지가 결합해 광범위한 효과를 창출한다는 사실이다. 교사가 학생들과 소통할 때마다, 교사의 두뇌에서는 현재와 미래를 잇는 가교가 작동한다. 학생들이 모호하게 행동하는 순간에도 교사는 예외 없이 그들을 믿어주었다. 실수를 하면 교사는 학생에게 더 나은 피드백이 필요하다고 생각했다. 그 자체만으로 보면 사소한 행동들이지만, 그것이 한데 모이면 선순환을 이루며 모든 관계를 바꿔놓아 학생들의 한계를 뛰어넘을 수 있도록 도와주게 된다.

선순환 구조는 다른 방법으로 촉발될 수도 있다. 펜실베이니아대학교 와튼스쿨의 조직심리학자 애덤 그랜트(Adam Grant)가 시도한 실험이 좋은 예이다. 몇 년 전, 미시간대학교는 그랜트에게 조사를 의뢰했다. 미시간대학교의 콜센터 직원들은 졸업생들에게 전화해 기부금을 모집했지만 성과가 영 시원치 않았다. 업무는 반복적이고 지루했으며 기부에 응하는 비율은 7퍼센트에 불과했다. 대학 측은 포상이나 콘테스트와 같이 실적을 올릴 몇 가지 인센티브 방안을 시도했지만, 아무 소용이 없었다.

그랜트는 이전과는 다른 것을 시도했다. 그는 콜센터를 통해 모금한 돈의 일부가 장학금으로 쓰인다는 사실을 알았다. 그는 돈이 현실에서 어떻게 쓰이는지 안다면 직원들의 동기가 더욱 고취될지도 모른다고 생각했다. 그래서 장학금을 받은 윌이라는 학생을 찾아가, 장학금이 어떻게 도움이 되었는지 편지를 써달라고 부탁했다. 윌은 이렇게 편지를 썼다.

진학을 결정할 순간이 다가왔을 때, 대학 등록금이 상당히 비싸다는 사실을 알게 되었죠. 하지만 이 학교는 제게 각별한 의미가 있었어요. 할아버지와 할머니가 만난 장소였고, 아버지와 삼촌들도 모두 이 학교를 졸업했죠. 남동생도 이 학교와 나름의 인연이 있어요. 제가 NCAA 농구 토너먼트에서 우승한 날 밤에 어머니가 동생을 가지셨거든요. 모든 꿈을 이 학교를 통해 꿨다고 해도 과언이 아니에요. 장학금을 받고 얼마나 기뻤는지 몰라요. 이 기회를 놓치고 싶지 않았어요, 장학금은 여러 면에서 제 인생을 더 좋은 방향으로 나아가게 해 주었어요.

월의 편지 내용을 기부금 모집에 활용하자, 통화 횟수와 기부액은 수직 상승했다. 효과를 경험한 그랜트는 또 다른 장학생을 찾았다. 이번에는 편지 대신 직접 방문해달라고 요청했다. 방문 시간은 5분에 그쳤고 복잡하지도 않았다. 방문한 장학생은 월과 같은 방법으로 자신의 이야기를 공유했다. '저를 있게 해준 곳이 여기로군요. 여러분이 애써 모은 돈이 제게 어떤 의미가 되었는지 보세요.' 한 달 후, 통화 시간은 142퍼센트 증가했고, 주간 모금 실적은 172퍼센트가 증가했다. 인센티브는 그대로였고 콜센터 일의 패턴 또한 변하지 않았다. 변한 것이라고는 하는 일이 지닌 의미를 알려줄 확실한 이정표를 받은 게 전부였고, 모든 차이점은 여기에서 비롯되었다.

로즌솔과 그랜트의 실험 내용은 존슨앤드존슨이 크레도를 논의하던 현장과 근본적으로 다르지 않다. 그들은 고목적 환경을 조성하고, 이 영역을 일종의 GPS 신호로 채운다. 일련의 신호들은 현재의 노력이 유의미한 미래와 이어지며, 스토리는 구성원들의 동기가 어떤 방향을 향해야 할지 알려준다. '우리가 일하는 이유가 이것이기에, 여기에 우리의 에너지를 투입해야 합니다.'

## 고목적 환경은
## 어떻게 만들어지는가

그렇다면 어떻게 고목적 환경을 수립하고 육성할 수 있을까? 이와 관련해 어려움을 극복하고 고목적 환경을 조성한 2가지 사례를 소개하려 한다. 첫 번째는 세상에서 제일 위험한 훌리건들을 통제하기 위한 혁신적인 시도이며, 두 번째는 남다른 습득력으로 새로운 외과 수술에 성공한 의료진의 이야기다.

**스토트의 훌리건 길들이기** 2004년 유러피언 챔피언십 축구 경기가 예정된 어느 저녁, 포르투갈은 만신창이가 될 위기에 놓여 있었다. 유러피언 챔피언십은 4년마다 열리는 축구 토너먼트로, 유럽 대륙의 최고 명문 팀들이 겨루는 성대한 축제이다. 규모나 볼거리 면에서 월드컵 못지않은 리그를 구경하기 위해 수천, 수만 명의 팬들이 이 화창한 날씨의 나라로 모여들어 새로 포장한 거리를 행진하고 있었다. 포르투갈의 입장에서는 아주 중요한 순간이었다. 세계적인 스포츠의 장에 수만 명의 팬들이 모습을 드러내는 현장이었기 때문이다. 하지만 문제가 있었으니, 다름 아닌 영국의 훌리건들이었다. 수십 년간 유럽 축구계에 드리운 고질적인 문제이기도 했다.

주최 측은 자신들이 어떤 어려움에 봉착해 있는지 잘 알고 있었다. 4년 전 벨기에에서 열린 리그에서 생생한 교훈을 얻었기 때문이다. 벨기에 경찰은 엄청난 예산을 투입해 경찰 병력을 훈련했고, 진압 장비, 감시 카메라, 통신망을 갖추었다. 그리고 영국 정부와 긴밀히 협력해 골칫덩어리들이 입국하지 못하도록 막았다. 최대한 대비를 마쳤으나, 결과적으로는 아무런 소용이 없었다. 수천 명의 영국 훌리건들은 유례없는 독기를 품고 거칠게 돌아다니며 가게 쇼윈도를 박살냈고, 사람들과 치고받았으며, 곤봉, 소방호스, 최루탄으로 무장한 경찰과 충돌했다. 토너먼트가 끝날 때까지 1000명 이상의 영국 응원단이 체포되었고, 주최 측은 영국 팀을 토너먼트에서 퇴출시키는 방안까지 검토했다. 더 이상 유럽에서 토너먼트 축구 대회를 개최하는 것이 어려워질지도 모르는 상황이었다.

대부분의 사회학자들에 따르면, 이러한 현실은 논리적으로도, 역사적으로도 불가피했다. 영국 훌리건들은 '영국병(English Disease)'으로 일컬어지는 노동자 계층의 공격성이 그대로 드러난 사례였다. 수십 년의 경험으로 볼 때 이 질병은 치유가 불가능했다. 그 증상만을 다룰 수 있었을 뿐이다. 2004년 토너먼트가 다가오면서 폭동은 불가피해 보였다. 한 영국 기고가의 표현에 따르면, 화창한 포르투갈은 "영국의 최대 규모 공습"에 노출될 위기였다. 이 사태를 대비하기 위해 포르투갈 정부는 2100만 달러를 들여 물 대포, 경찰봉, 후추 분사기, 경찰견 등의 시위 진압 장비를 구입했다. 또한 폭도를 진압하기 위한 새로운 접근법을 검토했다. 그들의 눈을 사로잡은 건 리버풀대학교의 사회심리학자 클리퍼드 스토트(Clifford Stott)의 업적이었다.

영국 북부 출신의 스토트는 바짝 깎은 머리에 직설적인 화법을 구사했다. 집단 폭력을 전공한 그는 1992년 LA 폭동과 1990년 영국 인두세 폭동을 연구했다. 그가 연구한 새로운 이론은 사회적 역사보다는 사회적 신호와 더욱 관련이 깊었다. 스토트의 아이디어는 경찰이 보내는 신호에 집중해 폭력을 막을 수 있다는 것이었다. 그가 보기에, 진압복과 무장한 차량들은 정상적인 팬들조차 폭력적인 행동을 유발할 수 있는 신호로 작동했다(사람들의 95퍼센트가 폭력을 휘두른 혐의로 체포되었지만, 그들 가운데 아무도 전과가 없었다). 스토트의 견해에 따르면, 훌리건을 계도하는 비결은 계도 자체를 멈추는 데 있었다. 스토트의 모델은 충분히 설득력이 있었고, 포르투갈 당국의 고민이 깊었기 때문에 이 실험은 일사천리로 진행되었다. 과연 작은 사회적 신호가 전 세계에서 가장 위험한 축구 훌리건을 잠재울 수 있을까?

우선, 스토트는 포르투갈 경찰을 상대로 훈련을 시작했다. 진압복을 벗는 것이 첫 번째 원칙이었다. 헬멧도, 무장 차량도, 방패와 곤봉도 사라졌다. 기존의 노란색 조끼를 벗고 밝은 청색 조끼를 입은 연락 경관을 도입했다. 이들은 폭도를 진압하는 방법보다 친화력과 따뜻한 화술 등의 사회적 기술을 익혔다. 스토트는 경찰들에게 축구 팀과 팬덤에 대한 연구뿐 아니라 코치나 전략, 팀에 대한 소문 같은 가십거리에도 익숙해질 것을 요구했다. "우리는 수다에 재능이 있는 친구들을 찾아다녔습니다." 스토트는 말했다. "아무에게나 팔을 두르고 어떤 이야기라도 건넬 수 있는 부류 말입니다."

더 큰 어려움은 경찰의 반사 신경을 뒤바꾸는 것이었다. 대표적으로 훌리건들이 축구공을 다루는 습성과 그에 대한 경찰의 대응 방식이 문제였다. 영국 훌리건들은 공공장소에서 하늘 높이 공을 차올려 시민들이 앉아 있는 테이블이나 그들의 머리 위로 떨어뜨리는 악취미가 있었다. 그러다 보니 다툼이 일어나고 폭동으로 비화되기 일쑤였다. 싸움이 일어나기 전에 즉시 공을 몰수하는 것이 이전까지의 관행이었지만, 스토트는 포르투갈의 관리 인력들을 상대로 더 어려운 것을 주문했다. 공이 경찰들 가까이 떨어지기 전에는 움직일 수 없었고, 공이 그들의 범위 안으로 떨어질 때에만 가져갈 수 있도록 한 것이다.

"정해진 규칙에 따라 움직여야 합니다." 스토트는 말했다. "경찰이 나서서 공을 빼앗으면 곤란합니다. 힘을 비대칭적으로 사용해 문제를 유발하기 때문이죠. 공이 오기를 기다린 다음 공을 가지고 논다면 군중들은 이를 합법적인 행동으로 생각합니다."

모든 포르투갈 경찰들이 이 생각에 동의한 것은 아니었다. 정신 나간 짓까지는 아니더라도, 논리에서 한참 벗어나 보였다. 어떤 경찰은 폭력적인 훌리건들을 방어 장비 없이 대응하는 것은 무모한 짓이라 말하며 지시를 따르지 않으려 들었다. 대회가 시작될 무렵에는 영국 언론이 대놓고 '폭도 포옹하기'라고 비웃을 정도였다. 스포츠계와 과학계는 스토트의 방법이 효과를 발휘할지 의심스런 눈으로 지켜보았다.

놀라운 일이 일어났다. 3주간 펼쳐진 대회에서 100만 명이 넘는 팬들이 운집했으나, 스토트의 방법을 적용한 지역에서 체포된 영국 팬은 1명에 그쳤다. 연구팀은 군중과 경찰 간의 소통 2000건을 살펴봤으나 무질서로 번진 비율은 겨우 0.4퍼센트에 그쳤을 뿐이다. 유일한 폭력 사례는 기존의 방식에 따라 경찰력을 행사한 지역에서 일어났다. 그 후로 스토트의 접근법은 유럽을 비롯해 전 세계에서 스포츠 폭력을 통제하는 모델로 자리 잡았다.

스토트의 방법이 효과를 발휘했던 이유 중 하나는 작은 신호를 끊임없이 보내면서 고목적 환경을 창출했기 때문이다. 경찰은 틈날 때마다 팬과 농담을 주고받았고, 팬 또한 경찰에게 무기가 없다는 사실을 감지했다. 신호가 발송되었다. '우리는 함께 어울리기 위해 여기에 왔습니다.' 순간순간 경찰은 팬들이 공을 계속 차도록 허락했고, 이를 통해 신호를 강화했다. 개별적인 신호들 자체만으로는 중요성을 찾기 어려웠다. 하지만 이러한 신호들이 한데 모이자 새로운 스토리가 등장했다.

가장 인상적이었던 건 노란색 조끼를 입은 포르투갈 경찰이 잔뜩 상기된 영국 팬과 마주친 순간이었다. 경찰은 팬의 흥분을 가라앉히려 했으나, 그는 경찰에게 저항했다. 경찰은 반사적으로 무력을 사용해 팬을 거칠게 붙잡았다. 에너지의 파동이 군중을 관통했다. 사람들은 소리를 지르고 밀치기를 거듭했다. 스토트가 제일 우려했던 상황이 벌어지기 일보직전이었다. 한번 무력을 과도하게 사용하면 처참한 소용돌이에 빠질 수 있었다.

하지만 그러한 일은 일어나지 않았다. 대신, 팬들은 청색 조끼를 입은 연락 경관을 불렀다. "팬들은 이 경관을 큰 소리로 부른 다음 이렇게 말했습니다. '여보세요, 이리 와서 이 경찰관 좀 끌어내줄 수 있어요?'" 스토트는 말했다. "역할이 뒤바뀌었습니다. 팬들은 경찰을 관리하고 있었습니다. 그들은 연락 경관과 사회적인 유대를 맺고, 그들을 자신의 변호인으로 바라보았습니다."

**스펀지 같은 습득력의 비밀**  집단의 문화를 제일 잘 가늠할 수 있는 방법으로 '습득하는 속도'를 꼽을 수 있다. 얼마나 빨리 새로운 기술을 적용할 수 있느냐의 문제이다. 1998년, 앞서 언급한 에이미 에드먼드슨이 이끄는 하버드 팀은 16개의 외과 수술 팀들이 새로운 심장 수술법을 학습하는 속도를 추적했다. 침습 최소화 심장 수술법(minimally invasive cardiac surgery, MICS)으로 불리는 이 기술은, 흉골을 반으로 절단하지 않고 미세한 흉부 절개를 통해 관상동맥 우회술과 판막 수술을 시행하는 방법이었다. 16개 팀들은 똑같이 3일간 예행연습을 실시하고, 병원으로 돌아와 수술을 집도했다. 어떤 팀이 가장 빠르게, 가장 효율적으로 수술 기법을 습득했을까?

처음에는 첼시 종합병원 팀이 앞서갔다. 첼시는 대도심에 자리 잡은 뛰어난 대학부속병원이었다. 첼시의 심장 수술 팀은 전국적인 지명도를 자랑하는 C라는 의사가 이끌었다. 그는 MICS 기술을 설계하는 한편, 이 기술을 이용해 60번도 넘는 수술을 집도했다. 첼시가 과장급 의사들을 트레이닝 코스로 파견하며 새로운 수술법에 큰 열의를 보였다.

반면 마운틴 메디컬 센터(Mountain Medical Center)에서 파견한 팀은 이들과 천양지차였다. 시골에 있는 마운틴 메디컬 센터는 규모가 작을뿐더러 대학부속병원도 아니었다. MICS 수술을 실시해본 적 없는 M이라는 젊은 외과의사가 팀을 이끌었고, 팀원들 또한 상대적으로 수술 경험이 부족했다.

누구라도 첼시의 우승을 예측할 게 분명했다. 그들은 전문성, 경험, 조직의 지원 등 모든 면에서 마운틴 메디컬 팀을 압도했다. 하지만 첼시 팀은 승리하지 못했다. 신기술을 익히는 속도가 늦었으며, MICS 수술을 안정적으로 마치는 데 약 10번의 집도가 필요했다. 무엇보다 그들은 행복하지 못했다. 이후의 인터뷰에서 첼시의 팀은 불만을 토로했다. 첼시는 16개 팀 가운데 10위에 그쳤다.

반면 마운틴 메디컬은 민첩하면서도 능숙하게 MICS를 수행했다. 다섯 번째 수술에서 그들은 첼시의 최고 성적을 능가했다. 그들의 발전은 여기에서 그치지 않았다. 20번째 수술에서 마운틴 메디컬은 첼시 팀에 비해 1시간이나 빨리 수술을 마칠 수 있었다. 나아가 그들은 효율성과 만족도 측면에서도 높은 점수를 기록했다. 6개월 후, 마운틴 메디컬 팀은 16개 팀 가운데 2위를 기록했다.

이러한 극단적인 패턴은 두 병원에게만 국한되지 않았다. 에드먼슨이 결과를 종합해보니 참가한 팀들은 크게 앞서가는 팀과 뒤처지는 팀으로 분류되었다. 정규 분포가 아닌 분할 화면 같았다. 팀들은 손발이 잘 맞고 빨리 배우는 마운틴 메디컬 팀 같거나, 느리고 헤매는 첼시 팀 같거나 둘 중 하나였다. 왜 그랬을까?

에드먼슨이 발견한 해답은 실시간으로 오고 가는 신호 패턴에 있었다. 이 신호를 통해 팀원들은 그들의 작업이 어떤 의미를 지니는지에 대해 공감했다. 이러한 신호는 5가지 유형으로 나뉘었다.

1. **프레임 짜기** 앞서가는 팀들은 MICS를 환자와 병원에게 이익을 줄 수 있는 배움의 기회로 받아들였다. 뒤처지는 팀들은 지금의 관행에 덧붙이는 절차 정도로 여겼다.

2. **역할 분담** 앞서가는 팀의 리더는 팀원들에게 개별적, 집합적 기술이 팀의 성공을 위해 왜 중요하며, 팀으로 움직이는 게 왜 중요한지를 확실히 전달했다. 실패한 팀들은 그렇지 않았다.

3. **리허설** 앞서가는 팀들은 수술 과정을 공들여 연습하고, 세밀하게 준비하고, 새로운 프로토콜을 설명하고, 소통에 대해 논의했다. 뒤처지는 팀들은 준비에 최소한의 시간만을 할애했다.

4. **적극적인 의견 제시** 앞서가는 팀의 리더들은 문제를 보면 바로 이야기하라고 팀원들을 격려했다. 그들은 피드백 과정을 통해 적극적인 코치를 받았다. 뒤처지는 팀들은 리더가 거의 코치를 하지 않았

고, 그 결과 팀원들 또한 목소리 내기를 주저했다.

**5. 사후 평가**  앞서가는 팀들은 의사들이 수술 과정을 돌이켜보고, 향후 사례를 논의하고, 개선 방안을 제안했다. 가령 마운틴 메디컬의 팀 리더는 수술 중 토론과 피드백을 원활히 하기 위해 머리에 쓰는 카메라를 장착했다. 뒤처지는 팀들은 이러한 과정을 밟지 않았다.


위의 리스트에 없는 것에 주목해야 한다. 경험이나 의사의 상태, 물질적인 후원 등 말이다. 이러한 요소들은 더욱 큰 목표를 향해 주의력을 모아주었던 일련의 실시간 신호보다 상대적으로 덜 중요했다. 실시간 신호의 대상은 병원이 될 수도(MICS는 중요한 학습의 기회이다), 환자가 될 수도(환자들에게 도움을 줄 수 있다), 팀원들이 될 수도 있었다(이 팀에서 역할을 담당하고 미래를 설계할 수 있다). 때로는 리허설과 돌이켜보기에 중점을 두었다. 하지만 이들 모두는 동일한 핵심적인 기능을 담당했다. 지금 우리가 무엇을 하고 있고, 그것이 무엇을 의미하는지 연결 고리를 제시한 것이다.

이 리스트만 보면 당연하다고 여겨지는 몇몇 신호가 다소 과장된 것처럼 보인다. 간호사나 마취사 같은 고도의 전문직들은 심장 수술에서 그들의 역할이 중요하다는 말을 반복해 들을 필요가 있을까? 의사가 실수하는 장면을 목격한다면, 나서서 말해주고 싶다는 이야기를 굳이 들을 필요가 있을까?

질문에 대한 에드먼드슨의 답은 '예'이다. 일련의 신호들이 지니는 가치는 정보 자체에 있지 않고, 신호들이 어우러져 유의미한 화법을 창출한다는 데 있다. 이러한 화법은 팀을 목표 및 서로에 대한 소통으로 인도한다. 반복처럼 보이는 과정이 실은 길잡이 역할을 수행하고 있는 것이다.

이러한 신호들이 축적되는 과정은 팀원들의 목소리에서 확인할 수 있다. 앞서가는 팀들의 사례를 살펴보자.

> 의사: 핵심은 독재자가 아니라 파트너가 되려는 의사의 능력입니다. 예컨대, (수술 중) 다른 팀원의 조언에 따라 행동을 바꿔야 합니다.
>
> 간호사: 우리 모두 지식을 나눠야 합니다. 예컨대, 마지막 수술에서는 가이드 와이어를 삽입해야 했습니다. 하지만 저도 모르게 잘못된 와이어를 집었습니다. 제 순환 간호사가 말해주었죠. '수, 와이어를 잘못 집었어요.' 각자 맡은 역할만이 중요하지 않습니다. 모두가 모든 것을 알아야 합니다. 팀으로 일해야 하거든요.
>
> 간호사: (MICS) 수술실에 들어갈 때마다 환희에 찹니다. 환자의 회복을 기대할 수 있으니까요……. 정말 보람 있는 경험이죠. 제가 뽑혔다는 사실에 감사할 뿐입니다.

반면, 뒤처지는 팀들의 이야기는 어떨까?

> 의사: 팀을 구성하고 나면, 저는 (수술장에서) 고개를 들지 않습니다. 모든 절차가 원만히 흘러가도록 유지하는 것은 다른 팀원들의 몫이니까요.
>
> 마취사: 실수로 인해 결과가 좋지 않아도 목소리를 낼 생각이 없어요. 굳이 일어나지도 않은 일을 가정하기가 편치 않거든요.
>
> 간호사: 내일 수술 목록에서 MICS를 보면, 이런 생각이 들죠. '아 이런! 또 해야 해? 정말 미치겠네.'

마치 다른 세상의 일인 것 같다. 아이러니하게도 같은 훈련 과정을 거치고, 같은 수술 절차를 밟은 사람들의 목소리다. 한 그룹은 수술 과정에서 의미가 담긴 확실한 이정표를 받았지만, 다른 그룹은 그렇지 못했다는 것이 유일한 차이점이다. 차이점은 그들 자신이 아닌, 그들의 현재와 목표를 잇는 작고, 주의 깊고, 일관된 연결 고리에 달려 있다.

고목적 환경은 이렇게 작동한다. 커다란 신호 하나를 보내지 않고 공동의 목표와 조율된 작은 신호 수백 개를 내보낸다. 대놓고 동기를 고취하기보다 얼마나 확실하고 꾸준한지가 관건이다. 거창한 연설보다 리더가 개별적으로 메시지를 보내는 순간들에서 이러한 신호들이 발견된다. '이것이 우리가 일하는 이유, 이것이 우리가 지향하는 목표입니다.'

하나 더 있다. 고목적 환경은 수립 과정에서 고효율 환경과 고창조 환경의 2가지 유형으로 나타난다. 고효율 환경은 세련되고 믿을 만한 성과를 이루도록 도와주며, 고창조 환경은 새로운 무언가를 창조하도록 도와준다. 이러한 구분이 중요한 이유는 일관성과 혁신이라는 2가지 도전을 강조하기 때문이다. 앞으로 살펴보겠지만, 이 두 영역에서 목표를 세우는 것은 완전히 다른 접근 방식을 요구한다.

## Chapter 9

# 메시지에도
# 방향이 필요하다

## 미슐랭 스타 레스토랑의 우선순위

지구에서 제일 엄혹한 환경을 생각해보라고
하면 데스밸리나 남극을 떠올리기 마련이다. 끊임없이 약점을 노출해야
하는 가혹하고 힘겨운 광경이 눈에 선하게 그려진다. 그에 비하면 맨해튼
의 레스토랑은 완전히 동떨어진 장소 같다. 하지만 생존 확률을 고려하면
이야기는 달라진다.

뉴욕시에서는 매해 1000개의 레스토랑이 문을 연다. 모든 점포들은 장
밋빛 전망과 자신감, 대박의 꿈에 부풀어 있다. 하지만 5년 후에는 이 가
운데 800개가 흔적도 없이 사라진다. 그들이 사라지는 이유는 알고 보면
동일하다. 대박을 친 레스토랑은 성공적인 남극 탐험과 마찬가지로 끊임
없는 숙련이 좌우한다. 맛있는 음식만으로는 부족하다. 우수한 입지만으

로는 충분하지 않다. 양질의 서비스와 직원 교육, 우수한 브랜딩, 훌륭한 리더십과 적응력, 좋은 운도 역부족이다. 살아남으려면 이 모든 것을 한데 종합해야 한다. 그렇지 않으면 문을 닫는 수밖에 없다.

이처럼 가혹한 생태계에서, 대니 마이어는 상상조차 어려운 기록을 수립했다. 지난 30년간 마이어는 25개의 레스토랑을 개업했다. 하나만 빼고 모든 레스토랑이 대박을 터뜨렸다. 처음 개업한 유니언 스퀘어 카페는 9년 동안《저갯(zagat)》의 레스토랑 순위에서 상위권을 차지하는 유례없는 기록을 달성했다. 마이어의 다른 레스토랑들도 상위 20개 목록 가운데 4분의 1을 늘 차지했고, 그의 레스토랑과 셰프들은 26개의 제임스 비어드상을 수상했다. 그의 레스토랑들은 각각 저마다의 특색을 지니고 있다는 점이 특히 인상적이다. 퍼브, 바비큐 레스토랑, 이탈리아식 카페에서 쉐이크쉑 버거라는 햄버거 체인점까지, 그가 운영하는 레스토랑의 가치는 총 15억 달러에 이른다.

마이어의 레스토랑이 성공한 이유는 남다른 온기가 느껴지며 손님과 교류하는 인상을 선사하기 때문이다. 마치 집에서 편안하게 있는 것처럼 말이다. 마이어의 레스토랑에 방문하는 사람들은 모두 보살핌을 받는다는 느낌이 든다고 한다. 내부 인테리어와 음식 때문이기도 하지만, 대부분은 식당 안에서 일하는 사람들에게 비롯된 것이다. 직원들은 가족을 대하듯 사려 깊게 손님과 소통한다. 마이어의 레스토랑을 찾은 손님과 직원들에게 그 이유를 물어보자, 그들은 2가지 일화를 들려주었다.

최근 중서부에서 뉴욕으로 이사를 온 젊은 여성은 대도시 입성을 자축하고 부모님의 걱정을 덜어주기 위해 부모님과 함께 일레븐 메디슨 파크(11 Madison Park)를 찾았다. 식사가 끝날 무렵 그녀의 아버지는 디저트 메뉴에서 한 잔 가격이 무려 42달러인 샤토 디켐 와인을 가리키며 뉴욕의 물가가 살인적이라고 말했다. 아버지의 말을 엿들은 한 웨이터가 잠시 후 샤토 디켐 한 병과 글라스 세 잔을 들고 나타났다. 웨이터는 말했다. "오늘 저희 레스토랑을 방문해주셔서 정말 감사합니다. 실례지만 샤토 디켐에 대해 말씀하시는 걸 들었습니다. 샤토 디켐은 전 세계에서 가장 희귀한, 최고의 디저트 와인으로 여러분에게 이 와인을 서비스로 드리고자 합니다." 가족들은 놀라면서도 즐거운 마음을 감출 수 없었다.

네브래스카주 상원의원 밥 케리(Bob Kerrey)는 동료들과 그래머시 태번에서 저녁을 먹던 중, 샐러드에서 딱정벌레를 발견했다. 다음 날, 케리와 동료들은 또 다른 마이어의 레스토랑을 찾았다. 자리에 앉자, RINGO(딱정벌레 모양의 미니 로봇-옮긴이)라는 단어가 적힌 쪽지로 장식된 샐러드가 도착했다. 웨이터는 말했다. "대니는 그래머시 태번 말고 우리들의 다른 식당도 샐러드를 딱정벌레로 장식할 수 있다는 사실을 여러분에게 명확히 알리고 싶어 했습니다."

마이어의 레스토랑에서는 손님의 기념일이나 생일, 선호하는 자리를 늘 염두에 둔다. 심지어 손님이 빵의 바삭한 부분을 좋아한다면 그 입맛까지도 기억할 것이다. 결코 수월한 작업이 아니다. 인지와 행동이 끊이지 않고 이어져야 하기 때문이다. 샤토 디켐을 가져온 웨이터는 희망에 부푼 젊은 여성과 걱정에 찬 부모님 사이의 분위기를 주목했고, 와인에 대한 아버지의 평가를 감지했다. 이를 아이디어로 연결하여 레스토랑의 돈을 써 행동으로 옮길 권한을 갖고, 우아한 행동으로 전달했다. 어느 순간에라도 이러한 고리는 끊어질 수 있었다. 하지만 이 고리는 계속 이어졌고 따뜻한 감정의 신호를 창출해 마이어의 사업을 성공으로 인도했다.

그렇다면, 어떻게 마이어는 이토록 많은 레스토랑에서 이러한 신뢰를 구축할 수 있었을까?

마이어와 마주 보고 앉으면 기분이 좋아진다. 관심과 공감을 담은 시선이 상대방에게 고정된다. 그의 몸짓은 여유롭고, 주의를 집중하지만 서두르지는 않는다. 중서부 스타일의 진지함이 묻어나는 한결같은 목소리를 들으면 영화배우 제임스 스튜어트가 희미하게 떠오른다. 그에게 뉴욕 최고의 햄버거가 무엇인지 물어보면 대답하기 전에 살짝 망설인다. 그는 이 질문에 대한 답을 찾으려 수백 시간을 투자했기에, 아주 많은 것을 알고 있는 것이 분명하다. 하지만 그의 대답은 그가 쌓아온 지식과는 무관하며, 모든 대답은 당신과의 관계에 집중되어 있다. "음, 어떤 햄버거를 좋아하는지는 당신의 기분에 달려 있습니다."

우리는 그래머시 파크 인근의 레스토랑인 마이알리노에서 아침을 먹었다. 주변에서는 마이어의 세상이 만족스럽게 돌아가고 있었다. 화병에는 싱싱한 꽃들이 꽂혀 있고, 손님들은 행복한 표정으로 숙련된 웨이터들에게 이야기를 건넸다. 마이어가 트리니티칼리지에서 어떻게 정치학을 공부했는지, 대통령 선거에서 어떤 역할을 맡았는지 등에 대해 얘기를 나누던 도중, 뒤에 있던 웨이터가 쟁반을 놓쳐 물잔 몇 개가 깨졌다.

순간, 모든 행동이 멈췄다. 마이어는 손가락을 들어 대화를 중지한 다음, 주변 상황을 지켜보았다. 잔을 떨어뜨린 웨이터는 유리 조각을 줍기 시작했고, 다른 웨이터는 청소 도구를 들고 나타났다. 청소는 신속히 마무리되었고, 모두 제자리로 돌아갔다. 나는 마이어에게 왜 그렇게 세심히 관찰했는지 물어보았다.

"제가 유심히 지켜보는 건 일이 벌어진 다음에 나타나는 분위기입니다.

직원들의 에너지가 다시 차오르느냐를 관찰하는 거죠." 그는 말했다. "그들은 문제를 해결하기 위해 이어집니다. 에너지가 올라가느냐 내려가느냐의 갈림길에서, 일을 제대로 하고 있다면 에너지는 올라가기 마련입니다." 마이어는 손으로 폭발하는 형상을 만들었다. "그들이 만드는 상승의 에너지는 일 자체와는 아무 상관이 없습니다. 서로 무엇이 오고 가느냐, 다음에 무슨 일이 일어나느냐와 연관될 뿐입니다. 개미 군락이나 벌집과 다르지 않습니다. 모든 행동은 다른 행동에 덧붙여져 거대한 하나의 행동을 이룹니다."

나는 마이어에게 잘못된 소통의 실례를 말해달라고 부탁했다. "둘 중 하나입니다." 그는 이렇게 말했다. "'그냥 내 일만 할래'라는 식이거나, 다른 직원 또는 지금의 상황에 화가 나 있는 겁니다. 둘 다 무관심하다는 공통점이 있지요. 내 눈에 이런 모습이 보인다면 여기에는 분명 더 깊은 문제가 있습니다. 업무의 우선순위는 서로를 보살피는 겁니다. 저도 예전에는 거의 몰랐지만, 지금은 확실히 알고 있죠."

## 중요한 가치일수록 이름을 붙여라

마이어는 자신의 성장 배경을 말하기 시작했다. 그는 세인트루이스에서 어린 시절을 보내며 음식과 여행에 매료되었고, 호텔과 요식업에 종사했던 아버지는 그에게 많은 애정을 쏟지는 못했다. 마이어는 로스쿨을 뒤로하고 레스토랑 사업에 입문하면서 인생의 마지막 승부를 걸었다. 마침내 1980년대 중반, 유니온 스퀘어 카페가 문을 열면서 그의 진정한 경영 수업이 시작되었다.

"저는 재무제표를 어떻게 읽는지도 몰랐습니다." 그는 말했다. "전체적인 흐름을 어떻게 관리해야 하는지, 주방이 어떻게 돌아가는지도 몰랐습니다. 정말 아무것도 몰랐죠. 하지만 사람들이 어떤 느낌을 가지면 좋겠다는 것만은 확실히 알고 있었습니다. 집에 가고 싶다, 나갔으면 좋겠다는 생각이 전혀 들지 않도록 만들고 싶었죠."

이를 위해 마이어는 직감을 믿기로 했다. 그는 친근감을 높이기 위해 중서부 사람들을 고용했다. 그는 직원들을 직접 훈련시켰고, 다양한 시나리오를 가정해 예행연습을 했다. 개업 초반에 흔히 있는 일이지만, 접대가 늦어지면 손님에게 무료 와인을 대접해 마음을 풀어주었다. 마이어의 뜻에 따라 직원들은 손님을 기쁘게 할 수 있다면 얼마든지 재량을 발휘할 수 있었다. 그는 손님들이 편안히 느끼도록 정보를 모으는 습관이 있었다. 특히 마이어는 언어에 관심을 기울였다. 그는 웨이터가 "아직도 그일 하고 있어요?(일이라 생각하면 안 되지!)"라든가 "요리는 입에 맞으시나요?(인간미 없어!)" 하고 말하는 것을 싫어했다. 그 대신 '난 네 편이다'라고 느끼도록 만드는 언어와 표현을 선호했다. 예컨대, 예약이 꽉 찬 상황에서 예약 전화를 걸어온 손님에게 그는 이렇게 말한다. "잠깐 기다려주시겠어요? 취소된 예약이 있는지 알아보겠습니다."

마이어는 늘 가게에 나와 문을 열어주고, 빈 그릇을 치우고, 바닥을 닦으며 유니온 스퀘어 카페를 성공으로 이끌었다. 1995년, 마이어는 그래머시 태번이라는 두 번째 레스토랑을 열었다. 난관은 여기에서 시작되었다. 서비스의 질은 떨어지고, 음식의 맛도 들쑥날쑥하고, 손님들은 불만이 가득했다. 마이어는 시간을 쪼개 두 레스토랑을 뛰어다니며 분투했지만 아무런 소용이 없었다. "악몽의 도가니였죠." 그는 말했다. "정말 처참했어요. 두 식당을 정신없이 뛰어다녀도 마음에 드는 결과가 나오지 않았습니다. 우려한 상황이 닥치고 만 거죠. 사장들이 레스토랑을 하나만 개업하는 이유를 알 것 같았어요."

이러한 위기는 어느 날 한 단골손님이 그래머시 태번에서 6인분의 연어 요리를 주문했던 날 정점에 이르렀다. 요리를 절반쯤 먹었을 때 그녀는 웨이터에게 요리가 마음에 들지 않는다고 말했다. 웨이터는 같은 요리를 다시 내왔고, 매니저에게 새로 가져온 요리의 금액을 계산서에 올려야 할지 말아야 할지 물어보았다. 매니저는 계산서에 올리라고 대답했다. 어쨌든 손님은 요리를 반 이상 먹었고, 연어에는 아무런 문제가 없었으니 말이다. 계산을 마친 다음 식당 측은 남긴 연어를 포장해 그녀에게 건넸다. 여성은 집으로 돌아가 마이어에게 편지를 보냈다. '믿을 수 없을 정도로 모욕적이고 기분 나쁜 대우를 받았습니다. 당신 레스토랑에서 설마 이런 일을 당할 줄은 몰랐네요."

"그녀의 말이 전적으로 옳았습니다." 마이어는 말했다. "최악은 무엇일까요. 그래머시의 모든 직원들은 스스로 잘하고 있다고 생각했습니다. 매니저와 웨이터 모두가 이 현장을 지켜보았지만, 아무도 제지하는 사람이 없었습니다. 우리는 이렇게 행동하지 말라고 교육했지만, 그들은 반대로 행동했고 아무도 제지하지 않았어요. 그때 바로 소통 체계를 수립하고 행동을 가르칠 방법을 찾아야겠다고 깨달았죠. 행동을 정하면 알아서 이해하고 실행할 것이라 믿은 게 문제였어요. 일에 이름을 붙이는 것부터 시작해야 했죠."

몇 주 후, 마이어는 전 직원들과 함께 허드슨강으로 연수를 떠났다. 그리고 가치에 대한 대화를 시작했다. 이러한 가치가 진실로 추구하는 바는 무엇이었을까? 이러한 가치는 무엇을 의미했을까? 누가 제일 먼저 왔을까?

"청교도들이 처음 아메리카 대륙을 밟았던 순간만큼, 연어 사건은 우리에게 커다란 분기점이 된 사건이었습니다." 유니언 스퀘어 호스피털리티 그룹의 상권 개발 책임자 리처드 코레인(Richard Coraine)은 말했다. 이 그룹은 마이어의 레스토랑들을 거느린 모회사이다. "대니는 동시에 두 장소를 관리해야 한다는 사실을 깨달았습니다. 신호를 전달할 방법이 필요한 것이었죠. 사람들은 사장이 중요하다고 느끼는 바에 응답할 테니까요. 대니는 무엇이 중요한 것인지를 명확히 규정해야 했습니다."

연수를 떠난 마이어와 직원들은 우선순위를 매겼다.

1. 동료
2. 손님
3. 지역사회
4. 공급자
5. 투자자

마이어에게 이것은 새로운 돌파구였다. "이처럼 이름을 붙이니 정말 좋더군요." 마이어는 말했다. "이 모든 요소를 밖으로 끌어내는 셈이죠. 언어 문제를 일으킨 매니저는 결국 우리 식당을 그만두고 말았습니다. 모든 것이 시작된 순간이었죠. 우리가 서로를 대하는 방식이 모든 일의 전부라는 사실을 깨달았습니다. 상대방을 제대로만 대한다면, 모든 것이 제자리로 돌아갈 테니까요."

그 연장선상으로 마이어는 모든 레스토랑에 적용하고 싶은 특정한 행동과 소통 방식에 이름을 붙이고자 했다. 그는 그동안 교육 과정에서 비공식적으로 사용했던 구호들을 기억해두고 있었다. 평소에도 아이디어를 간단명료한 격언으로 만들곤 했지만, 지금은 진지하게 관심을 기울이며 효과적으로 소통하는 도구로 접근했다.

- ▶ 세상의 호평을 받자
- ▶ 고객의 마음을 읽어라
- ▶ 직접 뛰어가는 서비스
- ▶ 마지막을 멋지게 장식하라
- ▶ 홈 다이얼을 돌리자
- ▶ 문제 상황을 즐겨라
- ▶ 매사에 '예'라는 대답을 찾아 나서라
- ▶ 점을 찾아서 연결하라
- ▶ 모든 상황에 통하는 해결책은 없다
- ▶ 크게 생각하라
- ▶ 가게 문을 닫아도 좋다! 손님에게 관대해라
- ▶ 자신의 감정을 알아차려라
- ▶ 포옹을 받으려면 먼저 포옹해야 한다
- ▶ 빠르게 대응하라
- ▶ 당신은 대리인인가, 문지기인가?

겉보기에 이러한 말들은 흔해빠진 광고 카피처럼 보인다. 하지만 현실에서는 그 자체만으로 소소한 대화 수단이 되어 직원들이 직면한 일상적인 문제를 해결할 수 있는 생생한 심리 모델을 제공한다. '대인배처럼 생각하라'라는 문구에는 누가 일을 제대로 못하더라도 그를 판단하지 말고 일단 믿어줘야 한다는 의미가 담겨 있다. '점을 찾아 연결하라'라는 말은 손님에 대한 정보를 수집해 만족스러운 서비스를 제공하라는 뜻이다. '스컹킹'이란 표현에는 위험에 처한 스컹크처럼 일터에 부정적인 에너지를 뿌린다는 의미가 있었다. 각각의 문구들은 개별적으로는 크게 눈에 띄지 않지만, 이를 행동으로 옮기고 모아서 끊임없이 반복하며 정형화하면 집단의 정체성과 직결되어 핵심 목표를 표방하는 커다란 인식의 틀을 만들 수 있다. 집단의 핵심 목표는 한마디로 요약된다. '우리는 손님들을 보살핀다.'

마이어는 그의 구호를 이식하는 데 더욱 집중했고, 교육, 직원 미팅, 소통 과정에서 신중하게 우선순위를 매겼다. 그는 리더들을 독려해 핵심적인 행동을 활용하고 모범으로 삼을 계기를 만들었다. 또한 그는 문화 알리미 역할을 자처했다. 효과는 확실했다. 몇 달 만에 두 레스토랑의 분위기는 확연히 바뀌었다. 마이어는 여기에서 멈추지 않고 꾸준히 구호를 다듬고 확장했다. "이름을 붙이든 말든, 우선순위는 있기 마련입니다." 마이어는 말한다. "가치를 확장하고 싶으면, 이름을 붙이는 게 좋습니다. 우선순위를 보장해줄 행동에도 이름을 붙이는 편이 좋습니다."

연어 요리 사건 이후 몇 년이 지나, 뉴욕대학교에서 조직행동론 박사과정을 밟고 있는 수전 라일리 살가도(Susan Reilly Salgado)는 왜 마이어의 레스토랑이 다른 레스토랑에 비해 고객들에게 특별한 느낌을 선사하는지 궁금해졌다. 그녀는 직원들과 가벼운 대화를 나누는 동안 그들에게서 공통적인 특징을 발견했다. 그들은 자신이 하는 일을 '집'이나 '가족', '따뜻함' 같은 단어로 묘사했다. 살가도는 마이어에게 그의 레스토랑을 연구 소재로 삼고 싶다고 요청했고, 마이어는 그녀가 레스토랑에서 일하는 것을 조건으로 허락했다. 그녀는 직원들이 동료와 고객들과 소통하는 방식을 살펴보며 서로 끌리는 일련의 과정, 이른바 '미세 과정(micro-processes)'에 주목했다. 살가도는 논문에서 자신의 발견을 다음과 같이 요약했다.

"유니언 스퀘어 카페는 시너지를 높이는 인적 자원 관리를 통해 '합리적 배려(enlightened hospitality)'라는 차별화된 전략을 달성했다. 이러한 인적 자원 관리는 3가지 핵심 규칙을 따른다. 공감 능력에 따라 직원을 선발하고, 직원들을 존중하며, 간단한 규칙에 따라 레스토랑을 경영하는 것이다. 이 규칙들은 손님들을 만족시킬 복잡하고 복합적인 행동을 유도한다."

'간단한 규칙이 손님들을 만족시킬 복잡하고 복합적인 행동을 유도한다.' 살가도가 보기에 마이어는 제임스 버크와 같은 이유로 성공했다. 확실하고 간명한 우선순위와 행동 지침을 수립했다. 이를 바탕으로 모든 행동을 엮어내면, 마치 등대가 뱃길을 인도하는 것처럼 구성원들의 행동을 유도하고 목표를 향한 길을 제시할 수 있게 된다.

## 진부한 구호가 지닌 놀라운 힘

어떻게 이런 일이 가능할까? 어떻게 한 줌의 구호와 우선순위 리스트가 그토록 원만하고 수준 높은 성과를 일구어낼 수 있을까? 질문에 대한 답은 전혀 예상치 못한 곳에서 찾을 수 있다. '점균(slime mold)'이라고 불리는 작은 유기체이다.

점균은 수천 개의 아메바로 구성된 방울 모양의 고생물이다. 점균은 하루의 거의 대부분을 조용하고 수동적이며 눈에 띄지 않게 지낸다. 하지만 먹이가 부족해지면 수천 개의 아메바들이 일제히 행동을 개시한다. 1940년대, 하버드대학교 학생 존 타일러 보너(John Tyler Bonner)는 점균을 저속촬영카메라로 찍은 영화를 만들었다. 그가 학생과 연구자들에게 이 영화를 보여주자 다들 웅성대기 시작했고, 곧 강의실은 환희에 찬 청중들로 인산인해를 이뤘다. 알베르트 아인슈타인도 따로 시청하고 싶다는 말을 전할 정도였다. 《뉴욕헤럴드트리뷴》의 J. J. 오닐(J. J. O'Neill)은 보너가 원자폭탄보다 중요한 발견을 해냈다고 극찬했다.

영화의 첫 장면에서는 회색의 작은 방울 덩어리가 여기저기 흩어져 있다. 하지만 곧이어 보이지 않는 신호에 응답하듯, 아메바는 오직 중심부를 향해 움직이기 시작한다. 중심부에서는 수천, 수만의 아메바가 하나의 유기체로 융합되며, 이렇게 융합된 단일한 유기체 역시 움직임을 시작한다. 유기체의 말단에서는 일부 아메바가 위로 기어올라 줄기를 형성하며 또 다른 변형이 일어난다. 다른 아메바들이 이들 위로 기어가 포자로 탈바꿈하고, 바람에 날려 2세를 생산한다. 모든 과정을 지켜보고 있으면, 마치 보이지 않는 곳에서 지휘자가 속삭이며 지시하는 완벽한 오케스트라를 보는 기분이다. '그곳의 너, 이곳의 나, 지금은 모두 한 몸'이라고 표현할 수 있는 셈이다. 이 영화가 열풍을 일으킨 이유는 심오한 미스터리를 구체화했기 때문이다. 아무런 지능도 없는 생명체가 어떻게 이처럼 지능적인 무리 행동을 할 수 있을까?

오랜 시간 동안 연구자들은 일종의 생물학적 교관 역할을 하는 '형성체 세포'가 다른 세포에게 어떻게, 언제 행동할지 알려줌으로써 특정 행동을 유도한다고 추측했다. 하지만 형성체 세포는 존재하지 않는다는 사실이 뒤늦게 밝혀졌다. 그 역할을 대체하는 것은 단순하지만 더욱 강력했다. 이른바 간편추론법(heuristics)에 따라 단순한 규칙이 모이고 조합되면서 행동을 유도하는 것이다.

"많은 사람들은 삶이 복잡한 만큼 의사를 결정하는 방식 또한 복잡하다고 넘겨짚기 마련입니다." 시드니대학교에서 점균류를 연구하는 매들린 비크먼(Madeleine Beekman)은 이렇게 말했다. "하지만 현실에서는 아주 단순한 경험법칙을 활용합니다. 점균류는 몇 가지 경험법칙을 활용해 아주 복잡한 문제를 풀 수 있다는 사실을 보여줍니다."

점균류의 사례에서는 다음과 같은 경험법칙이 작동한다.

▶ 먹이가 없으면 서로에게 결합한다.
▶ 결합한 상태라면 그 상태로 빛을 향해 이동한다.
▶ 빛에 다다르면 결합한 채로 기어오른다.

"꿀벌도 이와 똑같이 행동합니다." 비크먼은 말했다. "개미나 다른 생물 또한 마찬가지입니다. 그들 모두는 의사 결정에서 간편추론법을 활용합니다. 인간이라고 못할 이유가 없죠. 이러한 생물체들을 보고 있으면 결합의 신비를 느낄 수 있습니다. 우리와 마찬가지로, 그들 모두는 집단의 목표를 추구합니다."

비크먼의 점균류 사례를 보면 마이어의 구호가 그토록 원만히 작동하는 이유를 새로운 시각으로 이해할 수 있다. 마이어의 구호는 단순한 구호에 그치지 않는다. 이러한 구호들은 곧 간편추론법에 따라 작동하며, '만약에'라는 시나리오를 생생히 창조해 길잡이 역할을 수행한다. 의미 구조상, '무례하게 굴어도 너그러이 가정하라'라는 말과 '먹이가 없으면 서로에게 결합한다'라는 말 사이에는 전혀 차이가 없다. 2가지 기능은 개념적인 표지로 작동하며, 상황을 인식하도록 도와주고, 혼란스러운 상황에서 명료함을 선사한다. 마이어가 제시한 구호의 상당수가 실수에 어떻게 대응하느냐의 문제에 초점을 맞추는 이유이기도 하다.

▶ 실수를 예방할 수는 없다. 하지만 문제를 멋지게 풀 수는 있다.
▶ 부러뜨리지 않으려면 고쳐라.
▶ 실수가 파도라면, 종업원들은 곧 서퍼나 다름없다.
▶ 성공에 이르는 길은 수많은 실수로 포장되어 있다.

물론 핵심은 신호를 보내는 것에 그치지 않고 신호를 바탕으로 어우러지는 것이다. 이 점에서 마이어는 탁월한 능력을 보여준다. 그는 작곡가처럼 구호를 만들고, 어떤 구호가 효과를 발휘하는지 시험하며, 끊임없이 새로운 구호를 찾아 헤맨다. 그가 추구하는 산뜻하고도 호소력 짙은 구호에는 생생하고 구체적인 이미지가 있다. 이는 진행 중인 일들을 적어놓은 리처드 코레인의 사무실 화이트보드만 봐도 알 수 있다.

> ▶ 우리는 문제를 해결하는 대가로 급여를 받는다. 같이 문제를 해결
>   할 수 있는 재치 있는 사람들을 선발하자.
> ▶ 실수가 모여 영광이 된다.
> ▶ 돌이 하나씩 쌓여 다리를 만든다.

마이어는 외롭지 않다. 여러 숙련된 집단의 리더들은 우선순위를 설정하는 데 집중하고, 주요 행동에 이름을 붙이고, 우선순위와 주요 행동을 잇는 간편추론으로 주변을 가득 채운다. 뉴질랜드 올블랙스 럭비 팀도 비슷한 경우이다. 그들과 함께 있으면 습관처럼 듣는 말들이 있다. "잡동사니를 치워라", "여기에서 성장하지 못하면, 어느 곳에도 가지 못한다", "머리는 차갑게, 가슴은 뜨겁게", "압박은 특권이다", "공이 살아 숨 쉬게 하라", "나서기 싫은 자는 꺼져라", "우리는 영예롭기 위해 뛴다", "틈새를 찾아라", "더 나은 사람들이 더 나은 올블랙스를 만든다"라는 식으로 말이다.

자율형 공립학교 중에서 높은 성과를 자랑하는 KIPP 역시 마찬가지다. "지름길은 없다", "열심히 일하고 예의를 지키자", "마시멜로를 먹지 말자", "팀과 가족", "문제가 있으면 우리는 해결책을 찾는다", "읽고 또 읽어라", "우리 모두 배우리라", "KIPP의 형제들은 아무도 보지 않을 때 정의를 실천한다", "모든 것은 노동의 대가이다", "변수가 아닌 상수가 되라", "동료가 도움이 필요하면, 우리가 도움을 준다. 우리가 도움이 필요하면, 도움을 요청한다", "로봇이 되지 말자", "의심쟁이가 틀렸다는 걸 보여주

자"라는 구호들을 그들은 활용한다.

간편추론으로 가득한 문화를 처음 접하면 이상하다는 느낌과 함께 그다지 정이 가지 않는다. "처음 며칠간은 그런 생각이 들더군요. '내가 지금 여름 캠프에 와 있는 건가?'" 쉐이크쉑 버거의 수석 마케팅 홍보 매니저 앨리슨 스타드(Allison Staad)는 이렇게 말했다. "너무 빤하고 진부하다는 느낌이었죠. 하지만 어떤 효과를 발휘하는지 지켜보고, 일상적으로 사용하기 시작하면 어느새 진부하다는 느낌은 사라집니다. 그냥 공기처럼 당연해요."

"이 문구들의 진정한 위력은 대니가 이를 구현하는 방식에 있습니다." 코레인은 말했다. "그가 남다른 이유는 사람들이 그를 한시도 빠짐없이 지켜보기 때문입니다. 그는 강력한 와이파이 신호와도 같습니다. 강도 3 정도의 신호를 보내는 사람들은 있지만, 대니는 늘 강도 10의 신호를 계속 보내며 9 이하로 내려가는 법이 없습니다."

## Chapter 10

# 지속 가능한 팀은
# 어떻게 만드는가

## 픽사가 집중한 단 한 가지

    대니 마이어의 레스토랑 체인, KIPP 스쿨, 올 블랙스는 모두 근본적으로 동일한 목표 수립 기법을 활용하고 있다. 그들은 이를 가리켜 '등대 기법'이라고 부른다. 그들은 A(집단의 현주소)와 B(집단의 목적지)를 잇는 확실한 신호를 발산해 목표를 창출한다. 물론 다른 차원의 리더십도 존재한다. 이 리더십이 작동할 때는 A에서 B로 이어지는 것보다 미지의 목표 X를 탐험하는 것이 목적이 된다. 이러한 차원에서는 창조성과 혁신이라는 가치가 작동한다.

    대부분의 사람들은 창조성을 일종의 재능으로 생각하는 경향이 있다. 그래서 창조적 리더십은 신비롭게 다가온다. 아직 존재하지 않는 것을 꿰뚫어 보는 마법 같은 능력처럼 여겨지기 때문이다. 그러다 보니 창조적인 리더들은 일반 사람들은 상상조차 할 수 없는 영감이나 천재성을 발휘한다고 여긴다. 분명 이에 해당하는 예술가형 리더들도 존재한다.

그러나 내가 만난 창조적 문화의 리더들 중에는 예술가형이 많지 않았다. 이들 모두 성공적인 문화를 이끌었지만, 흥미롭게도 예술가보다는 다른 특징으로 설명되는 경우가 많았다. 그들은 목소리가 크지 않았고, 관찰에 많은 시간을 소비했다. 내성적이었으며, 시스템에 대한 이야기를 선호했다. 연구를 진행하는 과정에서 나는 이 사람들을 '창조적 엔지니어(Creative Engineers)'라고 부르기로 했다. 그 대표적인 사례로 픽사의 창립자 에드 캣멀을 꼽을 수 있다.

70세에 접어든 캣멀은 거친 턱수염에 조용한 말투와 민첩하고 주의 깊은 눈매를 지녔다. 그는 최고의 창조적 문화로 손꼽히는 픽사를 설립했다. 한 번이라도 히트작을 내고 싶어 하는 전 세계의 스튜디오들 사이에서, 픽사는 히트작을 제조하는 살아 있는 전설과 같다. 1995년 이후 픽사가 제작한 16편의 영화는 평균 50억 달러 이상의 수익을 올렸고, 여러 차례 아카데미상을 수상하는 것은 물론 우리 시대에 가장 사랑받는 문화의 기준을 세웠다. 10년 전부터 캣멀은 부업으로 디즈니의 애니메이션 스튜디오를 같이 운영하며 〈겨울 왕국〉, 〈빅 히어로 6〉, 〈주토피아〉 등의 블록버스터들을 만드는 데 일조했다.

캣멀을 처음 만난 곳은 캘리포니아 에머리빌에 위치한 픽사 스튜디오의 브루클린 빌딩에서였다. 2010년에 지어진 이 건물은 채광이 훌륭한 유리와 재생목을 활용했고, 간단한 주점과 벽난로, 다용도 카페, 옥상 데크 등 곳곳에 픽사만의 스타일이 배어 있었다. 함께 햇볕을 쬐며 걸어가던 중, 나는 그에게 빌딩이 매우 아름답다고 칭찬했다. 그 순간 캣멀은 걸음을 멈추고 내 얼굴을 바라보았다. 그의 목소리는 조용하면서도 권위가 실려 있었다. 마치 진단을 내리는 의사와도 비슷했다.

"실은, 실패작이었어요."

잘못 들었나 싶어 그가 있는 쪽으로 몸을 기울였다.

"실패작인 이유는," 캣멀은 차분히 말을 이었다. "우리가 창출해야 할 소통을 창출하지 못하기 때문입니다. 복도를 더욱 넓혀야 했고, 카페도 더 많은 사람이 들어올 수 있도록 더 크게 만들어야 했어요. 사무실을 모서리에 좀 더 붙여서 중앙 공간을 더 많이 확보해야 했죠. 간과한 점이 한두 개가 아니었어요. 너무 많은 실수를 저질렀죠. 그보다 더 큰 실수는 너무 늦을 때까지 그 실수를 알아채지 못한 거예요."

회사의 수장이 하는 말로는 다소 어울리지 않았다. 대부분의 리더들은 수백만 달러를 들여 지은 사옥을 칭찬하면 진심으로 고맙다고 대답하기 마련이다. 대부분의 리더들은 이처럼 장엄한 작품에 실수가 있다는 사실을 인정하려 들지 않는다. 자칫 무능하다는 인상을 줄 수도 있기 때문이다. 하지만 캣멀은 달랐다. 캣멀은 그 순간을 즐겼다. 그의 시선에는 비난이나 섣부른 판단의 기색이 보이지 않는다. 오직 명료함에서 비롯된 차분한 만족스러움이 깃들어 있다. '우리는 이 사옥을 지으며 실수를 저질렀지만, 지금은 그 사실을 알았기에 괜찮다'라는 태도이다.

"여러 가지 힘이 작용해 인식을 왜곡합니다." 캣멀은 말했다. "사태를 명료하게 바라보기가 정말로 어렵습니다. 특히 좋은 흐름을 타고 있다면 더욱 어렵죠. 한동안 우리는 '스토리가 왕이다', '과정을 믿어라' 같은 말을 입에 붙이고 살았죠. 알고 보니 다른 스튜디오들도 시원찮은 영화를 만들 때 똑같은 이야기를 하고 있더군요. 그렇다면 이런 말들이 정말로 의미하는 바는 무엇일까요? 듣기에 그럴듯해 보이는 슬로건도 자칫 진실을 바라보지 못하도록 주의를 분산시킬 수 있죠."

예술과 과학이 완벽히 결합된 인생을 설계하려 한다면 캣멀의 인생을 참조하면 된다. 교육자 집안에서 태어난 그는 어린 시절 아인슈타인과 월트 디즈니(Walt Disney)를 동경하며 그림과 물리학을 공부했다. 장편 애니메이션 제작을 꿈꿨던 그는 대학을 졸업하고 조지 루카스(George Lucas)의 회사에 들어갔다. 훗날 이 회사는 스티브 잡스에게 인수되어 픽사라는 이름으로 거듭났다. 소형 스튜디오인 픽사는 컴퓨터와 영화 제작을 융합한다는 기치 아래 출범했다.

몇 년간 픽사는 고전을 면치 못했다. 하지만 1995년 〈토이 스토리〉가 3억 6000만 달러의 흥행을 기록하면서 돌파구를 마련했다. 당시 캣멀은 뭔가 꺼림칙한 기분에 시달렸다. 픽사가 누린 것처럼 다른 회사들도 달콤한 순간을 경험했다. 세계 제일의 영화사로 부상해 돈을 긁어모으고 창조성과 혁신의 대명사로 찬사를 받았지만, 결국 난관에 부딪혀 길을 잃고 파산했다. 이유가 무엇일까? 픽사는 어떻게 이런 운명을 피할 수 있을까? 캣멀은 그 순간을 회상하며 팟캐스트에서 이렇게 말했다.

"결국 근본적인 질문은 '지속 가능한 집단을 어떻게 만드는가'라는 겁니다. 실패한 회사에서 일했던 사람들, 실리콘밸리에서 알고 지냈던 사람들은 모두 영리하고, 창조적이고, 성실했어요. 무엇이 그들을 추락시킨 것인지 알아내기 정말 어려웠죠. 돌이켜보면, 어떤 힘이 작동했든 픽사에도 같은 일이 벌어질 수 있었어요. 그래서 흥미로운 질문이 대두되는 거죠. '보이지 않는 동력이 작동하기 전에 미리 발견할 수는 없을까?' 그해 연말쯤 이를 새로운 목표로 삼았어요. 이러한 문제를 발견하고 해결할 환경을 어떻게 구축할 수 있을지 말이에요. 영화는 순위에서 밀린 거죠."

우리는 브루클린 빌딩에서 나와 캠퍼스를 가로질러 스티브 잡스 빌딩으로 향했다. 그 건물은 브루클린 빌딩에는 없는 다른 특징을 갖추고 있었다. 거대한 중앙 아트리움이 방문객을 맞이하고, 폭이 넓은 복도는 모여드는 사람들로 북적댔다. 2층 계단 옆으로는 사무실 2개가 자리 잡고 있었다. 왼쪽은 존 래시터(John Lasseter), 오른쪽은 캣멀의 사무실로, 픽사의 창조적 접근을 상징하는 2개의 축이었다. 존은 픽사의 창조성을 주도하며 핵심 스토리텔링을 이끌어내는 픽사의 뮤즈 역할을 수행했다. 그의 사무실은 미키마우스를 비롯해 우디와 버즈 라이트이어 등 온갖 캐릭터 인형과 장난감들로 파묻혀 거의 보이지 않는 수준이었다. 반면 캣멀의 사무실은 독일 항공우주기업의 일부를 갖다 붙인 것 같았다. 검정, 흰색, 회색으로 칠한 효율적인 직사각형 사무실은 차가운 느낌을 선사했다. 두 사무실이 나란히 자리 잡은 모습은 표면과 이면의 구조를 동시에 보여주는 엑스레이를 보는 것과도 같았다. 캣멀은 앉아서 의사처럼 나긋나긋한 목소리로 픽사가 어떻게 영화를 만드는지 설명했다.

"모든 영화는 처음엔 엉망진창입니다. 어떤 것들은 정말 최악이죠. 그 중에서도 〈겨울 왕국〉과 〈빅 히어로 6〉는 대책 없는 참사나 다름없었어요." 그는 말했다. "스토리가 엉망이었고, 캐릭터도 보이지 않았죠. 겸손해 보이려고 과장하는 게 아니에요. 직접 회의에 참석했죠. 할 말이 없더군요. 정말 최악이었죠." 이러한 패턴은 늘 있는 일이다. 〈토이 스토리〉 오리지널 버전에서 우디는 권위적이고 비호감인 캐릭터로 등장했다(캣멀의 표현에 따르면 '냉소적인 얼간이'였다). 〈업〉 초기 버전 또한 워낙 엉망이라 모든 스토리를 뒤엎었다. "말 그대로 남아 있는 거라곤 '업'이라는 단어밖에 없었죠." 캣멀은 말한다.

성공적인 노력의 사례들은 대부분 다음과 같이 진행된다. 첫 출발은 재앙 수준이지만, 마지막에는 간신히 되살린다. 이때 스토리가 매력적인 이유는 스토리텔러가 불가능에 가까운 되살림의 과정을 드라마틱하게 떠벌릴 수 있기 때문이다. 하지만 캣멀의 접근 방식은 완전히 다르다. 그는 최악의 결과물을 회생시키는 과정이 우연의 산물이 아닌 인과관계에 따라 유기적으로 도출된 것으로 파악한다. 각각의 프로젝트가 고통스럽고 좌절감에 빠진 최악의 상태로 시작된다는 사실은 우연이 아닌 필연이다. 모든 창조적 프로젝트들은 수많은 선택의 가지와 잠재적 아이디어가 엮인 퍼즐이기 때문이다. 그래서 즉각적으로 올바른 답을 얻기가 거의 불가능하다. 창조적인 집단의 목표를 설정하려면 찬란한 돌파의 순간을 마련하기보다, 올바른 선택을 위해 수많은 아이디어를 헤집을 수 있는 시스템이 수립되어야 한다.

이것이 캣멀이 아이디어보다 사람에게 집중하는 법을 배웠던 이유이다. 그는 팀에게 지원책과 실질적인 수단을 제공해, 길을 열고 어려운 선택을 감행하고 고된 과정을 함께 헤쳐 나가는 데 집중한다. "모든 사업이 그렇듯이 우리의 사업도 개별 팀원들과 무관하게 아이디어 자체를 평가하려 듭니다." 그는 이렇게 말했다. "그러나 그건 정확하지 않습니다. 평범한 팀에게는 좋은 아이디어를 제공해도 망칠 방법을 찾아내지만, 좋은 팀에게는 평범한 아이디어를 제공해도 훌륭한 아이디어로 승화시키죠. 팀을 잘 이해하고, 올바른 방향으로 이끌고, 그들이 어디에서 실수하고 어디에서 성공하는지를 파악하는 것이 궁극적인 목표가 되어야 합니다."

## 최악에서 최고를 만들어내는 메커니즘

그렇다면 팀이 성공하는 시점을 어떻게 알 수 있을까? "보통은 사무실 안에서 느낄 수 있습니다." 캣멀은 말을 이었다. "제대로 작동하지 않는 팀을 보면 비언어적 표현이 방어적이고, 분위기 또한 폐쇄적입니다. 침묵만이 감돌 뿐이죠. 새로운 아이디어는 멈추고, 문제를 제대로 보지 못합니다. 그 과정에서 스티브 잡스를 일종의 방망이처럼 활용하기도 했죠. 예상치 못한 순간에 사람들의 뒤통수를 때리듯 영화의 문제점에 눈을 뜨게 한 거죠. 하지만 이 일도 시간이 지날수록 어려워졌습니다. 제작진의 경험이 쌓일수록, 다른 사람들의 유용한 시각과 의견을 경청하려 들지 않았습니다. 바로잡아야 할 것이 너무 많고, 이들의 소용돌이 속에서 툭하면 길을 잃었습니다. 첫 번째 결론은 늘 틀리고, 두 번째, 세 번째 결론도 마찬가지입니다. 그래서 팀원들이 협동해 사태를 파악하고 문제를 해결할 수 있는 메커니즘을 만들어야 합니다."

픽사는 그 메커니즘을 규칙적인 조직 습관에 따라 구현했다. '데일리스'라 불리는 아침 회의에서는 픽사의 모든 직원이 참여해 전날 만든 필름을 시청하고 의견을 개진한다(애니메이션은 제작 속도가 더뎌서, 매일 몇 초 분량밖에 제작하지 못한다). 각 팀은 현장 실습을 나가 영화 속에 등장하는 환경을 직접 경험해본다. 〈니모를 찾아서〉팀은 스쿠버 다이빙을 직접 해보고, 〈메리다와 마법의 숲〉팀은 활쏘기를 배웠다. 〈라따뚜이〉팀은 요리 수업을 받았다. 이후 이어지는 브레인트러스트 미팅에서는 픽사 내 최고의 스토리텔러들이 나선다. 그들은 개발 중인 필름에 대한 진심 어린 피드백을 열정적으로 제공하지만, 대부분 고통스런 피드백이 난무한다. '픽사 대학'이라는 시설도 있다. 이곳에서는 여러 수업을 한데 모아 서로 다른 부서의 사람들이 다양한 내용을 한자리에서 배울 수 있다(픽사 대학에서는 펜싱, 그림, 태극권 등도 가르친다). 캣멀은 필름을 제작하고 나면 도시 외곽으로 연수를 떠난다. 일종의 사후 의식을 거치며 팀원 모두는 큰 시사점을 얻게 된다.

이 모든 메커니즘은 동일하다. 팀원들을 안전하고, 평탄하고, 솔직함이 살아 숨 쉬는 환경으로 인도하며, 문제점을 지적하고 아이디어를 양산하도록 격려한다. 이러한 아이디어들이 집단을 움직이고 점진적으로 문제를 해결한다(캣멀이 가이젠(kaizen), 즉 사소한 문제도 즉각적이고 수시로 개선하는 일본식 기업 문화의 열렬한 지지자라는 건 놀라운 사실이 아니다). 이러한 과정은 대부분 프로젝트를 창의적으로 주도한 팀이 프로젝트의 권한을 유지하면서 모든 집단의 브레인 파워를 활용할 수 있도록 되어 있다.*

따라서 캣멀은 창조적인 의사 결정에 직접 개입하지 않는다. 먼저 개인보다는 팀이 문제를 해결하기에 적합한 위치에 있고, 둘째로 모든 집단들은 강력한 인물의 제안을 따르려는 경향이 있기 때문이다. 캣멀은 '이제 당신에게 달려 있어요'라는 표현을 자주 사용한다. 그가 프로젝트를 중단하거나 새로운 팀을 붙여 다시 시작하기 전까지 골치 아픈 프로젝트를 과하다 싶을 정도로 길게 유지하는 이유가 바로 여기에 있다. "모두가 완벽하게 준비되기 전에 처음부터 다시 시작하면, 일을 망칠 우려가 있어요."

---

* 이러한 의사소통 패턴은 고도의 창의성을 자랑하는 집단들에서 공통적으로 발견된다. 최단 시간 내에 U-2, 블랙버드, 나이트호크 등 전설적인 기체를 설계한 록히드마틴 사의 스컹크 웍스 팀이나, 애플 사의 매킨토시에 채택된 컴퓨터 인터페이스를 개발한 제록스의 PARC 팀, 구글의 X, P&G의 클레이 스트리트(Clay Street) 프로젝트, 마텔의 플래티퍼스 프로젝트(Project Platypus) 등 또한 마찬가지다. 이들 모두 모회사와 독립적으로 운영되어, 경직된 위계에서 벗어나 자율적 운영을 보장받는다.

그는 말한다. "모두가 다시 시작해야 한다는 사실을 납득할 때까지 기다려야 합니다."

사실 캣멀은 모토나 구호를 쉽게 받아들이는 사람이 아니다. 의미를 압축하고 간결하게 만드는 과정에서 현실을 왜곡시킬 가능성이 있다고 믿기 때문이다. 그럼에도 불구하고 픽사의 복도에는 '에드주의(Edisms)'로 표방되는 문구들을 심심치 않게 볼 수 있다.

- ▶ 나보다 똑똑한 사람을 고용하라.
- ▶ 일찍 실패하고, 자주 실패하라.
- ▶ 모든 사람들의 아이디어를 경청하라.
- ▶ 문제와 직면하라.
- ▶ 난이도가 낮은 업무는 당신의 영혼을 갉아먹는다.
- ▶ 좋은 아이디어보다는 좋은 사람들에게 투자하라.

생생하고 구체적인 마이어의 메시지와는 달리, 모호하고 평이하며 보편적인 표현이다. 기본적으로 능률성 지향과 창조성 지향 사이에는 근본적인 격차가 있기 때문이다. 마이어의 입장에서는 사람들이 무엇을 해야 하는지 정확히 아는 것이 먼저이고, 캣멀의 입장에서는 사람들이 스스로 할 일을 발견하는 것이 중요한 것이다.

캣멀은 픽사와 디즈니를 어슬렁거리며 하루를 보낸다. 그는 신입 사원들을 도와주고, 브레인트러스트 미팅을 지켜보고, 움트기 시작한 성공의 싹과 문제의 신호를 두고 구성원들이 어떻게 소통하는지 관찰한다. 나아가 이면에서 무슨 일이 벌어지는지 알기 위해 비공식 대화 채널을 구축한다. 그는 사람들 사이에 어색한 침묵이 흐르거나 누군가를 기피하면 우려의 제스처를 취하고, 특별한 지시 없이도 솔선수범하는 모습을 보이면 칭찬을 아끼지 않는다(픽사의 애니메이터들이 잔디밭 위에서 즉흥적으로 밤샘 캠핑을 여는 게 대표적인 예이다). 동시에 심각한 수준의 경제적 손실 앞에서도 그는 팀원들의 실수를 감싸 안는다. 이처럼 창조적 리더십 모델은 선박 엔지니어의 역할과 매우 비슷하다. 캣멀은 배의 조타수를 잡지 않는다. 그는 갑판 밑에서 어슬렁거리며 물이 새는 곳이 없는지 점검하고, 피스톤을 교체하고, 윤활유를 뿌린다. "제게 경영이란 창조적인 행위입니다." 그는 말한다. "문제를 해결하는 작업이죠. 저는 그 과정이 즐겁습니다."

## 지시자가 아닌 지원군이 되어라

캣멀의 리더십 비결을 시험해보고 싶다면 다음과 같은 상황을 조성하면 된다. 먼저 고군분투하는 영화 스튜디오를 찾아간다. 모든 인력을 그 자리에 둔 채, 캣멀에게 집단의 문화를 재정비하도록 주문한다. 그리고 무슨 변화가 일어나는지 지켜본다.

이것은 2006년에 실제로 있었던 일이다. 고군분투하던 스튜디오는 디즈니였다. 1990년대 황금기를 구가하던 디즈니는 최근 10년간 창의력의 불모지로 전락했다. 〈아틀란티스 : 잃어버린 제국〉, 〈브라더 베어〉, 〈보물성〉 그리고 〈카우 삼총사〉까지, 영화를 내놓는 족족 밋밋하고 지루해 흥행 실적이 엉망이었다. 유례없는 난항에 디즈니의 CEO 밥 이거(Bob Iger)는 과감한 시도를 감행했다. 픽사를 인수한 다음, 캣멀과 래시터에게 디즈니를 최고의 애니메이션 브랜드로 되살리라는 특명을 내린 것이다.

업계에서는 논리적인 이유를 들어 디즈니와 픽사의 조합이 실패할 것이라 장담했다. 우선 기업의 규모부터 달랐다. 픽사는 비교적 작은 회사인 반면, 디즈니는 엄청난 규모의 대기업이었다. 모두들 캣멀과 래시터가 이 거대한 공룡 기업을 제대로 관리할 수 있을지 의구심을 품었고, 경제전문지 《포천》에서는 '니모가 고래를 삼키는 형국'이라고 표현했다. 지리적인 문제도 있었다. 픽사의 본사는 오클랜드 인근의 에머빌이었지만, 디즈니의 본사는 그곳에서 560킬로미터 떨어진 버뱅크에 있었다. 엔터테인먼트 업계의 여러 사례를 돌이켜보면, 이러한 종류의 합병은 위험할뿐더러 두 회사 모두에게 부정적인 영향을 끼칠 게 뻔해 보였다.

합병이 완료되자 캣멀과 래시터는 버뱅크로 날아가 디즈니 직원들을 상대로 강연을 시작했다. 래시터는 전통과 부활을 언급하며 사기를 북돋았고, 캣멀은 여느 때와 마찬가지로 딱 두 문장만을 말했다. "우리는 디즈니를 픽사의 복사판으로 만들 생각이 없습니다. 오로지 여러분의 재능과 열정에 맞춰 스튜디오를 구성할 것입니다." 이후 그들은 건물의 구조부터 바꿨다. 합병 당시만 해도 디즈니의 인력들은 협업을 추구하기보다 전문분야(애니메이션, 레이아웃, 디자인)로 나뉘어 대형 오피스 건물의 4개 층에 흩어져 있었다. 하지만 캣멀은 개발 팀과 기술 팀이 '카페인 패치(Caffeine Patch)'라 불리는 중앙 공간에 모이도록 공간을 재배치했다. 그리고 자신과 래시터의 사무실을 중앙부에 배치한 후, 일주일 중 이틀을 디즈니에서 근무했다.

그다음 캣멀은 창조성을 이끌어낼 구조에 집중했다. 디즈니는 임원이 권한을 갖는 전통적인 개발 모델을 활용해왔다. 임원이 스토리 구성을 책임지는 개발 팀을 만들고, 그들의 아이디어를 평가하고, 어떤 작품을 개발할지 결정하며, 감독을 각 프로젝트에 할당한다. 감독은 영화를 만들고, 임원은 초기 버전을 평가하며 의견을 제시한다. 어떤 필름을 최종적으로 배포할지 결정하는 '베이크 오프(bake-off)'라는 경연 절차를 마련하기도 했다.

캣멀은 이 시스템을 완전히 뒤집었다. 창조성의 원천을 임원이 아닌 감독의 손에 맡긴 것이다. 새로운 구조에서는 감독이 임원에게 일을 할당받지 않고, 스스로 아이디어를 떠올리고 추진했다. 임원들은 의사를 결정하는 상급자의 역할에서 벗어나, 아이디어에서 콘셉트, 최종 작품으로 이어지는 가시밭 같은 여정에서 감독과 팀을 지원하는 역할을 맡았다. 캣멀은 변화를 시도하던 초기에 디즈니의 감독과 임원을 픽사로 초청했다. 그들은 브레인트러스트 미팅에 참여해 모든 팀원이 조목조목 영화를 비판하고 힘들게 재구성하는 광경을 지켜보았다.

분위기는 즉시 바뀌었다. 디즈니의 감독들은 이러한 변화를 베를린 장벽의 붕괴에 비유했다. 희망의 순간이 찾아왔다. 디즈니 팀의 후속 미팅은 최고라는 평가가 아깝지 않았고, 유례없이 유익한 자리였다(그들은 자신들을 가리켜 '스토리트러스트'라 불렀다).

하지만 캣멀은 샴페인을 서둘러 터뜨리지 않았다. 그는 하루아침에 진정한 변화가 생기지 않는다는 것을 알고 있었다. "시간이 필요합니다." 캣멀은 말했다. "실패를 겪고, 망쳐보기도 해야 합니다. 그리고 살아남아야 합니다. 이 과정에서 서로를 도와야 합니다. 그런 후에야 신뢰할 수 있습니다."

실제로 어떤 일이 일어났을까? 합병 후에 처음 제작한 영화 몇 편은 곧바로 더 나은 성과를 보여주었다. 박스오피스 순위뿐 아니라 영화평도 많이 좋아졌다. 2010년 이후, 디즈니 팀은 〈라푼젤〉(전 세계 박스오피스 기준 5억 9100만 달러의 흥행 실적을 기록했다), 〈주먹왕 랄프〉(4억 7100만 달러), 〈겨울왕국〉(12억 달러), 〈빅 히어로 6〉(6억 5700만 달러), 〈주토피아〉(9억 3100만 달러) 등을 성공시키며 픽사의 수준까지 올라갔다. 캣멀은 이 과정에서 직원의 이직이 거의 없었다는 사실을 강조한다. "실패를 거듭하던 사람들이 이런 성공을 거뒀습니다." 캣멀은 말한다. "우리는 새로운 시스템을 도입했습니다. 그들은 새로운 소통 방식을 배우고, 행동을 바꿨습니다. 같이 일하는 그들을 보면 완전히 다른 집단이 되어 있었습니다."

'우리는 새로운 시스템을 도입했습니다. 그들은 새로운 소통 방식을 배웠습니다.' 이 말을 음미해볼 필요가 있다. 창조성과 혁신의 물결이 시스템을 도입하고 새로운 소통 방식을 학습하는 등의 평범한 작업을 통해 시작된다는 것은 이상한 일이다. 하지만 이는 사실이다. 창조적인 목표를 세운다는 것은 막상 창조성과는 별 관련이 없기 때문이다. 창조성을 유도하려면 권한을 맡기고, 권한을 맡은 이들을 지원하고, 집단의 에너지를 한 방향으로 유도해야 한다. 열정적이고, 실수투성이면서, 보람찬 여정에 쏟는 에너지는 창조성에 숨결을 불어넣는다.

# 비전을 세우는 리더의 행동 전략7

성공적인 집단들의 사례를 보면 놀라운 공통점이 뒤따른다. 심각한 위기의 순간이 탁월한 문화를 담금질했다는 사실이다. 1998년, 대박을 터뜨린 〈토이 스토리〉의 속편 제작 과정에서 있었던 일이다. 처음에 픽사는 〈토이 스토리〉의 속편을 극장용이 아닌 가정용 비디오로 제작했다. 모두가 간단한 작업을 예상하고 프로젝트에 착수했다. '속편 제작이 어려워봤자 얼마나 어렵겠어?'라는 생각도 한몫했다. 하지만 그들이 처음에 들인 노력은 참담한 결과를 낳았다. 스토리는 감정이 비어 있었고, 캐릭터는 밋밋했으며, 전편과 달리 재치와 감성이 결여되어 있었다. 캣멀과 래시터는 이내 무엇이 문제인지를 깨달았다. 바로 픽사의 정체성에 관한 문제였다. '픽사는 중간만 하면 되는 스튜디오일까, 위대함을 추구하는 스튜디오일까?' 결국 픽사는 초기 버전을 폐기한 다음, 마지막 기회라 생각하고 극장판을 다시 제작하기로 마음먹었다. 시간에 쫓겨 절박한 심정으로 작업을 하다 보니, 현재 픽사의 대표적인 특징으로 자리 잡은 다양한 협업 시스템을 고안할 수 있었다(브레인트러스트 미팅도 그때 만들어진 절차이다). 특정한 누군가가 영감을 받아 고안한 게 아니라, 필요성을 공유하면서 생긴 절차인 것이다.

네이비실 또한 비슷한 순간을 경험했다. 1983년 그라나다 지역에서 작전을 진행하던 중이었다. 목표는 간단했다. 한 팀이 해상 낙하를 통해 침투하고, 해변으로 상륙해 그라나다의 유일한 무전 안테나를 무력화시키는 임무였다. 불행하게도 악천후와 열악한 통신 상태, 잘못된 의사 결정이 중첩되면서, 팀원들은 한밤중에 폭풍우의 한복판으로 떨어졌고 결국 그중 4명이 목숨을 잃고 말았다. 이 사건을 계기로 집단의 의사 결정 과정과 통신 시스템을 재건하려는 움직임이 시작되었다.

대니 마이어의 경우도 마찬가지였다. 레스토랑을 운영하던 초창기에 재앙에 비견될 사태를 겪은 것이다. "천장에 매달린 조명이 떨어져 거의 손님을 죽일 뻔했죠." 그는 말했다. "술에 취한 손님과는 주먹다짐을 벌였습니다. 모두가 지켜보는 앞에서 주먹이 오고 갔어요. 그는 제 턱을 펀치로 강타하고, 머리를 잡아 문에다 박아버렸죠. 전 그의 급소를 차버렸어요. 당시 인터넷이 없었던 게 천만다행이죠."

이처럼 성공적인 문화는 정체성과 목표를 수립하는 데 위기를 활용한다는 점에서 차이를 보인다. 집단의 리더들은 과거의 실패를 회고하며, 당시의 힘들었던 상황에 감사한다는 뜻을 내비치거나 향수에 잠기기도 한다. 그 순간이 있었기에 지금의 그들이 가능했기 때문이다.

그렇다면 어떻게 목표를 제대로 수립할 수 있을까? 단순히 목표를 대리석에 새기거나 구호를 되새기도록 부추기는 정도로 끝날 일이 아니다. 끝없이 시도하고 실패하고 반성하는 과정이며, 끝없이 배우는 과정이다. 고목적 환경은 하향식으로 형성되지 않고 밑바닥에서부터 만들어진다. 몇 번이고 문제를 함께 해결하며, 급변하는 세상의 도전을 이겨내려는 발전 과정을 통해 형성되는 것이다. 여기 몇 가지 도움이 될 아이디어를 소개한다.

**우선순위를 특정하라**  목표를 향해 움직이려면, 목표를 특정해야 한다. 우선순위를 매기는 것이 그 첫걸음이다. 이는 곧 당신의 정체성을 규정하는 선택지 속에서 골몰하는 것을 의미한다. 대부분의 성공적인 집단은 몇 가지(5개 이하) 우선순위를 세운다. 특히 집단 내부의 관계(그들이 서로를 어떻게 대하는지)를 최우선순위에 두는 집단들이 많다. 이를 보면 많은 성공적인 집단들이 어떤 진실을 깨닫고 있는지 알 수 있다. 그들의 최대 목표는 집단 자체를 수립하고 지탱하는 것이다. 그들이 서로의 관계를 잘 세운다면, 다른 것들은 저절로 따라오기 마련이다.

**목표는 구체적일수록 좋다**  얼마 전, 월간 경제지 《Inc.》에서 600개 회사들을 대상으로 설문을 실시했다. 임원들에게 회사의 최우선순위 3가지를 댈 수 있는 전체 직원의 비중을 물어보자, 64퍼센트 정도의 평균치가 나왔다. 하지만 직원들에게 직접 물어본 결과, 겨우 2퍼센트만이 제대로 대답했다. 어느 회사나 다 이렇다. 리더들은 집단의 모든 구성원이 자신과 같은 눈높이를 지니길 기대하지만 실제로는 그렇지 않다. 그래서 우선순위에 대해 과하다 싶을 정도로 소통하는 것이 중요하다. 내가 만났던 리더들은 모두 회사의 우선순위에 대해 적극적으로 직원들과 소통했다. 나아가 벽면에 우선순위를 적어놓고, 이메일에 첨부하고, 연설에 삽입하고, 대화에 녹이면서 공기의 일부가 될 때까지 반복했다.

  사실 가장 좋은 방법은 회사의 가치와 목표를 주기적으로 테스트하는 것이다. 마치 제임스 버크가 크레도에 도전한 것과 마찬가지다. '우리가 하는 일은 무엇인가? 우리의 목표는 무엇인가?' 같은 더 큰 문제와 씨름하도록 대화를 유도할 수도 있다. 최고의 리더들은 이른바 '생산적 불만'을 육성하며 이러한 작업을 본능적으로 시도한다. 그들은 성공을 어느 정도 경계했으며, 지금보다 더 나은 다른 방식이 있다고 생각하며 변화를 두려워하지 않았다. 더불어 스스로 해답을 독점하고 있다고 생각하지 않고, 끊임없이 길잡이를 찾고 명확성을 추구했다.

**소속된 집단의 주력 분야를 파악하라** 모든 집단의 기술은 2가지 유형으로 나뉜다. 바로 숙련도(proficiency)와 창조성(creativity)이다.

먼저 숙련도는 주어진 일을 매번 같은 방식으로 진행할 수 있는 능력을 뜻한다. 모든 걸 빈틈없이 해결하는 기계처럼 신뢰와 안정감을 주며, 서비스처럼 행동의 목표가 확실하게 정의된 분야에 적용할 수 있다. 이러한 기술을 이행하기 위해 목표를 수립하는 것은 생생한 지도를 그리는 것에 비유할 수 있다. 목표를 조명하고, 길을 따라 체크포인트로 향하는 확실한 길잡이가 되어준다. 몇 가지 방법을 소개하면 다음과 같다.

- ▶ 집단의 앞길을 명확하고 접근이 쉬운 탁월한 모델로 채운다.
- ▶ 무수히 반복하고 잦은 피드백을 보장하는 훈련을 제공한다.
- ▶ 생생하고 기억하기 쉬운 경험 법칙을 수립한다.
- ▶ 기술의 기본을 강조하고 존중한다.

반면, 창조성은 집단이 과거에 없던 무언가를 새롭게 만들어내도록 동기를 불어넣는 일이다. 이 분야의 목표를 수립하는 것은 마치 탐험을 후원하는 것이나 마찬가지다. 재료와 수단을 제공하는 등 도움을 아끼지 않고, 팀이 일에 매진할 수 있도록 보호하고 지원하는 역할을 수행해야 한다. 몇 가지 방법을 소개하면 다음과 같다.

▶ 팀의 구성과 동력에 촉각을 곤두세운다.

▶ 팀의 창조적 자율성을 규정하고 강화하고 보호한다.

▶ 실패를 덤덤히 받아들이고 피드백을 한다.

▶ 진취적인 시도를 할 때는 크게 호응한다.

**구호를 내세워라** 성공적인 집단에서 사용하는 언어에는 명확하고, 팀워크를 강조하고, 상투적인 구호가 포함되어 있다. 많은 경우 이를 괴상하고 시대에 뒤처진 것으로 치부하려는 경향이 있지만, 그런 실수를 저지르면 곤란하다. 너무나 적나라하고 경박해 보인다 하더라도 그것은 잘못된 오류가 아니라 특징일 뿐이다. 오히려 제3자의 귀에 박히도록 뚜렷하다 보니 더욱 명확하게 기능한다.

효율적인 구호는 단순함과 행동 지향, 직설적인 표현을 갖춰야 한다. 자포스의 '재미와 약간의 지루함을 만드세요', 아이디오의 '말은 적게, 행동은 많이', KIPP 스쿨의 '열심히 일하고, 남에게 친절하자', 샌안토니오 스퍼스의 '바위를 부숴라', 올블랙스의 '저지 셔프는 정해진 장소에', 마이어 레스토랑 체인의 '고객을 위해 열정을 창출하라' 등이 이에 해당한다. 위의 구호들을 아름답다고 말하기는 어렵지만, 행동에 바탕을 둔 명료함이 깃들어 있다. 부드럽게 다가가기보다는 기억을 확실히 되살리는 역할을 담당하며, 집단을 목적지로 유도하는 산뜻한 길잡이로 기능한다.

**실적보다 가치를 측정하라** 목적을 확실히 수립하는 데 주된 걸림돌은 이 세상이 잡음과 방해물, 끊임없는 대안으로 점철되어 있다는 사실이다. 그 해답은 중요한 사항에 초점이 실린 단순하고도 보편적인 측정 기준을 마련하는 것이다. 초창기 자포스의 사례가 대표적이다. 자포스의 콜센터 직원들은 시간당 통화 횟수로 실적을 평가받았다. 토니 셰이는 이러한 방법이 그룹의 목적과 맞지 않고, 불합리한 행동을 유발한다는 것(콜센터 직원들이 말을 간단히 하고 서두르는 부작용)을 깨달았다. 그래서 그는 이 기준을 버리고, 이른바 개인 감정 교류(Personal Emotional Connections, PECs)라는 기준으로 대체했다. 이 기준은 제품에 관한 대화와 별도로 고객과 유대관계를 형성하는 것을 의미한다. PECs를 정확히 측정하기란 불가능하지만, PECs의 목적은 정확성을 기하는 것이 아니다. 인식을 만들고 방향성을 창출하며, 집단이 지향하는 바에 부합하게 행동을 유도하는 것이 목적이다. 고객 서비스 담당자가 응대 전화 한 통에 10시간 29분을 소비하는 기록을 세우자, 자포스는 이를 자축하며 보도자료를 내보냈다.

**기념물을 활용하라** 집단의 목적과 정체성을 구현하는 수단으로서, 기념물의 역할은 매우 중요하다. 네이비실 본부에 보관된 전사한 병사들의 전투복, 픽사에 보관된 콘셉트 단계의 손 스케치와 아카데미상 트로피, 샌안토니오 스퍼스 연습장의 진열장에 놓인 바위와 대형 해머('바위를 부숴라'라는 팀의 구호를 상징한다) 등을 보아도 이는 명확하다.

**행동의 기준을 세워라** 목표를 수립하는 데 가장 어려운 점은 추상적인 가치나 목적을 구체적인 말로 바꾸는 것이다. 성공하는 집단은 하나의 과업에 주목하고, 이를 활용해 그들의 정체성을 정의하고, 기대 수준에 맞는 기준을 수립한다.

이를테면 퀴니피악대학교(Quinnipiac University)의 하키 팀이 좋은 예이다. 코네티컷주 햄든에 위치한 이 학교의 하키 팀은 유명한 선수가 거의 없는데도 지난 5년간 하키계의 골리앗들을 연달아 격파하며 2015~2016 시즌에 미국 최고의 팀으로 등극했다. 퀴니피악대학교의 코치인 랜드 페크놀드(Rand Pecknold)는 이른바 '40을 위한 40'이라는 특정한 행동을 주축으로 문화를 수립했다. 40을 위한 40은 백체크라는 하키 기술과 연관이 깊다. 백체크는 공격 지역에 있는 상대편의 돌진을 방해하면서 아군의 수비 지역으로 들어오는 것을 의미한다. 일반적으로 한 경기에서 백체크를 실행하는 빈도는 마흔 번 정도이다. 이를 위해 모든 선수들은 매번 전력을 쏟아부어야 한다. 이것이 바로 페크놀드의 목표이며, 그래서 40을 위한 40이란 말이 나온 것이다. 결코 쉬운 일은 아니다. 백체크는 에너지를 많이 소모하며, 날카로운 주의력이 필요하다. 백체크를 한다고 해서 경기가 많이 달라지는 것도 아니다(여기에 핵심이 있다).

"거의 얻는 게 없습니다." 페크놀드는 말한다. "39개의 백체크를 연달아 할 수도 있지만, 그렇다고 경기의 양상이 바뀌는 것은 아닙니다. 하지만 40번째에는 어떤 변화가 일어납니다. 스틱을 밀어 넣고 퍽을 빼앗아 상대의 골을 막거나 우리의 골로 연결시키는 거죠. 통계 서적에서도 다루지 않는 이 한 번의 백체크는 경기의 결과를 바꿀 수 있습니다. 우리가 40을 위한 40인 이유이며, 우리의 실체이자, 우리가 연습하는 방식이자, 우리가 모든 경기에서 직접 보여주는 장면이죠."

퀴니피악 하키 팀은 늘 40을 위한 40을 이야기한다. 연습 중에도,

게임 중에도, 페크놀드와 선수들이 주기적으로 갖는 일대일 상담에서도 늘 이 이야기는 빠지지 않는다. 경기 도중 백체크에 성공하는 드문 순간이 찾아오면, 페크놀드는 그 순간을 집중 조명한다.

"다음 날에는 녹화 영상을 확보해 편집해두죠." 페크놀드는 말을 이었다. "전 팀원들에게 욕을 퍼붓는 사람이 아니에요. 정말 조심해야 하는 부분입니다. 하지만 가끔 그럴 때가 있어요. 백체크 장면이 담긴 테이프를 재생한 다음 이렇게 말합니다. '셔티(포워드 토미 셔트)를 잘 봐. 저 빌어먹을 자식 움직임 기가 막히지? 저 녀석이 수비 제치는 것 보이나?' 모두가 열중합니다. 셔티의 백체크 덕분에 득점에 성공하더라도, 득점을 올린 선수나 어시스트에 성공한 선수를 전혀 언급하지 않습니다. 심지어 존재하지 않는 것처럼 취급합니다. 오직 셔티와 훌륭한 백체크, 우리가 40을 위한 40이기에 이렇게 할 수 있었다는 이야기를 이어갈 뿐입니다. 모든 선수가 이 상황을 음미하죠. 다음 연습에서도 모두가 자발적으로 매진합니다."

작고 건실한 행동을 바탕으로 목표를 수립하는 리더는 페크놀드 말고도 많다. 마이어는 소금통이 테이블 중앙에서 조금이라도 벗어나면 바로 제자리로 옮겨놓는다. KIPP를 설립한 데이브 레빈(Dave Levin)은 개학 첫날이면 몸소 학생들의 물통과 공책을 칼같이 정리한다. 픽사는 본편을 배포하기 전에 상영하는 단편 애니메이션을 위해 수백 시간을 투자한다. 기술적 부분과 스토리텔링의 질을 향상시키기 위해 이렇게 많은 시간을 투자하지만, 단편에 자원을 쏟아부은들 손해만 늘어나기 마련이다. 하지만 그들은 다른 식으로 투자금을 회수할 수 있다. 스튜디오의 젊은 인재에 투자하고, 실험을 시도하기 때문이다. 무엇보다도 중요한 것은 이 과정을 통해 모든 작업에 깃든 그들의 관심, 노력, 탁월함을 과시한다는 사실이다. 달리 말하면, 이렇게 제작한 단편은 회사를 구성하는 모든 공동체의 이야기를 담고 있다.

# 최고의 팀은
# 그냥 만들어지지 않는다

책을 쓰는 일은 다른 모든 모험과 마찬가지로 나를 변화시킨다. 지난 4년
간 이 프로젝트에 매진하면서 나 스스로 지금껏 간과했던 미묘한 교감의
순간들에 눈뜰 수 있었다. 특정한 장소(빵집, 아이들의 학교, 주유소)에서 작
은 소통을 활용해 화합의 문화를 구현하는 모습이 눈에 들어왔다. 자신의
단점을 내보이며 진솔한 대화를 유도하는 리더들을 존경하게 되었다. 집
에서는 지금까지와 완전히 다른 부모가 되어 있었다. 말수를 줄이는 대
신, 소속감을 늘리는 방법에 매진했다(카드 게임이 제일 효과가 좋았다). 마치
갑자기 엑스레이를 눈에 단 듯한 느낌이었다. 새로운 스포츠를 배우는 것
과 비슷했다. 처음에는 서투르지만, 이내 점점 나아진다.

나는 한 팀을 지도하면서 이러한 언어를 가장 많이 사용했다. 스포츠
팀이 아니라 두 딸이 소속된 글쓰기 팀이었다. 오하이오주 클리블랜드하
이츠에 자리 잡은 러펑중학교에는 글쓰기 팀이 있는데, 이 팀은 주 단위
로 열리는 '펜의 힘'이라는 대회에 출전했다. 학생들은 1년 내내 대회를
준비하며 연습에 매진했다. 이 대회에서 주최 측은 3가지 단문을 주고('비
밀을 지키세요' 또는 '숨은 보석') 각각의 단문을 소재로 스토리를 창작하라고

주문한 다음, 채점을 하고 순위를 매겼다. 아주 흥미롭고도 영감을 불러 일으키는 행사였다. 글쓰기에 깃든 창의성을 스포츠 시합의 스코어보드 에서나 느낄 수 있는 아드레날린과 결합시켰기 때문이다. 러핑중학교는 전통적으로 이 행사를 매우 중요하게 여겼다. 지난 10년간(나는 2년간 이 팀을 지도했다) 학생들은 1차 시험에는 통과했지만 그 이상의 성적은 좀처럼 내지 못했다. 이 결과는 당연해 보였다. 러핑중학교는 전교생이 40명밖에 안 되는 작은 중학교로, 오하이오주 전체에 널린 대형 중학교들과 경쟁했 기 때문이다. 하지만 나는 생각했다. 좀 더 잘할 수 없을까? 2014년, 나는 밑져야 본전이라는 생각으로 이 책을 집필하면서 깨달은 몇 가지 아이디 어를 우리 팀에 응용해보았다.

10월 첫째 주 연습 세션에서는 9명의 학생들을 선발했다. 캐서린, 카 슨, 엘리, 발라, 캐럴라인, 나스미, 데이비드, 네이선, 조로 구성된 이 팀은 글재주가 뛰어나고 의욕도 넘쳤다. 발라와 엘리 같은 아이들은 자신감이 넘치는 것은 물론 뛰어난 필력을 자랑했다. 카슨과 캐럴라인처럼 이제 막 글쓰기 역량을 펼치기 시작해, 주저하는 기색이 역력한 아이들도 있었다. 나 또한 조심스럽기는 마찬가지였다. 과거에는 팀을 가르치면서 전통적 이고 권위적인 방법을 선호했다. 말을 많이 하는 한편, 강의하는 투로 말 하고 아이들의 습작에 피드백을 제공했다. 교육자들의 용어를 빌리자면, 나는 이른바 '무대 위의 성현(the sage on the stage)'이었고, 이러한 태도를 유지하는 것이 편했다. 하지만 그해만큼은 달랐다.

우선 자리 배치부터 바꿨다. 예전에는 각자 작은 테이블을 하나씩 차지 하고 널찍이 흩어져 앉았지만, 지금은 테이블 4개를 가운데로 모아 큰 테 이블 하나를 만들었다. 이렇게 만든 테이블 주변으로 10명 모두가 바싹 붙어 앉았다. 나는 좋은 글쓰기에 대한 강연을 시작하지 않고 이렇게 질문을 던졌다.

"지금 너희가 제일 좋아하는 책이 뭐니?" 서로 돌아가며 자신의 생각을 말했다(『해리 포터』와 『헝거 게임』이 한 번 이상 등장했다). 곧이어 나는 왜 방금 말한 책들이 그렇게 좋았는지를 물어보았다.

"주인공이 고아이기 때문이에요." 엘리는 말했다. "모든 좋은 이야기들에는 고아들이 주인공으로 등장하죠."

"아주 격한 전쟁이 벌어지기 때문이에요." 네이선이 말했다. "모든 사람들이 죽어가고 있어요. 끔찍한 전쟁 속에서 그들이 살아남기를 바라게 되죠."

"그냥 너무 좋아서요." 카슨은 말했다.

"왜 그렇지?" 나는 물어보았다.

카슨은 마른침을 삼켰다. 검은 눈동자의 카슨은 키가 크고 깡마른 체형의 아이였다. 예의가 바른 카슨은 단어를 신중히 선택했다. "스토리를 읽으면 주인공을 정말 걱정하게 되거든요." 그는 대답했다.

"그렇구나." 나는 단어 하나하나에 힘이 들어가도록 말의 속도를 늦췄다. "그 말이 맞는구나." 나는 카슨과 하이파이브를 나눴고, 그는 미소로 화답했다.

나는 또 다른 질문을 던졌다. "글쓰기를 좋아하지 않는 이유는 뭐지?" 아이들은 주저하지 않고 대답했다. 아이들은 무엇을 쓸지 생각을 쥐어짜는 게 싫었다. 스토리가 쉽게 떠오르는 경우도 있지만, 그렇지 않은 경우도 많았다. 아이들은 빈 종이를 쳐다보며 무엇을 써야 할지 고민해야 했다.

"머리가 텅 비는 경우가 많아요." 아이들을 대표해 캐서린이 말했다. "글을 쓰다가 갑자기 아무것도 생각이 나지 않거든요."

그 순간 나는 모두를 상대로 뭔가를 나누고 싶다고 말했다. 나는 가방을 열고 과감한 동작으로 종이 한 뭉치를 꺼냈다. 바로 이 책의 초안이었다. 아이들은 원고를 아주 열심히 탐독했다. 그들은 작가인 내가 완전무결한 문장력을 보여줄 거라 기대했지만, 이내 내 글이 완벽과는 거리가 멀다는 사실을 깨달았다. 손으로 수정하고 삭제한 흔적, 옆 여백에 갈겨 쓴 교열 내용 등이 가득했다. 아예 가위표를 쳐버린 페이지도 있었다. 책을 여러 권 출간한 작가의 글처럼 보이지 않았다. 마치 F 학점을 받은 학교 숙제와도 비슷했다.

네이선은 눈을 크게 뜨고 이렇게 말했다. "이게 정말 선생님이 쓰신 거 맞아요?"

"그래, 그렇단다." 나는 대답했다.

"자주 이러세요?" 발라가 물었습니다. "그러니까, 정말 이렇게 자주 고치시는지……."

"항상 그렇지."

나는 아이들에게 내가 쓴 글 중에 완벽한 글은 하나도 없다는 사실을 말해주었다. 내가 얼마나 자주 헤매고, 스토리를 구성하기 위해 고군분투하는지를 고백했다. 얼마나 자주 실수하고, 그러한 실수를 파악하고 고치는 과정에서 얼마나 실력이 느는지를 알려주었다. 실수를 하지 않으면, 나아질 수 없다.

나는 곧 아이들에게 짧은 문장 하나를 제시했다. 15분 후, 펜을 내려놓으라고 말한 다음 간단한 규칙을 설명했다. 모두가 자신의 글을 큰 소리로 읽어야 하고, 모두가 피드백을 주어야 하는 것이다. 이로써 교사가 권위를 행사하는 모델에서 벗어나 AAR이나 브레인트러스트와 마찬가지로 모든 구성원이 같이 배우는 소통 방식을 창조할 수 있었다.

이러한 시도가 단번에 성공한 것은 아니다. 일부 학생들은 크게 읽는 것을 멋쩍어했고, 친구의 스토리를 비평하는 데에도 서툴렀다. 하지만 시간이 지날수록 나아졌다. 처음에 자신의 이야기를 읽어주기 싫어했던 캐럴라인은 점차 마음을 열었고, 좋아하는 공상과학소설의 이야기로 우리를 인도했다. 처음에 다른 아이들의 글을 비평하기 주저했던 나스미는 따뜻하고 날카로운 지적을 내놓기 시작했다. 우리는 유효하면서도 더 나은 형식을 피드백 과정에 도입했다. 우선 스토리의 긍정적인 부분을 칭찬한 다음, 개선을 위한 아이디어를 제시하는 방법이었다. 시간이 지나면서 이러한 소통은 습관처럼 자리 잡았다. 팀은 전형적인 수업의 양상을 탈피해 스파게티 마시멜로 도전에 참가한 유치원 아이들처럼 행동하기 시작했다. 어깨를 맞대고 작업하며, 문제를 바로잡고, 두뇌를 하나로 합친 것처럼 생각했다.

나는 이러한 소통을 어떻게 뒷받침할 수 있을지에 집중했다. 누군가 특별히 괜찮은 스토리를 쓰거나 날카로운 코멘트를 날리면 말없이 하이파이브를 나눴다. 대니 마이어와 마찬가지로, 나는 현장을 구호로 채웠다. 내가 만든 구호를 통해 글을 쓰고 바로잡는 과정으로 아이들을 이끌 수 있었다. 그중 한 구호는 '문제의 위력'으로, 제일 효율적인 스토리는 거대한 문제와 싸우는 주인공으로 구성된다는 사실을 일깨울 수 있었다. 문제가 클수록 좋았다(에이허브 선장은 피라미를 쫓지 않는다). 또 다른 구호는 '네 카메라를 활용하라'로, 관점을 조종하라는 교훈을 일깨웠다(일인칭 시점인지, 삼인칭 전지적 시점인지). 나는 특히 '모든 스토리에는 VOW가 있어야 해요'라는 구호를 귀에 못이 박히도록 반복했다. VOW란 목소리(voice), 장애물(obstacle), 열망(wanting)을 뜻한다. '문제가 클수록, 스토리는 좋아진다', '너희는 창의력을 발휘하는 운동선수들이야. 서로 발전하도록 도와야 해'라는 구호도 강조했다.

하나부터 열까지 쉽지 않은 과정이었다. 토론과 동기를 유발할 방법을 생각하기 위해 더욱 많은 반성이 필요했다. 무언가를 하지 '말아야' 하는 것도 고역이었다. 주도권을 쥐지 않고 주제에서 벗어난 자유로운 대화를 유도하는 것도 어색했다. 하지만 다른 한편으로는 더 편한 점도 있었다. 지식을 전달하는 데 초점을 맞추기보다(많은 준비가 필요하고, 정확도를 기해야 한다), 길잡이로 기능하며 집단이 작동하도록 놓아두고, 내가 관여할 순간을 관찰하며, 구호와 보디랭귀지로 일정한 인식을 창출했다. 여기에서 한 걸음 더 나아가 그들이 내린 멋진 결정을 부각하는 역할을 담당했다. 시간이 지날수록 우리 모두가 나아졌다. 어느덧 2월로 접어들며 함께 준비한 첫 대회가 다가왔다. 때맞춰 학교 선생님들은 팀의 작문 실력이 대단히 좋아졌다고 말해주었다.

지역 예선이 밸런타인데이에 열렸다. 그날 아침, 오하이오주 북동부에 눈보라가 덮쳐 눈이 10센티미터 넘게 쌓이고, 시속 70킬로미터의 강풍이 휘몰아쳤다. 우리는 폭설을 뚫고 대회장에 도착했다. 차량과 집들은 눈에 파묻힌 채 도로와 단절되었고, 비상 대기 인력들은 길가 곳곳에 집합해 있었다. 온통 흰색으로 변한 세상은 마치 좀비들의 세계 같았다. "이 폭풍우에 대한 스토리를 써야겠다." 조는 말했다. 나머지 아이들도 동의했고, 그들이 본 광경을 이야기로 엮어내기 시작했다. 대회장에 도착한 그들은 유리창 근처의 테이블을 차지했다. 그들은 하이파이브를 나눈 다음 교실로 흩어져 주제를 받고 스토리를 쓰기 시작했다. 2시간 후 그들은 녹초가 된 채 나타났다. 오후 3시경, 채점과 순위 집계가 끝났다. 주최 측은 우리를 비롯해 수백 명의 경쟁자들을 체육관에 밀어 넣고 우승자를 발표했다.

결과는 한마디로 끝내줬다. 7학년에서는 조가 14등을, 8학년에서는 네이선이 12등을 기록했다. 발라는 10등, 나스미는 4등, 엘리는 1등이었다. 그날 저녁, 우리는 8학년 우승 트로피를 들고 있었다. 몇 주 후 지역 대회에서도 우리 팀은 비슷한 성적을 거뒀다. 조는 학년 1등을 차지한 것은 물론, 대회 최우수상을 수상했다. 4명이 주 대회 출전 자격을 얻었다. 학교 역사상 최고의 성적이었다. 금상첨화로 엘리는 '유망한 젊은 작가 상'까지 수상했다.

하지만 내가 제일 강조하고 싶은 이야기는 따로 있다. 글을 많이 써본 적이 없는 8학년 학생 카슨의 이야기다. 카슨은 지역 예선의 문턱을 넘지 못했지만, 화요일 습작 세션에 늘 모습을 드러냈다. 카슨은 더 이상 자신이 쓴 작품을 나누는 데 주저하지 않았고, 자신의 창의력을 다른 방법으로 보여주었다(그해 봄, 카슨은 연극 〈앵무새 죽이기〉 공연에서 정의로운 변호사 애티커스 핀치를 멋지게 연기하며 교사와 학부형을 놀라게 했다).

팀 내에서 카슨은 전설의 캐릭터 자니 터프(Johnny Tough)에 대한 코믹 스토리를 시리즈로 쓰며 재능을 보였다. 자니 터프는 키가 크고 잘생긴 고등학생으로, 자신이 전 세계 최고의 미식축구 선수라는 황당한 자신감의 소유자였다. 자니 터프의 이야기를 훌륭히 만든 요소는 아무것도 필요 없다는 자니의 굳건한 자신감이었다. 그는 코치도, 팀도, 부모도, 심지어 헬멧도 필요 없다고 우쭐댔다. 그러다 보니 늘 우스꽝스러운 발언을 일삼았다. 하지만 스토리가 훌륭하게 느껴진 진정한 이유는 대부분 카슨과 팀이 소통하는 방식 덕분이었다. 매주 카슨은 거들먹거리는 걸걸한 목소리로 자니 터프가 최근에 벌인 좌충우돌 스토리를 펼쳐냈고, 팀은 그의 이야기에 폭소를 터뜨렸다. 우리는 세상 전부를 홀로 정복할 수 있다고 믿는 일탈한 영웅의 모습에 웃음을 참을 수 없었고, 스토리를 개선하기 위해 다 함께 작업을 시작했다.

## Prologue

높은 성과를 내는 데 문화가 끼치는 영향은 다음을 참조하라. John Kotter and James Heskett's Corporate Culture and Performance (New York: The Free Press, 1992); D. Denison and A. Mishra, "Toward a Theory of Organizational Culture and Effectiveness," Organization Science 6(1995), 204 –23; and G. Gordon and N. DiTomaso, "Predicting Corporate Performance from Organizational Culture," Journal of Management Studies 29(1992), 783 –98.

## Chapter 1

소속 신호에 관한 자세한 내용은 다음을 참조하라. W. Felps, T. Mitchell, and E. Byington, "How, When, and Why Bad Apples Spoil the Barrel: Negative Group Member and Dysfunctional Groups," Research in Organizational Behavior 27 (2006), 175 –222; J. Curhan and A. Pentland, "Thin Slices of Negotiation: Predicting Outcomes from Conversational Dynamics Within the First Five Minutes," Journal of Applied Psychology 92 (2007), 802 –11; and William Stoltzman's "Toward a Social Signaling Framework: Activity and Emphasis in Speech," master's thesis, MIT (2006).

사회적 신호를 측정하는 소시오미터에 관해 깊이 탐구한 알렉스 펜틀랜드와 벤 웨이버의 연구를 참조하라. Alex Pentland, Honest Signals (Cambridge, MA: MIT Press, 2008) and Social Physics(New York: The Penguin Press, 2014) ; Ben Waber, People Analytics(Upper Saddle River, NJ: Pearson FT Press, 2013).

심리적 안전이라는 개념을 창안한 윌리엄 칸의 저서를 참조하라. William Kahn, "Psychological Conditions of Personal Engagement and Disengagement at Work," Academy of Management Journal 11 (1990), 692–724. 이 분야에서 에이미 에드먼드슨이 일군 성과는 탁월하다. 그녀의 저서에서 많은 정보를 얻을 수 있다. Amy Edmondson, Teaming: How Organizations Learn, Innovate, and Compete in the Knowledge Economy (San Francisco: Jossey-Bass Pfeiffer, 2012).

## Chapter 2

구글의 애드워즈 엔진에 관한 자세한 내용은 스티븐 레비의 저서를 참조하라. Steven Levy, In the Plex (New York: Simon & Schuster, 2011).

다양한 조직행동 모델의 성공률에 관한 자세한 내용은 다음을 참조하라. J. Baron and M. Hannan, "Organizational Blueprints for Success in High-Tech Startups: Lessons from the Stanford Project on Emerging Companies," California Management Review 44 (2002), 8–36; and M. Hannan, J. Baron, G. Hsu, and O. Kocak, "Organizational Identities and the Hazard of Change," Industrial and Corporate Change 15 (2006), 755–84.

소속 신호와 행동의 변화에 관해서는 다음을 참조하라. G. Walton, G. Cohen, D. Cwir, and S. Spencer, "Mere Belonging: The Power of Social Connections," Journal of Personality and Social Psychology 102 (2012), 513–32; G. Walton and P. Carr, "Social Belonging and the Motivation and Intellectual Achievement of Negatively Stereotyped Students," in Stereotype Threat: Theory, Processes, and Application, M. Inzlicht and T. Schmader (eds.) (New York: Oxford University Press, 2012); A. Brooks, H. Dai, and M. Schweitzer, "I'm Sorry About the Rain! Superfluous Apologies Demonstrate Empathic Concern and Increase Trust," Social Psychological and Personality Science 5 (2014), 467–74; G. Carter, K. Clover, I. Whyte, A. Dawson, and C. D'Este, "Postcards from the Edge Project: Randomised Controlled Trial of an Intervention Using Postcards to Reduce Repetition of Hospital Treated Deliberate Self Poisoning," BMJ (2005); and P.

Fischer, A. Sauer, C. Vogrincic, and S. Weisweiler, "The Ancestor Effect : Thinking about Our Genetic Origin Enhances Intellectual Performance," European Journal of Social Psychology 41 (2010), 11 - 16.

우리의 두뇌에서 소속감과 정체성이 어떻게 작동하는가에 관한 내용은 다음을 참조하라. J. Van Bavel, L. Hackel, and Y. Xiao, "The Group Mind : The Pervasive Influence of Social Identity on Cognition," Research and Perspectives in Neurosciences 21 (2013), 41 - 56 ; D. Packer and J. Van Bavel, "The Dynamic Nature of Identity : From the Brain to Behavior," The Psychology of Change : Life Contexts, Experiences, and Identities, N. Branscombe and K. Reynolds (eds.) (Hove, United Kingdom : Psychology Press, 2015) ; and D. de Cremer and M. van Vugt, "Social Identification Effects in Social Dilemmas," European Journal of Social Psychology 29 (1999), 871 - 93.

## Chapter 3

크리스마스의 정전 협정 일화는 곳곳에서 인용되지만, 토니 애시워스와 스탠리 와인트라우브의 저서에서 가장 자세하게 다뤄진다. Tony Ashworth, Trench Warfare 1914 - 1918 : The Live and Let-Live System (London : Pan Books, 2000) ; Stanley Weintraub, Silent Night (New York : Plume, 2002).

이타심이 작동하는 원리는 다음을 참조하라. Robert Axelrod, The Evolution of Cooperation (New York : Basic Books, 1984) ; Michael Tomasello, Why We Cooperate (Cambridge, MA : MIT Press, 2009).

위프로(WIPRO) 실험에 관한 내용은 다음을 참조하라. D. Cable, F. Gino, and B. Staats, "Breaking Them In or Revealing Their Best? Reframing Socialization Around Newcomer Self-Expression," Administrative Science Quarterly 58 (2013), 1 - 36.

핵미사일을 관리하는 인력 현황에 대해 알고 싶다면 에릭 슐로서의 저서를 추천한다. Eric Schlosser, Command and Control (New York : The Penguin Press, 2013).

## Chapter 4

포포비치의 훈련 방식을 분석한 닐 페인의 연구는 파이브서티에이트 (FiveThirtyEight)의 기사를 통해 더 자세히 살펴볼 수 있다. FiveThirtyEight blog : https://fivethirtyeight.com/features/2014-nba-preview-the-rise-of-the-warriors/. NBA 선수들이 왜 이기적으로 행동하는가를 다룬 연구는 다음을 참조하라. E. Uhlmann and C. Barnes, "Selfish Play Increases During High-Stakes NBA Games and Is Rewarded with More Lucrative Contracts," PLoS ONE 9 (2014).

마법의 피드백에 관한 연구는 다음을 참조하라. D. Yeager, V. Purdie-Vaughns, J. Garcia, N. Apfel, P. Brzustoski, A. Master, W. Hessert, M. Williams, and G. Cohen, "Breaking the Cycle of Mistrust: Wise Interventions to Provide Critical Feedback Across the Racial Divide," Journal of Experimental Psychology: General 143 (2013), 804 – 24.

## Chapter 5

토머스 앨런의 연구 성과는 다음 책을 참조하라. Thomas Allen, Managing the Flow of Technology: Technology Transfer and the Dissemination of Technological Information Within the R&D Organization (Cambridge, MA: MIT Press, 1984).

맥가이버에 대한 셰이의 애정은 여전했다. 그를 만났을 즈음, 그는 '홀라크라시 (holacracy)'라 불리는 혁신적인 새로운 경영 기법을 도입했다. 이 경영 기법은 관리 자들이 실무자들을 감독하는 전통적인 방식 대신, 구성원들이 자발적으로 모여 책 임과 역할을 결정하는 협의체를 추구했다. 하지만 홀라크라시는 실패를 면하지 못 했다. 직원들이 한꺼번에 회사를 떠나, 자포스는 2016년 《포천》 선정 '일하기 좋은 직장 100위' 리스트에 오르지 못하는 수모를 겪었다. 지난 7년을 통틀어 처음 있는 일이었다. 이후 셰이는 '틸(Teal)'이라는 더욱 모호한 경영 기법을 도입했지만, 그것 이 성공을 거둘지는 아직 미지수이다.

## Chapter 6

감사의 표현이 지닌 힘은 다음을 참조하라. L. Williams and M. Bartlett, "Warm

Thanks: Gratitude Expression Facilitates Social Affiliation in New Relationships via Perceived Warmth," Emotion 15 (2014); and A. Grant and F. Gino, "A Little Thanks Goes a Long Way: Explaining Why Gratitude Expressions Motivate Prosocial Behavior," Journal of Personality and Social Psychology 98 (2010), 946–55.

샌드위치식 피드백의 단점은 다음을 참조하라. C. Von Bergen, M. Bressler, and K. Campbell, "The Sandwich Feedback Method: Not Very Tasty," Journal of Behavioral Studies in Business 7 (2014).

이메일은 다양한 소속 신호를 담고 있는 창고와 같다. 이메일이 어떻게 조직의 내부를 드러내는지 밝힌 2가지 연구 자료를 참조하라. L. Wu, "Social Network Effects on Productivity and Job Security: Evidence from the Adoption of a Social Networking Tool," Information Systems Research 24 (2013), 30–51; and S. Srivastava, A. Goldberg, V. Manian, and C. Potts, "Enculturation Trajectories: Language, Cultural Adaptation, and Individual Outcomes in Organizations," Management Science, forthcoming.

## Chapter 7

1991년 5월 24일, 앨 헤인즈 기장은 미국 캘리포니아 에드워즈 소재 DFRF(Dryden Flight Research Facility)의 나사아메스연구센터(NASA Ames Research Center)에 서 유나이티드항공 232편이 어떻게 추락했는지 자세하게 설명했다. 녹취록은 다음 웹사이트에서 찾아볼 수 있다. http://clear-prop.org/aviation/haynes.html. 유나이티드항공 232편 추락 사건은 로렌스 곤잘레스와 얀 하겐의 저서를 참조하라. Laurence Gonzales, Flight 232 (New York: W. W. Norton & Company, 2014); Jan U. Hagen, Confronting Mistakes (London: Palgrave Macmillan, 2013).

유나이티드항공 232편의 일화는 승무원 자원 관리(CRM, Crew Resource Management)라는 훈련 절차와 관련이 있다. 이 훈련 절차는 조종사의 실수로 일어나는 추락 사고를 방지하기 위해 1970년대 후반 미국연방교통안전위원회(National Transportation Safety Board)에서 수립했다. CRM을 통해 '조종사는 언제든 옳다'라는 하향식 문화가 신속하고 형식적이지 않은 의사소통으로 바뀌었다. 또한 기장과 승무원을 대상으로, 비행 도중 생기는 문제를 파악하고 함께 해결하는 간단한 행동과 습관에 대한 교육이 이뤄졌다. 헤인즈 기장 또한 232편의 추락 사고가 일어나기 전 몇 주에 걸쳐 CRM을 받았으며, 이 프로그램이 그와 동료들의 생명을 구했다고 말했다.

## Chapter 8

개인과 집단 내부의 친밀감을 유발하는 과학적 원리는 다음을 참조하라. A. Aron, E. Melinat, E. Aron, and R. Bator, "The Experimental Generation of Interpersonal Closeness: A Procedure and Some Preliminary Findings," Personality and Social Psychology Bulletin 23 (1997), 363–77; W. Swann, L. Milton, and J. Polzer, "Should We Create a Niche or Fall in Line? Identity Negotiation and Small Group Effectiveness," Journal of Personality and Social Psychology 79, (2000), 238–50; and J. Chatman, J. Polzer, S. Barsade, and M. Neale, "Being Different Yet Feeling Similar: The Influence of Demographic Composition and Organizational Culture on Work Processes and Outcomes," Administrative Science Quarterly 43 (1998), 749–80.

신뢰의 기제에 관한 내용은 다음을 참조하라. D. DeSteno, M. Bartlett, J. Baumann, L. Williams, and L. Dickens, "Gratitude as a Moral Sentiment: Emotion-Guided Cooperation in Economic Exchange," Emotion 10 (2010), 289–93; and B. von Dawans, U. Fischbacher, C. Kirschbaum, E. Fehr, and M. Heinrichs, "The Social Dimension of Stress Reactivity: Acute Stress Increases Prosocial Behavior in Humans," Psychological Science 23 (2012), 651–60. For a deeper exploration, see David DeSteno's The Truth About Trust (New York: Hudson Street, 2014).

빨간 풍선 도전 사례는 다음을 참조하라. J. Tang, M. Cebrian, N. Giacobe, H. Kim, T. Kim, and D. Wickert, "Reflecting on the DARPA Red Balloon Challenge," Communications of the ACM 54 (2011), 78–85; and G. Pickard,

I. Rahwan, W. Pan, M. Cebrian, R. Crane, A. Madan, and A. Pentland, "Time-Critical Social Mobilization," Science 334 (2011), 509 - 12.


## Chapter 9

네이비실의 탄생에 관해서는 엘리자베스 카우프만의 저서에 자세히 실려 있다. Elizabeth Kauffman, America's First Frogman (Annapolis, MD: Naval Institute Press, 2004).

업라이트 시티즌 극단에 관한 내용은 다음을 참조하라. Brian Raftery, High-Status Characters (New York: Megawatt Press, 2013); Matt Besser, Ian Roberts, and Matt Walsh, The Upright Citizens Brigade Comedy Improvisational Manual (New York: The Comedy Council of Nicea LLC, 2013); Kelly Leonard and Tom Yorton, Yes, And (New York: HarperBusiness, 2015); Kim Howard Johnson, The Funniest One in the Room: The Lives and Legends of Del Close (Chicago: Chicago Review Press, 2008).


## Chapter 11

벨 연구소에 관한 내용은 다음을 참조하라. David Gertner, The Idea Factory: Bell Labs and the Great Age of American Innovation (New York: Penguin Press, 2012). 아이디오에 관한 내용은 다음 문헌을 참조하라. Tom Kelley, The Art of Innovation (New York: Currency Doubleday, 2001) ; Tom Brown, Change by Design (New York: HarperBusiness, 2009).

동조에 관한 연구는 다음을 참조하라. C. Marci, J. Ham, E. Moran, and S. Orr, "Physiologic Correlates of Perceived Therapist Empathy and Social-Emotional Process During Psychotherapy", Journal of Nervous and Mental Disease 195 (2007), 103 - 11; C. Marci and S. Orr, "The Effect of Emotional Distance on Psychophysiologic Concordance and Perceived Empathy Between Patient and Interviewer," Applied Psychophysiology and Biofeedback 31 (2006), 115 - 28.

## Chapter 13

찌르레기의 항법 원리는 다음을 참조하라. M. Ballerini, N. Cabibbo, R. Candelier, A. Cavagna, E. Cisbani, I. Giardina, V. Lecomte, A. Orlandi, G. Parisi, A. Procaccini, M. Viale, and V. Zdravkovic, "Interaction Ruling Animal Collective Behavior Depends on Topological Rather than Metric Distance: Evidence from a Field Study," PNAS 105 (2008), 1232−37.

정신적 대비에 관한 가브리엘레 외팅겐의 연구는 다음을 참조하라. G. Oettingen, Rethinking Positive Thinking (New York: Current, 2014); G. Oettingen, D. Mayer, A. Sevincer, E. Stephens, H. Pak, and M. Hagenah, "Mental Contrasting and Goal Commitment: The Mediating Role of Energization," Personality and Social Psychology Bulletin 35 (2009), 608−22.

피그말리온 효과는 로버트 로즌솔과 레노어 제이콥슨의 연구를 참조하라. R. Rosenthal and L. Jacobson, "Teachers' Expectancies: Determinates of Pupils' IQ Gains," Psychological Reports 19 (1966), 115−18.

어떻게 스토리텔링이 동기 부여에 영향을 주는가를 분석한 내용은 다음을 참조하라. A. Grant, E. Campbell, G. Chen, K. Cottone, D. Lapedis, and K. Lee, "Impact and the Art of Motivation Maintenance: The Effects of Contact with Beneficiaries on Persistence Behavior," Organizational Behavior and Human Decision Processes 103 (2007), 53−67.


## Chapter 14

다음을 참조하라. C. Stott, O. Adang, A. Livingstone, and M. Schreiber, "Tackling Football Hooliganism: A Quantitative Study of Public Order, Policing and Crowd Psychology," Psychology Public Policy and Law 53 (2008), 115−41; C. Stott and S. Reicher, "How Conflict Escalates: The Inter-Group Dynamics of Collective Football Crowd Violence,'" Sociology 32, (1998), 353−77; A. Edmondson, R. Bohmer, and G. Pisano, "Speeding Up Team Learning," Harvard Business Review

79, no. 9 (2001), 125 –32; and A. Edmondson, R. Bohmer, and G. Pisano, "Disrupted Routines: Team Learning and New Technology Implementation in Hospitals," Administrative Science Quarterly 46 (2001), 685 –716.

## Chapter 15

다음을 참조하라. S. Reilly Salgado and W. Starbuck, "Fine Restaurants: Creating Inimitable Advantages in a Competitive Industry," doctoral dissertation, New York University Graduate School of Business Administration (2003).

## Chapter 16

다음을 참조하라. Ed Catmull with Amy Wallace, Creativity Inc. (New York: Random House, 2014).

Book in Book

# 팀워크를 예술로 만드는
# 60가지 방법

# 당신의 팀도 탁월해질 수 있다

위대한 팀은 어떻게 만들어질까? 뒤처진 팀 문화를 개조할 간단하면 서도 효과적인 팁은 없을까? 많은 리더가 이와 비슷한 고민을 할 것이 다. 그런데 이 고민을 해결하기 위해서는 조직 문화에 대한 편견부터 깨 야 한다.

지금까지 살펴본 것처럼, 디즈니, 애플, 네이비실 등 최고의 조직이 지 닌 강력한 문화는 소수의 특별한 리더십에 의해 형성되는 게 아니다. 평 범한 이들로 구성된 조직도 얼마든지 배울 수 있고 몸에 익힐 수 있다.

그렇다면 좋은 팀 문화란 구체적으로 어떤 모습일까? 여러분도 아마 둘 다 경험해봤을 것이다. 강한 문화를 지닌 조직의 따뜻하고 활기차면서 응집력 있는 모습과, 냉랭한 분위기 속에서 곳곳에서 문제가 터져 나오는 약한 문화의 대조적인 모습을. 혹시 여러분의 조직이 후자에 가까운가? 괜찮다. 지금부터 여러분은 올바른 훈련을 통해, 약한 문화도 얼마든지 강해지고 변할 수 있다는 걸 깨닫게 될 것이다.

나는 지난 10년 동안 구글, 픽사, 아이디오, 미국 여자축구 국가대표팀 과 미국 NBA 농구팀 샌안토니오 스퍼스 등 지구상에서 가장 성공적이 고 응집력 강한 집단의 문화를 연구했다. 그 결과물이 바로 이 책 『최고의 팀은 무엇이 다른가』다. 기업, 프로 스포츠 팀, 군대뿐 아니라 교육, 기술,

비영리 분야에서 최고의 성과를 올리는 단체들의 이면을 살피면서, 위대한 집단들이 강한 문화를 만드는 다양한 행동 방식과 유대감을 키우고 팀 케미에 불을 붙이는 습관 등을 찾아 정리했다. 지금부터 살펴볼 부분은 그 실전편이다. 누구나 자기 조직에 적용할 수 있도록 현장에서 충분히 검증을 거친, 탁월한 조직 문화를 만드는 핵심 기술들을 모았다. 그럼 이제 사용 규칙부터 간단하게 살펴보자.

### 규칙 1: 팀의 현재 위치에서 시작하자

혹시 훌륭한 조직 문화에서는 문제 상황이나 의견 충돌이 없을 거라 생각하는가? 단언컨대 그렇지 않다. 오히려 강력한 문화는 수많은 문제와 씨름하고 실패하는 과정 속에서 탄생한다. 강하고 안전한 유대감 속에서, 그런 위기들을 배움과 개선의 지렛대로 쓰는 것이다.

먼저 여러분 집단의 강점과 약점을 돌아보는 것부터 시작하자. 소속감을 키우는 데는 능숙하지만, 목표를 세우는 게 힘든가? 위험을 공유하는 데는 능숙하지만, 모두에게 강한 유대감을 심어주지는 못하는가? 먼저 강점에 기반을 두고, 천천히 약점을 해결하자.

### 규칙 2: 명령하지 말고 대화하라

리더들은 이 책을 이용해 하향식으로, 빠르게 문화를 개선하는 프로그램을 만들고 싶을 수 있다. 그런 유혹은 뿌리치자. 단순히 규정만 준수한다고 집단 문화가 개선되진 않으니까. 그보다는 함께 탐색하는 시간을 갖고, 공동 행동을 통해 성찰과 대화의 기회를 만들고, 그 행동이 우리를 어디로 이끄는지 확인하자. 이를 위해 훌륭한 집단 문화를 기르고 진행 상황을 체크하는 활동들을 뒤에 포함시켜 뒀다.

## 규칙 3: 절대적인 규칙은 없다

이 책을 그대로 따를 필요는 없다. 아직 더 개선 여지가 있는, 어느 정도 검증된 실전 팁 정도로 생각하자. 여러분은 개별적인 필요에 맞춰서 그것들을 테스트하고 조정해서 맞춤 구현해야 한다. 자기 조직에 효과적인 팁이 뭔지 알아냈다면, 나머지는 신경 쓰지 않아도 된다.

문화는 항상 바뀌고 진화한다. 여러분이 할 일은 꾸준한 행동으로 그걸 강하고 건전하게 유지하는 것이다. 무엇보다 위대한 문화가 특정 집단만의 것이라는 구시대적인 생각을 버리자. 문화는 마법이 아니다. 돌에 확고하게 새겨진 절대 법칙도 아니다. 여러분 집단의 문화는 공동의 목표를 위해 노력하는, 구성원들의 생생한 관계로 구성되어 있다. 그리고 그것은 지금부터 여러분이 실천할 행동과 습관들을 통해 만들어진다.

# 팀 현실 인식

집단을 정의하는 일부터 시작하자. 먼저 여러분이 소속된 팀의 이름을 적는다. 함께 일하는 빈도가 가장 높고, 그 팀의 성공이 여러분의 성공과 연결된 팀의 이름을 적자. 규모가 큰 팀보다는 작은 팀을 떠올리는 게 좋다.

우리 팀의 이름은 _____ 이고,

우리의 주 업무는 _____

_____ 이다.

현재 여러분 집단의 문화는 얼마나 강한가? 바람이 아니라 실제로 어떤지를 묻는 것이다. 1부터 5까지 점수 중 해당되는 칸에 표시해보자

# 안전성

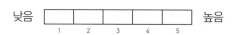

낮음 | 1 | 2 | 3 | 4 | 5 | 높음

1 · 유대감을 느끼는 사람이 아무도 없다.
5 · 모두들 강한 소속감을 느낀다.

여러분 집단의 안전성 수준은 어떤가?

# 커뮤니케이션

낮음  높음
1　2　3　4　5

1 ・ 다들 남과 어울리지 않는다.
5 ・ 서로를 믿고 아무리 힘든 일도 전부 공유한다.

여러분 집단의 커뮤니케이션 수준은 어떤가?

_____

_____

_____

_____

# 목적의식

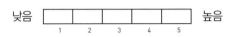

낮음 [ 1 2 3 4 5 ] 높음

1 · 방향성이 없다
5 · 더 큰 공동의 목표를 향해 나아간다.

여러분 집단의 목적의식 수준은 어떤가?

_____

_____

_____

_____

이제 하나씩 자세히 살펴보자.

　우리 집단은 어떨 때 가장 좋은 모습인가? 구성원에게 강한 유대감과 공통의 목적의식을 불어넣는 활동이 무엇인지 설명해보자. 다큐멘터리 영화 제작진이 사무실을 방문했다고 상상하는 것도 도움이 될 수 있다. 그들은 어떤 모습을 목격하게 될까? 팀의 앞길을 가로막는 구체적인 장벽들, 즉 안 좋은 습관이나 제약 등도 얘기해보자.

장벽1. _____

_____

_____


장벽2. _____

_____

_____


장벽3. _____

_____

_____

우리 팀의 매우 근본적인 문화로, 절대 바꾸면 안 되는 건 무엇인가? 반대로, 딱 한 가지만 바꿀 수 있다면 무엇을 바꾸겠는가?

_____

_____

_____

# STEP1

소속감

팀보다
큰 개인은 없다

"당신은 여기에 소속되어 있다."

　강한 문화권에 들어서는 순간부터 누구나 느낄 수 있다. 모두가 따스한 결속감을 느끼며 집단 전체가 한몸처럼 생각하고 행동한다는 것을. 한두 사람의 리더가 아니라, 모두가 철저하게 '원 팀'으로 움직이는 상황을 우리는 '팀 케미가 좋다'고 말한다. 연구에 따르면 이러한 집단 케미스트리(보다 정확한 용어로 표현하자면 심리적 안전)는 구성원들이 작지만 생생한 소속 신호들을 지속적으로 나누는 과정에서 생긴다. 이를 통해 다음과 같은 명확한 메시지를 전달하는 것이다.

▶ 우리는 서로 연결되어 있다.
▶ 우리는 미래를 공유한다.
▶ 우리는 당신을 신경 쓴다.
▶ 당신은 여기서 자유롭게 목소리를 낼 수 있다.
▶ 당신은 중요한 존재다.

　소속 신호는 우리 뇌에 '경계 모드'에서 벗어나, 주변 사람들과의 '연결 모드'로 전환하라고 신호를 보낸다. 그래서 강력한 문화는 특히 어떤 집단이 처음 모일 때, 처음으로 의견 불일치가 발생할 때, 뭔가를 함께 배울 때처럼 중요한 순간에 소속 신호를 대량으로 발산한다. 여러분이 이런 중요한 순간을 제대로 활용한다면(즉, 주변에 소속 신호를 쏟아붓는다면), 강력한 문화를 통해 안전한 토대를 만들 수 있다.

내가 좋아하는 팀 케미 전문가 중에 오스카상 후보에 오른 에바 두버네이(Ava DuVernay) 감독이 있다. 그는 촬영이 시작되기 전에 모든 제작진의 이름을 외우는 습관이 있다. 그녀는 《스테이츠맨》과의 인터뷰에서 이렇게 말했다. "나는 배우와 조명 담당자, 무대 담당자, 부식팀 담당자, 헤어 메이크업 담당자를 다르게 대하지 않아요. 우리는 모두 함께 영화를 만들고 있기 때문입니다. 누군가 카메라 앞에 있다는 이유만으로 다른 사람보다 뛰어난 사람이 되는 건 아니니까요."

지금부터 소개하는 활동들은 구성원에게 소속감을 만들며 팀 케미를 높인다. 이때 가장 중요한 목표는 단지 사람들을 안심시키는 게 아니다. 신입사원부터 CEO까지 모든 이들이 중요할 때 자기 목소리를 낼 수 있는 환경을 조성하는 것이다. 심리적 안전에 관한 연구 분야를 개척한 하버드대학교의 에이미 에드먼슨(Amy Edmondson)은 이렇게 말한다. "정말 엄청난 연구 결과가 나왔다. 사람들이 직장에서 자기 목소리를 낼 수 있다고 믿으면, 해당 조직의 학습 능력과 혁신성은 물론 성과까지 더욱 커진다."

**대화 시작**

심리적 안전에 대해 이야기하자. 이는 개인에게 매우 큰 영향을 끼치는 문제여서 매우 중요하다. 또한, 같은 상황에서 여러분은 강한 유대감과 소속감을 느꼈지만, 옆에 있는 사람은 그 반대일 수도 있다. 그러니 팀원들과 함께 이런 주제를 얘기할 때는 이해와 공감을 늘 염두에 두도록 하자.

1. 1부터 10까지의 점수로 평가할 때, 여러분 집단의 구성원들은 얼마나 안전하고 서로 연결되어 있다고 느끼는가? 집단 내에서 소외됐던 구성원들도 같은 생각인가? 그렇지 않다면, 그 이유는 무엇인가?

_____

_____

_____

2. 우리 집단의 구성원들은 자기 목소리를 자유롭게 낼 수 있다고 확신하는가? 만약 그렇지 않다면, 어떻게 얘기해줘야 할까?

_____

_____

_____

3. 새로운 사람이 집단에 들어왔을 때, 어떻게 그들이 소속감을 느끼게 할 수 있을까?

_____

_____

4. 재택근무를 하는 사람들과는 어떻게 관계를 맺고 유지해야 할까?

_____

_____

_____

---

1

# 똑똑한 얼간이를 제거하라

명석함은 눈부신 재능이다. 그래서 우리는 훌륭한 성과를 내는 똑똑한 사람은 성격이 안 좋거나 나쁜 행동을 해도 어느 정도 용납된다고 생각하는 경향이 있다. 그러나 그런 생각은 잘못이다. 유럽 축구 역사상 최고의 명감독으로 꼽히는 맨체스터 유나이티드의 전 감독 알렉스 퍼거슨 경이 27년간 팀을 성공으로 이끈 원칙은 단 하나였다. "팀보다 큰 선수는 필요 없다."

여러 연구 결과는 뛰어난 성과를 올리는 '똑똑한 얼간이'가 가져다주는 이득보다, 그들이 집단에 미치는 악영향이 더 크다는 걸 보여준다. 그런 얼간이들에 대한 무관용 정책은 네온사인처럼 번쩍이는 소속 신호를 구성원들에게 효과적으로 전한다. 그 누구도, 아무리 재능이 뛰어난 사람도, 그 집단의 나머지 사람들보다 중요하지는 않다. 이런 소속 신호는 정말 효과적이다. 연구는 서로 존중하는 집단의 구성원들이 그렇지 않은 집단보다 59퍼센트나 더 정보를 잘 공유한다고 말한다. 다음은 집단에서 얼간이를 효과적으로 제거하는 3가지 방법이다.

### 1. 이름 정하기

고용 과정에서부터 잘난 척하는 얼간이는 결코 환영받지 못한다는 사실을 분명히 밝혀야 한다. 보다 효과적인 방법은 '얼간이 평가' 항목을 추가하는 것이다. 예를 들어, NBA의 샌안토니오 스퍼스는 매년 드래프트에서 뽑을 선수들 수백 명을 평가한다. 슈팅 정확도, 스피드, 수비 기술 등 모든 요소를 평가하고 측정하는데, 평가서 하단에는 이런 짧막한 평가 항목이 있다. "□ 스퍼에 적합하지 않음."

▶ 어떤 쪽에 더 동의하는가?

A. 규칙은 반드시 지켜야 한다.

B. 때로는 규칙을 어길 수도 있다.

▶ 가장 선호하는 것은 무엇인가?

A. 다른 사람들에게 어떻게 지내는지 물어보는 것.

B. 과거에서 벗어나는 것.

▶ 직장에서 자신의 모습은 어느 쪽에 가깝다고 생각하는가?

A. 혁신가.

B. 고객들의 대변인.

(답안 B, A, B를 선택한 사람은 누군가에게 유해한 행동을 할 가능성이 작다.)


2. 널리 알리기

"얼간이는 환영하지 않는다"라는 메시지를 일관되게, 창의적으로 전한다. 회사 벽에 크게 써놓자. 직원들에게 나눠주는 안내서에도 꼭 적어놓고, 용납할 수 없는 구체적인 행동(예: 거드름 피우기, 무례하게 굴기, 특별대우 요구하기)을 명시한다. 연설이나 프레젠테이션, 전체 회의에서도 반복해서 얘기하자. 뉴질랜드 럭비 팀 올블랙스의 구호를 다시 한번 떠올리자. '얼간이는 사절!'

다른 집단도 비슷한 규칙을 이용한다. 이 방법은 간단하면서도 누구나 주목할 수밖에 없기에 효과적이다.

3. 맞서기

얼간이처럼 행동하는 사람이 있다면 남들이 모르게 재빨리 불러내서 이야기하자. 이때 그 사람의 개인적인 성격보다는 특정한 행동에 초점을 맞춰야 한다. 만약 그런 패턴이 계속된다면, 망설이지 말고 헤어져라. 단번에 나쁜 행동을 전부 없앨 수는 없다. 그러나 집단보다 중요한 개인은 없다는, 일관되고 확실한 메시지는 전할 수 있다.

---

**2**

# 표정을 읽어라

베테랑 네이비실 지휘관은 이렇게 말한다. "우리 얼굴은 문과 같아요. 팀원들이 그것을 항상 열어놓을 수 있도록 애써야 합니다."

이 말은 표정의 중요성을 강조한다. 특히 눈 위의 근육, 즉 이마근이라는 근육이 중요하다. 우리는 그것을 이용해 눈썹을 치켜올리거나 눈을 크게 뜨면서 집중과 열정, 참여의 신호를 보낸다. 심리학자 크리스 프리스(Chris Frith)에 따르면, 우리 눈과 눈썹, 이마의 신호는 매우 진실하고 강력하다. 반면 얼굴 아래쪽의 신호는, 예컨대 예의상 짓는 미소처럼 쉽게 꾸며낼 수 있다. 그래서 안전성을 확보하기 위해 가장 중요한 근육은 이마근이다. 특히 원격 근무로 다른 신호를 많이 보낼 수 없을 때는 더욱 그렇다.

# 아이스 브레이킹을 활용하라

강력한 문화가 있는 곳에서는 시작을 매우 중시한다. 그래서 그런 집단에서는 다소 진부하게 여겨지는 도구인 '아이스 브레이킹'을 잘 활용한다. 팀의 화합을 위해 사람들이 차례대로 개인적인 질문에 답하는 것인데, 이를 잘 활용하는 비법이 있다. 바로 모두가 어색한 분위기 자체가 포인트임을 이해하는 거다. 서로 취약성을 보인 사람들은 더 가까워진다. 그걸 전술적으로 활용할 효과적인 팁을 몇 가지 알려주겠다.

1. 아이스 브레이킹을 구분해서 쓰자

처음 만난 사람들끼리 사용할 아이스 브레이킹과 이미 안면 있는 구성원들이 새 프로젝트 작업을 위해 모였을 때 사용할 아이스 브레이킹을 구분하자. 그 둘은 기능이 매우 다르다. 전자는 동료들의 인간적인 부분(그들이 좋아하고 싫어하는 것, 관심사 등)을 알아가기 위해 쓰고, 새로운 프로젝트를 위한 아이스 브레이킹은 힘을 북돋고 일을 명확하게 정의하기 위해 쓴다.

▶ 처음 만날 때: 여러분이 경험한 최고의 날에 대해 얘기해보자. 최악의 날은 어땠는가? 어린 시절을 생각하면 어떤 음식이 떠오르는가? 그 이유는 무엇인가? 처음 구입한 차에 대해서도 얘기해보자.

▶ 새 프로젝트를 시작할 때: 이번 프로젝트에서 가장 기대하는 부분은 무엇인가? 또한 가장 경계하고 있는 일은 무엇인가? 어떤 기술을 키우는 데 가장 관심이 있는가?

## 2. '짝지어 공유하기' 방법을 쓰자

전체 집단 앞에서 자신의 나약한 모습을 보이는 건 쑥스러울 수 있다. 먼저 두 사람씩 짝을 지어 아이스 브레이킹 과정을 거친 다음에 전체 집단 앞에서 서로의 답을 공유하게 하자.

## 3. 가장 영향력 있는 사람부터 먼저 공유하자

편한 분위기를 만들고 취약성을 정상화하는 데 도움이 된다.(24번 팁 참조)

---
◆ 4 ◆
---

# 재택근무의 장점을 최대화하라

사람들에겐 사무실에 나와서 일하는 게 재택근무보다 효율적이란 편견이 있다. 이를 '쿨키드 편견(Cool Kid Bias)'이라고 하는데, 다른 사람들과 가까이 있는 것을 좋아하는 우리 뇌의 특성에 따른 자연스러운 편견이다. 또, 사무실에 모습을 보이는 게 승진 사다리를 오르는 데 유리하다는 생각 때문에 더욱 증폭된다. 이런 편견을 아주 피할 순 없지만, 너무 강하면 팀워크를 해친다. 다음은 이를 막을 수 있는 4가지 방법이다.

1. 사무실에서 생긴 일을 전부 전달한다

쿨키드 편견은 정보의 비대칭성으로 가속화된다. 따라서 정보 균형을 회복하는 게 해결책이다. '슬랙' 같은 프로그램을 이용해 사내에서 벌어진 일들을 정리하는 디지털 파이프라인을 만들자. 중요한 사건, 해결책, 회의 안건, 메모, 질문, 심지어 새로 발생한 사소한 일들로 그것을 채워보자. 재미있거나 기억에 남는 일, 또는 공유할 만한 일인지 확신이 들지 않는 일들도 그냥 공유하는 게 좋다.

2. 재택근무의 이점을 강조하자

최근 몇 년간, 팬데믹으로 인해 재택근무가 꽤 일상화됐지만, 그게 구성원 사이에 소외감이나 거리감을 조성할 수 있다는 사실은 잊기 쉽다.

현명한 집단은 재택근무의 장점은 살리면서, 단점은 줄이려 노력한다. 최근에 참석한 한 회사의 회의에서는 재택근무 직원들의 가정에 새로 태어난 아기들을 축하하는 시간이 있었다. 리더는 이들이 가족과 더 많은 시간을 함께할 수 있는 게 얼마나 좋은지 말했다. 재택근무가 지닌 커다란 인간적 가치를 확실하게 깨닫게 된 시간이었다.

### 3. 평등을 추구하자

대부분의 가정에서는 여성이 가사에 더 많은 책임을 지는 경향이 있다. 자연스레 재택근무가 병행되는 하이브리드 직장에서 남성의 대면 근무 비율이 더 높아지는데, 이는 자칫 직장 내에서 성별 격차를 확대시킬 수 있다. 이 경우 여성은 직장에 소속감을 느끼지 못하고 외로움과 스트레스를 느끼게 된다. 따라서 고용주는 육아나 가사 등과 관련해 업무 일정을 유연하게 조정해주고, 유급 육아 휴직이나 가족 간호 휴직 제도 등을 마련해야 한다. 또, 모든 직원이 다른 직원들과 직접 만나 관계를 맺을 수 있도록, 교대 근무일 도입도 고려하자.

### 4. 대면 근무를 부스터 샷처럼

직접적인 소통은 온라인 소통보다 다채롭고 생산성도 높다. 특히 창의성 면에서는 더 그렇다.(11번 팁 참조) 소프트웨어 개발 회사인 깃랩(GitLab)처럼 모든 직원이 재택근무를 하는 경우, 동료들을 직접 만날 수 있도록 보조금을 지급하자. 이런 방문은 업무 수행이 목적이 아니다. 협업의 토대가 되는 관계 형성을 위한 것이다.

# 피자 두 판 규칙을 명심할 것

프로젝트 팀의 규모는 클수록 좋다고 생각하는가? 어쨌든 두뇌가 많을수록 더 똑똑한 팀이 되지 않겠는가 하고 말이다.

하지만 그건 틀린 생각이다. 프로젝트 팀의 인원은 항상 6명 이내로 유지해야 한다. 그 이유는 수학에 있다. 6인조 팀 안에서는 2인 관계가 15개 생긴다. 모든 구성원이 팀에 기여하면서, 각자의 생각을 공유할 수 있는 알맞은 규모다. 하지만 12명으로 구성된 팀에는 무려 66개의 2인 관계가 생긴다. 당연히 관리가 훨씬 어려워진다.

그러니 팀을 꾸릴 땐, 피자 두 판 규칙을 늘 염두에 두자. 그래야 관리 가능한 규모에서, 구성원들이 자유롭게 창의성을 발휘하고 유대감과 소속감도 느끼는 최고의 환경을 만들 수 있다.

# 지나칠 정도로 감사하라

매우 성공적인 문화권 안으로 들어가면, 감사 인사를 지나칠 정도로 자주 듣게 된다. 예를 들어, 샌안토니오 스퍼스의 코치 그레그 포포비치는 NBA 시즌이 끝날 때마다 선수들을 불러서 감사 인사를 한다. "자네를 코칭할 수 있게 해줘서 고맙네."

사실 그럴 필요가 있을까 싶다. 포포비치와 선수들은 모두 프로이고, 자기 일을 하며 충분한 보상만 받으면 그만이다. 하지만 성공한 문화를 지닌 조직에서는 항상 이런 분위기가 조성된다. 이런 인사는 단순히 감사를 표하는 것에서 끝나는 게 아니라, 관계를 긍정하고 소속감을 키우기 때문이다.

예를 들어, 우리는 앞서 뉴욕 할렘에 있는 매우 성공적인 자율형 공립학교 KIPP 인피니티의 교사 제프 리의 감사 이메일을 살펴봤다.(95~97쪽 참조) 다소 과하게 보일 수 있지만, 이런 감사 인사는 강력한 하류 효과를 발생시킨다. 애덤 그랜트와 프란체스코 지노는 피실험자들에게 '에릭'이라는 가상의 학생이 입사 지원서를 쓰도록 돕게 했다. 그를 도와준 뒤 참가자 절반은 에릭에게 감사 인사를 받았지만, 나머지 절반은 애매한 답변을 받았다.

그 뒤에 다시 실험 대상자들은 '스티브'라는 다른 학생에게 도와달라는 요청을 받았다. 그러자 에릭에게 감사 인사를 받은 사람들이 돕겠다고 나선 경우가 애매한 답변을 받은 사람들보다 2배 이상 많았다. 다시 말해, 감사 인사는 사람들을 훨씬 관대하게 만든다. 안전감과 소속감, 의욕 등 좋은 에너지를 확산시키기 때문이다.

# 신규 직원을 정착시켜라

약한 팀 문화와 강한 팀 문화의 차이는 새로운 사람이 들어온 첫날부터 알 수 있다. 약한 문화는 온보딩 과정을 체크박스 식으로 진행한다. "이건 주차권이고요, 그다음엔 건강 보험 양식을 작성하시면 돼요."

그에 비해 강한 문화를 지닌 집단에서는 온보딩을 신규 직원의 안전감과 소속감을 키울 매우 중요한 기회로 여긴다. 다음은 'PALS 방식'이라고 하는 모범 사례다.

▶ 개인별 맞춤 환영: 신규 직원은 건물 안으로 들어가면서부터 환영을 받으며, 스크린이나 표지판에서 자기 이름을 확인할 수 있다. 재택근무를 하는 경우에는 로그인할 때 환영 문구가 뜬다. 그 뒤에 일하는 요령을 알려주고 앞으로 필요한 자원을 제공해 줄 사람과 연결시켜 준다.

▶ 기념품: 신규 직원은 팀에서 의미 있는 책이나 리더의 환영사, 의류, 해당 조직을 상징하는 물건 등을 받는다(재택근무의 경우 우편으로 발송). 예를 들면, 농기계 회사인 존 디어(John Deere)에서는 자기들이 처음으로 특허를 취득한 제품인 쟁기 모형을 신입사원에게 준다. '이것이 특별한 일의 시작점이다'라는 의미가 담긴 것을 주는 게 좋다.

▶ 팀원과의 점심 식사: 신규 직원은 동료와 함께 식사를 한다. 일에 대

한 애기를 나누라는 게 아니다. 편안한 분위기를 조성하면서 서로에 대해 파악하기 위해서다. 서로 멀리 떨어져 있다면, 가상 점심 데이트나 퇴근 후 해피아워를 함께 해도 좋다. 이때 회사가 돈을 지불하면 당연히 더 좋다.

▶ 상사와의 개별 면담: 신속한 면담을 통해 친밀감을 높이고 걱정을 줄여준다. 마이크로소프트에서 실시한 연구에 따르면, 상사와 빨리 개별 면담을 한 직원은 남보다 강력한 네트워크를 쌓고 강한 소속감을 느끼며 장기 근속율도 더 높은 것으로 나타났다.

---
◆ **8** ◆
---

# 가능하면 대면 업무부터

물리적 실재가 없는 상황에서 처음부터 강력한 팀 관계를 맺는 일은 매우 어렵다. 그래서 현명한 팀은 처음에는 대면 업무부터 시작한 다음, 짧은 대면 업무와 장시간의 재택근무를 번갈아 가면서 하게 한다. 좋은 소식은 물리적으로 함께 있는 시간이 별로 길지 않아도, 강력한 팀을 만들 수 있다는 것이다. 소프트웨어 회사 37시그널스(37Signals)에서는 재택근무를 하는 팀도 매년 두 차례씩은 4~5일간 직접 만난다. 그들은 이때 브레인스토밍, 브리핑 같은 일을 하는데, 주된 목적은 뭔가를 생산하는 게 아니라 공통의 이해를 형성하고 관계를 돈독히 하는 것이다.

# 진정한 재미를 활용하라

요즘엔 탁구대나 빈백 의자, 해피아워 서비스 등을 직원들에게 제공하는 조직이 많아졌다. 좋은 팀 문화를 형성하려는 나름의 시도들인데, 사실 그리 효과적이진 않다. 이럴 때에는 '얄팍한 재미'뿐 아니라 '깊은 재미'까지 활용해보자.

얄팍한 재미는 게임을 하거나 취미 활동을 하며 구성원이 즐거운 시간을 함께 보내는 걸 말한다. 이건 아드레날린 주사를 맞은 것 같은 효과를 준다. 즉, 에너지를 북돋지만 빠르게 사라진다.

반면 깊은 재미는 구성원이 조직 생활의 경험을 공유할 때 생긴다. 적절한 권한을 갖고 일에 관한 결정을 내리면서 책임까지 지는 것이다. 미국 여자축구 대표팀에서는 선수들이 연습 훈련을 선택하고 진행하는 걸 돕게 한다. 그뿐만 아니라 자신들의 영웅의 이름이 새겨진 유니폼을 입고, 중요한 경기를 뛸 때 신을 시그니처 운동화도 함께 디자인한다.

깊은 재미는 자신의 작업 공간을 설계하거나 집단의 온보딩 프로세스를 꾸릴 때, 팀이 자체적인 수련회를 준비하거나 성과를 낸 동료들에게 감사의 표시로 상품권을 줄 때도 생긴다. 이런 재미를 추구하는 조직은 늘 결실을 본다. 한 연구에 따르면, 깊은 재미를 추구하는 조직은 얄팍한 재미에만 집중한 회사에 비해 평균 매출이 4배 이상 많고 평균 수익도 2배 이상이라고 한다.

# '최고의 나' 문서를 공유하자

강력한 문화는 높은 수준의 집단 자각 능력을 가지고 있다. 즉, 모든 구성원이 다른 동료의 장점과 성향, 습관을 알고 있는 것이다. 이는 집단이 성과를 내는 데 도움이 된다. 이런 인식을 만드는 방법 중 하나가 '최고의 나' 문서를 이용하는 것이다. 각자 자신의 가치관, 선호하는 의사소통 방식, 기운을 북돋거나 소진시키는 활동 등을 한 페이지짜리 문서로 만들어 보자. 이 문서는 다음의 4가지 질문이 핵심이다.

▶ 나는 ＿＿＿＿＿＿＿＿＿＿＿＿＿＿＿＿＿＿＿ 를 할 때 최고의 모습을 보인다.

▶ 나는 ＿＿＿＿＿＿＿＿＿＿＿＿＿＿＿＿＿＿＿ 를 할 때 최악의 모습을 보인다.

▶ 내가 ＿＿＿＿＿＿＿＿＿＿＿＿＿＿＿＿ 할 것이라고 기대한다.

▶ 내가 당신에게 원하는 건 ＿＿＿＿＿＿＿＿＿＿ 이다.

서지 연구소의 카르미타 세마안(Carmita Semaan) 회장은 이렇게 말한다. "관계를 맺는다는 건 시간을 들여서 구성원 각자가 원하는 게 뭔지 이해하는 일이다. 무엇이 그들에게 동기를 부여하고 영감을 주는지, 무엇이 그들을 미치게 하는지 알아야 한다. '최고의 나' 문서를 활용하자. 그게 구성원들의 특정한 장단점까지 바꿀 순 없겠지만, 적어도 누군가 조직 내에서 어떤 모습을 보일지, 뭘 필요로 하는지, 다른 이들이 그를 어떻게 대하는 게 좋은지 솔직하게 알 수 있다."

프로젝트 기반 작업의 경우, 운영 기준, 역할 및 책임, 핵심 가치관, 커뮤니케이션 방법, 회의 진행 상황 등을 정리한 한 페이지 정도의 팀 헌장을 작성하는 것도 좋은 방법이다. 이 문서를 '최고의 우리' 문서로 공유하자. 어떤 방법을 사용하든 목적은 같다. 서로 굳이 말로 꺼내지 않았던 사실들을 밝혀서, 모두가 서로를 잘 탐색하고 상황을 명확하게 알게끔 하는 것이다.

---
◆ 11 ◆
---

# 일의 성격을 분리하라

우리가 하는 일에는 규칙적으로 처리할 일과 새로운 성과를 만드는 일, 2가지 유형이 있다. 생산성이 추구되는 전자의 경우, 재택근무가 더 효과적이고 효율적일 수 있다. 그러나 혁신을 모색하는 경우에는 물리적으로 함께 모여 일하는 게 좋다. 연구에 따르면, 같은 장소에 있는 작업자들은 원격 근무를 하는 작업자들보다 일에 관한 대화를 8배나 자주 나누고 훨씬 많은 아이디어를 창출한다.

그러니 우리도 일을 앞선 두 범주로 나누고 그에 따라 일정을 조정하자. 창의적인 프로젝트에 참여한 이들이 원격으로 작업하는 경우, 모든 사람이 원활하게 협업할 수 있도록 뮤럴(Mural) 같은 화이트보드 앱을 사용하는 것도 고려해보자.

# 감사 표시는 공개적으로

팀 문화는 관계를 가시화할 때 강해진다. 아마 가장 빠른 방법은 공개적으로 감사 표시를 하는 것이다. 감사는 대부분의 감정과 다르게, 주는 사람과 받는 사람 모두에게 에너지를 주며 강력한 힘을 발휘한다. 핵심은 구체성과 특수성이다. 단순히 "토냐의 헌신에 감사한다"는 말보다는 "우리 팀이 더 혁신적인 모습을 보일 수 있게 해준 토냐의 헌신에 감사한다. 덕분에 구체적인 해결책을 찾게 되었다"라는 식의 말이 더 효과적이다.

사람들이 공개적으로 감사를 나눌 수 있도록 '감사 채널'을 만드는 것도 고려해보자. 눈에 아주 잘 띄고 공유하기 쉬워야 한다. 괜찮은 채널은 지도 같은 기능을 한다. 집단 내에서 따뜻한 관계를 형성하며, 때로는 성과를 향상시킨 숨겨진 관계를 조명하기도 한다. 이때, 자신과 가까운 사람들에게만 감사하게 되는 편견을 의식하고, 모든 이의 공헌에 감사를 표하려 노력해야 한다. 특히, 사람들이 쉽게 간과하는 감정 노동에 대해 더욱 신경을 써야 한다.

# 불편함을 피하지 말라

모든 집단은 다양성과 형평성, 포용력을 중시한다. 나아가 강한 문화를 지닌 조직은 소속감을 만드는 걸 목표로 한다. 다음은 그 차이를 확실하게 보여주는 문장이다.

▶ 다양성과 형평성은 파티에 초대받은 것이다.

▶ 포용력은 파티에서 춤을 추자는 요청을 받은 것이다.

▶ 소속감은 그렇게 춤추는 게 매우 즐거운 것이다.

인종과 성별 등을 초월해 소속감을 만드는 일은 간단하지 않다. 백인 남성인 나로서는 그 문제를 포괄적으로 다루지 못할 것이다. 하지만 이 문제에 접근하는 가장 좋은 방법을 알아볼 수는 있다. 바로 다음 같은 질문을 던지는 것이다. 최상의 소속감을 갖춘 조직은 어떤 모습인가?

내가 만난 리더 가운데 이 일에 가장 능숙한 건 역대 가장 성공한 NBA 코치인 그레그 포포비치다. 그는 이 문제를 매우 기업가적인 사고방식으로 접근한다. 내가 참관한 한 연습 시간에, 포포비치는 보통 경기 영상을 분석하는 데 쓰는 시간을 할애해서 1965년의 투표권법 문제를 다룬 다큐멘터리를 보여주었다. 그리고 팀 전체가 그 문제에 대해 토론했다. 2015년 NBA 결승전에 앞서 열린 연습 시간에는 호주 원주민의 토지 소유를 막는 악법을 없앤 날을 기념하는 '에디 마보 데이(Eddie Mabo Day)'에 대한 대화를 나눴다.

호주 원주민 출신인 패트릭 밀스는 《스포츠 일러스트레이티드》와의 인터뷰에서 그날 연습 시간에 대해 이렇게 말했다. "그냥 평범한 연습 시간이 아니었어요. 강팀인 마이애미 히트와의 NBA 결승전을 준비하는 자리였죠. 우리는 모두 훈련할 준비를 했는데, 포포비치는 그 사안에 대한 얘기부터 꺼냈죠."

그게 바로 포인트다. 그런 유대감은 다른 문화적 배경을 지닌 구성원들을 하나로 묶어준다. 다음은 소속감을 높이는 몇 가지 아이디어다.

### 1. 불편한 대화를 일상화하자

얼마 전까지만 해도 우리는 인종차별이나 성차별, 부당함에 대한 불편한 대화를 직장에서 나누지 않았다. 하지만 중요한 건 이런 대화를 하느냐 마느냐가 아니라, 어떻게 하면 집단 문화를 강화시킬 수 있느냐다. 미국협상연구소 소장이자 갈등 해결 전문가인 콰임 크리스찬(Kwame Christian)은 "인생에서 가장 좋은 것들은 전부 불편한 대화의 건너편에 있다"라고 말한다. 그곳에 도달하는 데 다음과 같은 방법이 도움이 될 것이다.

▶ 불편함을 피하지 말고 받아들일 것: 처음에는 인종이나 평등에 대한 대화가 불편하게 느껴질 것이다. 대화 초반에 그런 불편함을 당연한 것으로 받아들이는 일도 매우 중요하다. "이 문제를 얘기하는 데 익숙한 사람은 아무도 없기 때문에 다들 실수할 수 있다"라고 말

해두면 대화를 편하게 진행하는 데 도움이 된다.

긍정적인 불편함을 빠르게 만들어내는 방법은 컨설턴트 안주앙 시몬스가 고안한 '알시아 테스트(Althea Test)'를 이용하는 것이다. 진행 방식은 리더에게 다음과 같은 질문을 하고, 어떤 질문에든 "아니오"라는 대답이 나오면 실패다. "당신 조직에 개인적으로 기여한 흑인 여성들의 이름을 알고 있는가?", "그들이 최근에 한 기여를 최소 2가지 이상 말할 수 있는가?", "그들이 언젠가는 당신이 지금 하는 일을 하게 될 거라고 생각하는가?"

불편함은 중요한 포인트다. 그걸 통해 우리 모두 자기 모습을 성찰하면서 지금껏 알아차리지 못했던 감정이나 역학 관계 등을 깨닫고, 큰 노력을 기울일 수 있다. 쉽지도 않고 빨리할 수 있는 일도 아니지만, 처음부터 끝까지 모든 어려움을 인정하는 게 매우 중요하다. 서지 연구소의 카르미타 세마안의 이 말을 되새기자. "불편한 환경에서 살 때, 우리는 성장한다."

▶ 모든 사람과 관련된 일이란 걸 명심할 것: 인종과 평등에 관한 대화를 나눌 때는 대개 소수자가 의견을 말하고 다수자는 듣고 배우는 데에만 집중한다. 그러나 이건 오히려 소수 집단 구성원에게 불공평한 부담만 안겨주게 된다. 다수 집단 구성원이 열린 태도로 듣고 배우는 것도 중요하지만, 그것만으로는 절대 문제를 해결할 수 없다. 사람들이 실수를 저지를까 봐 말 꺼내기를 주저하게 해서도 안 된다. 해결책은? 공포를 표면화하는 것이다. 우리는 미식축구팀 펜 스테이트에서 좋은 예를 발견했다. 2020년, 흑인인 조지 플로이드(George Floyd)가 인종차별로 살해되어 큰 사회적 논란이 일자, 그들은 팀

회의를 열었다. 자연스레 흑인 선수들이 주로 발언을 했다. 회의 후, 마이클 헤이즐(Michael Hazel)이라는 백인 팀 매니저는 팀원들에게 이런 이메일을 보냈다.

"이제는 이런 환경에서 '소수'의 백인 남성들이 목소리를 높일 때입니다. 이번 회의 때 칼 외에는 누구도 말을 하지 않았습니다. 아마 여러 이유 때문일 거예요. 두려움이 주된 이유겠죠. 다른 사람들이 어떻게 생각할까 하는 두려움, 논란이 되는 말을 하진 않을까 하는 두려움, 오해를 받을지도 모른다는 두려움, 심지어는 보복에 대한 두려움까지 말입니다. 그러나 관용과 진보가 이루어지려면 우리는 이런 연약함을 버려야 합니다. 과감히 자신의 생각을 말해야 합니다. … 백인 스태프들도 불편할 수 있는 용기를 기르고, 어떻게 하면 그것을 성장의 일부로 받아들일 수 있는지 젊은이들에게 모범을 보여줘야 합니다."

불편함을 외면하거나 침묵하는 대신, 명확하게 직시함으로써 성장의 일부로 받아들이자는 말이다.

▶ 감사를 표현할 것: 이런 대화는 의외로 쉽지 않다. 그러나 좋은 문화와 리더는 주변 사람들, 특히 구성원 사이의 문제를 숨기지 않고 솔직히 드러내는 이들에게 감사를 표한다.(32번 팁 참조)


2. 함께 읽고, 보고, 반성하자

다양성과 형평성을 갖춰 소속감을 높이는 여정은 새로운 눈을 통해 세상을 보는 방법을 배우는 과정이다. 함께 영화를 보거나 책을 읽은 뒤, 대화를 나누는 것도 좋다.

사실 그 여정은 꽤 길고 심오하며 개인적이다. 어윙 마리온 카우프만 재단의 캐슬린 보일 데일런(Kathleen Boyle Dalen)은 이렇게 말한다. "다양성과 형평성을 갖추는 데에는 시간이 걸립니다. 우리도 처음에는 타임라인, 로드맵, 성과물 등을 고려했어요. 하지만 지금은 관계를 형성하고 신뢰를 쌓고 힘든 일을 나누는 데 집중하고 있죠."

## 3. 적합성이 아닌 공헌에 집중하자

언젠가부터 '문화적 적합성'이라는 개념이 인기를 얻었다. 집단의 규범과 스타일에 쉽게 적응하는 사람이 거기에 잘 맞지 않는 사람보다 더 기여한다는 것이다.

하지만 그런 사고는 구성원 사이에 편견을 증폭시키고, 가장 적응력이 떨어지고 실패하기 쉬운 '단일 문화 집단'의 길로 이끈다. 이는 성과에도 영향을 미친다. 2019년 맥킨지 연구에 따르면, 인종과 민족적 다양성이 상위 4분위에 속하는 기업들은 하위 4분위에 속하는 기업들보다 수익성이 36퍼센트나 높았다.

그러니 적합성이 아니라 공헌과 기여도에 집중하자. 전체 집단을 작은 부분의 합보다 크게 만들려면 어떻게 해야 하는지 강조하자. 이를 위해 자신과 팀원들에게 다음과 같은 질문을 해보는 것도 좋다.

▶ 우리가 추구해야 할 새로운 관점은 무엇인가?
▶ 누가 우리에게 안전지대를 벗어나라고 요구할 수 있는가?
▶ 우리 일에서 가장 간과되어 온 사람이나 집단은 누구인가?

## 4. 좋은 스피치로 유대감을 높이자

이 방법은 국립 야외 리더십 스쿨에서 각계각층의 참가자들 사이에 유대감을 조성하기 위해 사용하던 것이다. 각자 자신에 대해서 5분 동안 이야기한다. 좋은 스피치에는 몇 가지 공통 요소가 있다.

- ▶ 자기가 어떤 사람인지 정의하는 주요 사건
- ▶ 사람들이 여러분에 대해 몰랐던 것, 그리고 여러분을 잘 이해하는 데 도움이 되는 내용
- ▶ 여러분의 가족이 어떤 사람들인지 보여주는 에피소드(물론 참가자 모두 이런 얘기를 마음 편히 공유할 수 있는지 확인한 후에 해야 한다!)

이 스피치의 목표는 구성원들에게 서로의 전체적인 모습을 알 수 있도록 창구를 제공하고, 관계가 앞으로 나아갈 때까지 그것을 계속 열어두는 것이다.

## 5. 데이터를 수집하고 공유하자

형평성은 단순한 아이디어가 아니라 측정 가능한 결과다. 강력한 팀 문화를 갖춘 조직은 이와 관련된 상황을 추적해, 다양한 집단의 경험 데이터를 수집하는 습관이 있다. 소프트웨어 회사인 워크데이는 다음과 같은 질문의 답을 익명으로 받아 '소속감 인덱스'를 만든다.

- ▶ 직장에서 얼마나 행복한가?
- ▶ 여기서 자유롭게 목소리를 낼 수 있을 것 같은가?

▶ 관리자나 다른 사람들에게 피드백을 주는 게 편한가?

▶ 현재 자기가 맡은 역할에서 얼마나 배우고 성장하고 있는가?

▶ 직장 생활은 어떤가?

▶ 올바른 일을 한 것에 대해 의미 있는 인정을 받는가?

어떤 방법을 택하든, 현재 상황과 앞으로 나아갈 방향에 대한 척도를 이용해서 그 대화를 뒷받침하자. 또한 텔 휘트니(Telle Whitney)의 이 말을 늘 되새기자. "다양성은 혁신을 주도한다. 조직에 기여할 수 있는 사람을 제한하면 해결 가능한 문제 역시 제한된다."

---
#### 14
# 즉석 멘토링을 활용하자

멘토링은 믿을 수 없을 정도로 강력한 힘을 발휘한다. 관계를 형성하고 멘토와 멘티 모두를 위한 딥 러닝을 촉진해 집단의 문화를 풍부하게 한다. 문제는 전통적인 멘토링은 많은 시간과 에너지가 필요한 만만찮은 일이라는 것이다. 해결책은 즉석 멘토링이다. 젊은 구성원들이 베테랑 직원에게 다가가 부담 없이 커피 한잔하자고 요청하도록 지원하는 것이다.

▶ 프레젠테이션을 어떻게 준비했는지 자세히 알고 싶습니다.

▶ 젊은 날의 자신에게 일과 관련해 어떤 조언을 해주시겠습니까?

▶ 지난번 프로젝트의 뒷이야기를 좀 들려주시겠어요? 정말 좋았던 부분은 무엇인가요? 더 나아졌으면 하는 부분은요?

목표가 명확한 사소한 질문들이 중요한 대화의 시작점이 될 수 있다. 예를 들어, 미국 여자축구 국가대표팀의 감독이었던 질 엘리스(Jill Ellis)는 새로운 선수를 선발할 때마다 다음과 같은 과제를 줬다. 나이 든 선수 옆에 앉아서 그들 몸의 흉터가 생기게 된 사연을 들어보라는 것이다. 엘리스는 말한다. "나이 든 선수가 어린 선수에게 가르칠 수 있는 게 정말 많습니다. 성공한 선수들은 모두 실패를 거듭하면서 성공했죠. 젊은 선수들이 일찍부터 그 사실을 깨닫도록 하면 정말 좋은 영향을 발휘할 수 있어요."

이때 대화의 목표는 실제 지식을 얻는 게 아니다. 멘토의 사고방식과 그들이 문제를 극복하고 기회를 발견하는 방법을 알아내서 흡수하는 것임을 명심하자. 그들의 목소리를 자기 머릿속에 집어넣어서 필요할 때 적절히 꺼내 쓸 수 있도록 하는 것이 목표다.

# 함께 수업을 들어라

높은 성과를 올리는 조직 가운데 요리, 도예, 요가, 사진 등 업무와 무관한 기술을 배우면서 시간을 보내는 조직이 얼마나 많은지 아는가? 예를 들어, 픽사는 '픽사 대학'을 설립해 즉흥 연기, 조각, 디자인, 코딩, 심지어 저글링을 가르치는 수업까지 제공한다. 모든 수업은 근무 시간 중에 진행되며, 수업에 참석하기 위해서는 일을 빠져도 괜찮다. 이 방법이 효과적인 이유는, 구성원 모두가 직급을 떠나 함께 배우며 노력하는 동안 계층 구조가 수평화되고, 우연한 친분이 형성되며, 기존의 관계가 돈독해진다는 걸 직원들이 잘 알고 있기 때문이다. 더 좋은 방법은, 여러분 집단에서 특정 분야의 전문가를 찾아 그들이 직접 구성원들을 가르치도록 하는 것이다.

# 정기적으로 함께 휴식을 취하라

집단의 소속감을 높이는 가장 간단하고 강력한 행위는 그냥 하던 업무를 멈추고 함께 휴식하는 것이다. 내가 조사한 한 디자인 회사는 매주 한 번씩 모든 직원이 참가하는 커피 휴식 시간을 갖는 전통이 있다. 다른 조직에서는 함께 산책하거나, 다 같이 점심을 먹거나 한다. 또는 알래스카주 호머(Homer)의 투시스터즈 베이커리(Two Sisters Bakery)처럼 아예 매년 가게 문을 닫고 전 직원이 여름 음악 축제에 참석하는 것도 좋다.

함께 휴식을 취하면 구성원들을 더욱 긴밀하게 연결하는 관계망이 생기고, 함께 공유하는 지식 체계가 만들어진다. 뱅크 오브 아메리카의 콜센터에서 진행했던 연구에 따르면, 직원들이 무작위로 쉬던 것을 전부 같은 시간에 쉬도록 바꾸자 직원 유지율이 3배 증가하고 업무 성과도 23퍼센트나 향상되었다.

# 17

# 최고의 커피 머신에 투자하라

예산이 허락하는 한 말이다. 물론 차를 함께 준비하는 것도 잊지 말고!

# 안 친한 사람들과도 얘기를 나누자

연구에 따르면, 재택근무로 전환한 직원들은 '관계망 축소 신드롬'을 겪는 경향이 있다. 기존에 잘 알던 사람들과는 소통 빈도가 늘어나지만, 자신의 네트워크에서 멀리 떨어져 있는 사람들과의 소통은 줄어드는 것이다. 이렇게 느슨한 유대감은 집단의 창의성과 커리어 발전에 큰 영향을 미치기 때문에 문제가 된다.

해결 방법은 일주일에 한 번씩 자기 서클 외부 사람과 캐치업 세션을 갖는 습관을 기르는 것이다. 그들에게 캐치업 세션을 제안하는 짧은 메모를 보내고 전화 통화를 해보자. 음성만 주고받는 구식 스타일이 종종 영상 통화보다 더 깊은 유대감을 만들 수 있다.

## 19

# 시간과 장소를 쪼개 쓰자

사무실을 전부 개방형으로 설계할 것인가, 아니면 개인 사무실을 줄 것인가? 많은 회사가 마주하는 고질적인 딜레마다. 개방형 사무실 지지자들은 충돌, 혁신, 유연성의 중요성을 강조하고, 개인 사무실 지지자들은 개방형 사무실을 도입하면 집단의 소통이 감소한다는 연구 결과를 제시한다. 게다가 이 분야의 연구는 수행 중인 작업의 성격에 따라 달라져서, 명쾌한 결론을 내릴 수가 없다. 그렇다면 어떻게 해야 할까?

답은 공간이 아닌 시간 문제로 생각하는 것이다. 집단 작업과 개인 작업을 위한 시간, 고개를 들고 있는 시간과 고개를 숙이고 있는 시간을 나누자. 예를 들어, 오전에는 조용한 업무를 하고 오후에는 공동 작업을 할 수도 있다. 아니면 두 시간 단위로 쪼개거나 하루씩 각 업무를 번갈아 가면서 하는 방법도 있다. 가장 효과적인 방법을 택해서 앞으로 어떻게 할 건지 사람들에게 명확하게 전달하면 된다. 또 프라이버시가 확실히 보장될 때 더 좋은 성과를 올리는 내향적인 사람들을 위해 사무실의 특정 구역을 고개를 숙이고 일하는 장소로 두는 것도 괜찮다.

## 20

# 쓰레기를 줍자

1960년대 중반, 12년 동안 전국 대회에서 10번이나 우승한 최강팀 UCLA 남자 농구팀을 이끈 전설적인 감독 존 우든은 경기가 끝난 후 라커룸을 돌아다니며 쓰레기를 줍곤 했다. 또한 맥도널드 설립자인 레이 크록 역시 매일 밤 거리를 돌아다니며 하수구 근처에 버려진 맥도널드 포장지와 컵을 주웠다.(본문 101~102쪽 참조) 대체 왜 그랬을까?

바로 팀의 협동심과 팀워크 윤리를 생생하게 보여주기 위해서다. 이런 행동이 강력한 힘을 발휘하는 건 그게 단순히 도덕적이거나 관대한 행동이라서가 아니다. '우리는 함께 이 일을 하고 있다'라는 중요한 신호를 보내기 때문이다.

— ◆ **21** ◆ —

# 기브 앤 테이크를 연습하라

소속감을 키우는 이 기술은 뉴기니의 트로브리안드 군도 주민들이 수천 년 전부터 시작한 것이지만, 지금도 여전히 새것처럼 잘 작동한다. 이건 다음 3단계로 구성된다.

▶ 20명 이하의 사람들이 직접 만나거나 원격으로 모인다.

▶ 한 명씩 돌아가면서 다른 사람들에게 작은 요청을 한다. 그 내용은 개인적인 일이거나(개를 산책시켜주는 좋은 사람 아시는 분?) 업무상의 문제(슬랙에서 문서 링크하는 방법 좀 알려주세요), 혹은 그 사이의 어떤 일일 수도 있다. 되도록 5분 안에 완수할 수 있는 요청이 좋다.

▶ 다른 사람들은 적합하다고 생각되는 요청에 자진해서 응한다. 끝날 무렵에는 모든 사람이 도움을 주는 동시에 받는 사람이 될 기회가 생긴다. 자연스레 서로에 대한 감사와 유대감이 가득하게 된다.

---
### 22
---

# 가끔은 그냥 어울리자


가십은 팀의 결속력을 높이는 문화적 접착제 구실을 한다. 사기를 떨어 뜨리는 비열한 가십은 피해야겠지만, 집단의 유대감과 인식 수준을 높이 는 잡담과 정보 공유는 계속돼야 한다.

뛰어난 성과를 올리는 팀들은 일만 하지 않는다. 그냥 같이 어울리며 먹고, 수다 떨고, 업무와 무관하지만 서로 화합하는 데 도움이 되는 일들 을 한다. 구글에서는 원격으로 운영되는 팀들도 매일 같은 시간에 차를 마시며 휴식을 취한다. 뉴욕의 퍼세(Per Se)와 나파밸리의 프렌치 런드리 (French Laundry)는 수천 킬로미터나 떨어져 있지만, 두 식당의 주방은 라 이브 카메라로 연결되어 서로의 모습을 실시간으로 볼 수 있다. 어떤 집 단에서는 매주 4~5명씩 무작위로 만나기도 한다.


▶ 원격 모임의 2가지 핵심 열쇠: 첫째, 업무와 무관한 일에 대해 얘기 할 준비가 되어 있을 것, 둘째, 카메라를 앞에 두고 식사할 때 생기는 어색함을 견딜 준비를 할 것. 일단 익숙해지면 그게 얼마나 재미있고 자연스러운지 알게 된다. 직접 만나서든 아니면 모니터 너머로든, 함 께 식사하는 일은 집단의 구성원들이 가장 큰 유대감을 느낄 수 있는 경험이기 때문이다.

# 팀 안전성 강화

조직 내에서 안전하다는 기분은 단순하고 반복적인 행동에 뿌리를 둔다. '난 당신을 보고 있다. 당신도 여기에서 목소리를 낼 수 있다. 당신은 여기에 속해 있다. 우리는 미래를 공유한다'라는 명확한 신호를 나누면, 안전성을 자연스럽게 강화할 수 있다.

### 개인 활동1: 안전 지도 만들기

집단에서 안전은 산소 같은 역할을 한다. 모든 일을 가능하게 하는 보이지 않는 에너지원이다.

1. 가까이 일하는 사람들의 이름을 나열하자.

_____

_____

_____

2. 관계에서 느끼는 안전감에 따라 지도에 이름을 표시하자.

## 개인 활동2: 성찰을 위한 질문

1. 집단에서 안전감과 소속감을 높이기 위해 내일 당장 할 수 있는 행동을 하나 말해보자.

_____

_____

_____

2. 여러분 집단에서 목소리를 잘 내지 않는 사람을 한 명 생각해보자. 그들이 목소리를 내게 하고, 또 그들이 인정받고 있다는 사실을 알리기 위해 무엇을 할 수 있을까?

_____

_____

_____



3. 원격 회의를 할 때 어떤 질문을 던지면 사람들 사이의 연대감이 강해
질까?

_____

_____

_____



**단체 활동**

35분짜리 세션으로 4~8명으로 구성된 집단을 위한 것이다. 이보다 규
모가 크다면 몇 개 팀으로 나누고 결과를 공유하자.

(준비물: 포스트잇, 마커, 화이트보드, 또는 이를 대신할 디지털 기기)



1. 아래 목록에서 시도해 보고 싶은 활동을 2가지씩 선택하자. 포스트
잇에 각 활동의 제목을 적어서 화이트보드에 붙인다. (5분)

☐ 똑똑한 얼간이를 제거하라

☐ 표정을 읽어라

☐ 아이스 브레이킹을 활용하라

☐ 재택근무의 장점을 최대화하라

- [ ] 피자 두 판 규칙을 명심할 것
- [ ] 지나칠 정도로 감사하라
- [ ] 신규 직원을 정착시켜라
- [ ] 가능하면 대면 업무부터
- [ ] 진정한 재미를 활용하라
- [ ] '최고의 나' 문서를 공유하자
- [ ] 일의 성격을 분리하라
- [ ] 감사 표시는 공개적으로
- [ ] 불편함을 피하지 말라
- [ ] 즉석 멘토링을 활용하자
- [ ] 함께 수업을 들어라
- [ ] 정기적으로 함께 휴식을 취하라
- [ ] 최고의 커피 머신에 투자하라
- [ ] 안 친한 사람들과도 얘기를 나누자
- [ ] 시간과 장소를 쪼개 쓰자
- [ ] 쓰레기를 줍자
- [ ] 기브 앤 테이크를 연습하라
- [ ] 가끔은 그냥 어울리자

아니면, 하고 싶은 다른 활동이 있다면 적어보자.

① _____

② _____

2. 각자 활동을 선택한 이유를 물어보고, 그것이 어떤 영향을 미쳤는지 설명해보자. (10분)

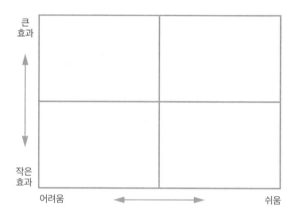

3. 다 함께 머리를 모아 각각의 활동을 위의 도표에 배치하자. 목표는 오른쪽 상단 일사분면에 속하는 활동, 즉 매우 효과적이면서 실행하기 쉬운 활동을 2~3가지 찾는 것이다. (10분)

4. 최적의 활동을 골랐으면, 이제 그 활동을 수행하기 위한 구체적 조치들을 정한다. 내일은 어떤 일을 할 생각인가? 필요한 도구나 재료는 무엇인가? 대화에는 누구를 참여시켜야 할까? (10분)

활동1

_____

_____

_____

조치

_____

_____

_____

활동2

_____

_____

_____

조치

_____

_____

_____

활동3

_____

_____

_____

조치

_____

_____

_____

# STEP2

협동
|
## 약점을
## 적극 공유하라

"우리는 서로를 신뢰한다."

강력한 문화가 작동하는 조직은 서로 신뢰하면서 협력한다. 별도의 의사소통이나 계획 없이도 집단 전체가 한 사람처럼 움직이고 생각하며 문제를 해결할 방법을 찾는다. 마치 물고기 떼가 같은 뇌를 공유한 듯 다 함께 산호초를 헤쳐 나가는 모습처럼 말이다. 정말 멋진 일이다!

하지만 그 모습을 가까이에서 들여다보면, 예상과는 다른 풍경을 보게될 것이다. 매끄럽게 일이 진행되는 도중에도 세부적으로는 별로 매끄럽거나 멋있지 않은 순간들이 간간이 생긴다. 서로 부딪치고, 어색한 대화로 가득할 때도 있다. 팀 구성원들이 장애물을 만나 함께 고군분투하면서 극심한 긴장감을 느낄 때도 있다.

이런 순간을 '취약성 고리'라고 한다. 신뢰를 형성하는 과정의 핵심 요소다. 취약성 고리는 2~3명 이상의 팀원이 모여서 자기들이 문제의 답을 모른다는 사실을 인정하고 약점을 공유할 때 생긴다. 심리학적으로 타인과 위험을 함께 무릅쓰면, 서로 훨씬 깊게 연결되어 긴밀하게 협력할 수 있기 때문이다.

우리는 일반적으로 신뢰와 취약성에 대해 생각할 때, 처음부터 미지의 세계로 뛰어드는 것보다 먼저 신뢰를 형성한 다음에 뛰어드는 편을 선호한다. 하지만 강한 문화는 그런 생각을 뒤집으라고 말한다. 취약성 고리가 신뢰 뒤에 형성되는 게 아니라 신뢰보다 우선한다. 서로 약점을 보이고 함께 위험을 감수할 때 신뢰의 토대가 형성되는 것이다.

물론 첫발을 내디딜 때는 대담함이 필요하다. 내가 가장 좋아하는 사례가 있다. 게이츠 재단의 공동의장인 멜린다 게이츠(Melinda Gates)는 몇 년 전에 집단의 신뢰를 회복하기 위해 '악플 읽기' 시리즈 영상을 제작했다. 여기서 그녀는 자신의 업무 고과 내용을 읽었는데, 가장 비판적인 내용을 먼저 읽었다. 그중에는 이런 댓글도 있었다. "멜린다는 모든 면에서 완벽하다. 꼭 메리 에핑 포핀스(Mary Effing Poppins)처럼!"

메리 포핀스는 소설의 주인공으로 심술궂고 공주병이 있는 괴짜 보모 캐릭터다. 게이츠는 웃으면서 자신의 결점과 단점을 친절하게 나열하면서 겸손하게 말했다.

이렇게 약점을 나눌 때는 어느 정도 불편함도 예상해야 한다. 결국 그게 핵심이다. 또 계속하다 보면 거기에 익숙해지고, 심지어 반기게 될지도 모른다. 집단이 신뢰를 쌓는 일은 몸에 근육을 만드는 과정과 같다. 적절한 고통이 따를 때 보상도 생긴다.

### 대화 시작

취약성에 대해 이야기하자. 거듭 강조하는데, 약점을 보이기 전에 먼저 상대방과 신뢰를 쌓는 게 아니다. 반대로, 먼저 자신의 약점을 남들과 공유해야 서로 신뢰와 응집력, 케미가 생긴다.

1. 다들 말하기 꺼리지만, 그래도 꼭 얘기를 나눠야 하는 문제를 하나 생각해보자.

_____

_____

_____


2. 누군가 큰 실수를 저지르거나 실패할 때, 여러분 집단의 전형적인 반응은 무엇인가? 왜 그렇게 반응할까?

_____

_____

_____


3. 여러분이 집단 내에서 맺은 가장 친밀하고 믿을 수 있는 관계에 대해 생각해보자. 어떤 행동과 습관이 그 관계를 단단하게 만드는가?

_____

_____

_____


4. 여러분이 속한 집단이 인터넷으로든 실제로든 만나는 방법을 모두 생각해보자. 어떤 만남이 관계를 강화하는가? 또 관계를 약화시키는

경향이 있는 만남은 어떤 것인가?

_____

_____

_____

---
#### 23
---

# 갈등을 피하지 말자

성공적인 팀 문화에 대한 가장 흔한 오해가 있다. 의견 충돌이 드물고 실수가 적어서, 그곳에선 누구도 긴장할 필요가 없을 거라는 편견이다. 전혀 사실이 아니다. 성공적인 팀 문화는 긴장을 제거하는 대신, 그것을 포용해 팀워크를 단련하는 연료로 쓴다. 그들은 계속해서 불편한 대화를 나누고, 의견 충돌에 대처하고, 실수를 받아들인다. 함께 문제를 헤쳐 나가면 팀이 더 강해진다는 걸 알기 때문이다. 다시 말해, 모두가 행복하고 순조롭다는 건 특장점이 아니라, 오히려 극복해야 할 상태다! 이를 해결할 방법이 몇 가지 있다.

1. 갈등과 긴장을 반기자

회의를 했는데 질문이나 의견 충돌이 전혀 없었다면? 비생산적인 시간이었다는 뜻이다. 모두가 동의한다면 왜 군이 모인 건가? 긍정적이기만 한 피드백에 어떤 가치가 있을까? 갈등과 긴장은 피해야 할 문제가 아니다. 오히려 함께 문제를 해결할 좋은 기회다.

2. 관계적 갈등과 업무상 갈등을 구분한다

모든 갈등이 똑같지는 않다. 관계적 갈등은 성격차로 생기는 감정적 갈등이고, 대부분 비생산적이다. 반면 아이디어를 놓고 펼치는 업무상 갈등은 혁신을 위한 엔진으로, 더욱 권장되어야 한다. 갈등 상태에 빠질 때에는 항상 말을 되새겨라. "이건 사람에 대한 갈등이 아니다. 더 나은 아이디어를 위한 갈등이다."

## 3. 실수를 편히 말하는 분위기를 만들자

실수를 숨기고 싶은 건 인간의 자연스러운 본능이다. 그러나 강력한 문화는 이런 본능을 뒤집는다. 그들은 실수를 강조하고 기억하며, 역설적으로 실수가 만들어낸 명확성과 새로운 가능성에 초점을 맞춘다. 실수를 일종의 항해 표지로 사용하는 것이다.

이를 실행한 최고의 리더가 바로 흑인 여성 정치인 스테이시 에이브람스(Stacey Abrams)다. 그는 조직을 운영할 때 3가지 규칙을 따른다. 첫째, 사람들에게 도전적인 과제를 준다. 둘째, 약간의 실수를 예상하고 있다는 걸 알려준다. 셋째, 그 실수를 통해 배울 여지를 만든다.

에이브람스와 함께 애틀랜타 정부 카운슬링 팀에서 일한 아이코 베시아(Aiko Bethea)는 《비즈니스 인사이더》와의 인터뷰에서 이렇게 말했다. "내가 어떤 일의 해결책을 몰라도, 다들 내가 난처하도록 내버려 두지 않으리란 걸 알고 있었어요. 일을 잘못해도 처벌을 받거나 창피를 당할까 봐 걱정한 적이 없었죠. (……) 이런 분위기 속에서 저는 물론 팀원들도 배우고 성장할 수 있었습니다. 그런 태도의 저변에는 '그래, 넌 실패할 거야. 그것도 다 예상하고 있지. 하지만 실패를 통해 배우고 성장했으면 좋겠어. 그렇게 할 수 있는 기회를 줄게'라는 의미가 깔려 있으니까요."

## 4. 집단의 핵심 갈등을 활용한다

모든 집단은 지속적으로 중요한 긴장 상태에 직면한다. 혁신과 전통에 대한 갈등(새로운 방식을 쓸까, 아니면 잘 확립된 기존 방식을 고수할까?), 고객 서비스와 직원 지원에 대한 갈등(언제 고객을 우선시하고, 언제 동료를 돌봐야 할까?), 당장의 성공과 미래에 대한 투자 사이의 갈등(기존 프로젝트에 집중할까, 아니면 R&D에 투자할까?) 등이다.

이런 긴장은 부정적인 게 아니다. 오히려 여러분이 하는 일의 핵심이다. 이를 명확히 정의하고 집중 조명하면 조직 내에 기운을 북돋우는 신호가 전송된다. 물론 이런 긴장과 갈등 때문에 정말 힘들 수도 있다. 하지만 난관을 함께 헤쳐 나가면, 팀은 물론 구성원 개개인이 성장하고 성공하는 데 도움이 된다.

# 24

# 약점을 자주 공유하자

네이비실 6팀 지휘관인 데이비드 쿠퍼와 아침 식사를 하고 있을 때였다. 쿠퍼는 오사마 빈 라덴을 죽인 특수부대를 비롯해, 가장 결속력 강한 특수부대들을 만든 것으로 유명하다. 아침 식사 도중에 쿠퍼는 이렇게 말했다. "리더가 할 수 있는 가장 중요한 말은, '내가 다 망쳤다'라는 말입니다."

빙고! 훌륭한 리더라면 누구나 그렇듯이, 쿠퍼는 오류 가능성에 대한 신호를 보내는 것이 취약성 고리가 형성되는 가장 중요한 시작점이라는 걸 알고 있었다. 그건 집단이 더 강해지기 위해 약점을 공유하는 강력한 순간이다. 그들은 나약한 문화일수록 오히려 문제를 숨긴다는 걸 안다. 강한 문화는 문제를 드러내기 때문에 함께 해결할 수 있다. 이를 위한 방법을 몇 가지 살펴보자.

1. 솔직하게 도움을 청하자

자기가 모든 답을 다 알지 못하는 걸 인정하는 것만으로는 부족하다. 사람들이 끼어들어서 돕도록 적극 요청해야 한다. 다음은 이럴 때 사용할 수 있는 유용한 표현들이다.

▶ 다들 이 아이디어에 관심을 가져주세요.

▶ 우리가 뭘 놓쳤는지 말해줘요.

▶ 우리는 분명히 여기서 실수를 할 거예요.

▶ 이건 첫 번째 시도일 뿐인데, 어떻게 하면 다음 단계로 나아갈 수 있을까요?

▶ 이 문제에서 벗어날 방법을 좀 알려주세요.

정확히 어떤 표현을 사용하는지는 중요하지 않다. '이 상황을 개선하려면 당신 도움이 필요하다'는 명확한 신호만 포함되면 된다.

## 2. 오류 가능성을 말한다

사람들이 오류 가능성을 말하는 걸 망설이는 이유는 그게 자신의 무능을 드러낼까 봐 두렵기 때문이다. 해결 방법은 개선 욕구를 중심으로 오류 가능성에 대해 얘기하는 것이다. '이 부분이 궁금해서 더 배우고 싶습니다', '누가 이 문제에 대해 더 자세히 알려줄 수 있을까요?', '어떻게 하는지 가르쳐주시면 감사하겠습니다' 같은 표현을 사용해보자.

## 3. 확실한 의견을 유연하게 유지하자

강력한 문화권의 사람들은 자기 의견이 확실하다고 생각할지도 모르는데, 물론 그 말도 맞다. 하지만 중요한 건 그들이 자신의 열정과 자기 생각이 틀릴 가능성을 허심탄회하게 결합한다는 것이다. 그들은 강경한 입장을 취하지만, 그 입장을 죽을 때까지 고수하지는 않는다. 나는 '겸손한 근성'이라는 말을 좋아한다. 이 말에는 이러한 자질의 역설적인 본질, 즉 자신의 주장을 펼치기 위한 열정적인 힘과 다른 이들에게서 끊임없이 배우려는 심오한 의지의 결합이 포착되어 있기 때문이다. 제 너럴 모터스의 CEO 메리 배라(Mary Barra)는 이런 말을 자주 한다. "모르는 것을 인정하는 건 괜찮습니다. 도움을 요청해도 괜찮아요. 그리고 자기가 이끄는 사람들의 말에 귀 기울이는 건… 괜찮은 정도가 아니라, 진짜 꼭 필요한 일입니다."

---

##### 25

# 회의 전 워밍업은 필수

최악의 경우, 온라인 회의는 소수만 얘기하고 다른 대부분의 사람은 무의미하게 흘려보내는 시간이 될 수 있다. 그런 환경에서는 소외된 구성원의 목소리가 더욱 억눌리고 침묵하게 된다.

이를 막기 위해서 워밍업을 이용하자. 여기서 말하는 워밍업은 공유할 수 있는 따뜻한 정신적 공간을 만드는 짧은 활동이다. 스탠포드 디자인 스쿨에서 원격 작업을 연구하고 있으며 『가상 회의를 위한 의식(Rituals for Virtual Meetings)』의 공동 저자인 글렌 파하르도(Glenn Fajardo)는 "가상 회의는 자발적으로 진행되어야 합니다"라고 말한다. "참여를 원하는 사람들이 뭔가를 적극적으로 만들어내도록, 가능하면 단체로 만들도록 해야 해요. 그들의 내재적인 동기를 활용해서 서로를 끌어당기는 역학 관계를 만드는 겁니다."

파하르도는 소그룹 채팅방에 4명 정도씩 모여서 5분간 워밍업을 하라고 추천한다. 이때 모두에게 다음과 같은 가벼운 질문을 던져서 대화를 이끌자. 이번 주에 가장 맛있게 먹은 음식은 뭔가요? 이번 달에 제일 기대하는 약속은 뭐죠? 지금까지 본 영화 중 가장 좋았던 건요? "이때 던지는 질문은 가볍고 긍정적이어야 합니다. 일 얘기는 잠시 접어두죠. 중요한 건 사람들이 원하는 얘기를 하도록 하는 거니까요."

아니면 이런 방법들도 좋다.

▶ 15초 스피드 소개: 자신의 최근 근황을 두 문장으로 정리해서 공유한다. 한 문장으로 개인사를, 다른 한 문장에서는 업무상 관심 있는 일을 얘기하는 식으로 정리해보자.

▶ 에너지 점검: 모든 사람의 현재의 에너지 수준을 1(간신히 깨어 있는 상태)부터 7(매우 정신이 초롱초롱한 상태) 사이로 점수를 매기게 한다. 그리고 점수를 높일 수 있도록 주변 환경에 조금씩 변화를 주자. 일어서서 기지개를 켜거나, 휴대폰 알림을 끄거나, 차를 한잔 마실 수도 있다. 모두가 함께 있는 것에 집중할 수 있다면 어떤 행동이든 상관없다.

▶ 호흡: 함께 심호흡을 몇 번 한다.

▶ 음악: 재생 목록을 공유하거나 노래를 한 곡씩 미리 제출하게 하자. 그런 다음 노래를 틀고 누가 그 노래를 제출했는지 다 같이 맞춰보자.

▶ 냄새: 모두가 동시에 똑같은 향신료 냄새를 맡게 한 뒤 각자의 반응을 공유한다. 이상한 워밍업 방법처럼 보이겠지만 꽤 효과적이다.

▶ 주의: 모든 회의 전에 반드시 워밍업을 해야 한다고 생각하지는 말자. 종일 연이어서 원격 회의를 하는 사람들에게는 부담이 될 수 있다. 다 함께 창의력을 발휘해야 하는 상황이거나 오랫동안 보지 못했던 사람들과 오랜만에 만나는 경우에만 편하게 워밍업을 활용하자.

---
###### 26
---

# 3줄짜리 이메일을 보내자

이건 매우 간단해서 내가 가장 선호하는 방법 중 하나다. 구글 인사 부문 수석부사장이자 후무(Humu)의 공동 설립자인 라즐로 복(Laszlo Bock)이 처음 시작한 방법인데, 이메일로 다음과 같은 3가지 질문을 팀원들에게 보내는 것이다.

> ▶ 지금 하고 있는 일 가운데 계속했으면 하는 건 무엇입니까?
> ▶ 요새 자주 하지 않는 일 가운데 좀 더 자주 해야 한다고 생각하는 건 무엇입니까?
> ▶ 당신의 업무 효율을 높이기 위해 내가 할 수 있는 일은 무엇입니까?

짧은 질문이지만 내가 발전하도록 도와달라는, 신뢰를 강화하는 중요한 신호를 보낸다. 이 신호는 전염성이 높다. 한 사람이, 특히 리더가 유용한 피드백을 요청하면 다른 사람들도 그렇게 할 것이다. 또 관계를 더욱 강화하려면 이메일을 통하지 말고 직접 만날 시간을 정해서 함께 답변 내용을 검토하자. 다음은 리더십 컨설턴트인 장 마리 디지오반나(Jean Marie DiGiovanna)가 쓰는 질문들이다.

> ▶ 내가 하는 일 가운데 팀에 가장 큰 도움이 되는 게 뭘까?

▶ 내가 당신에 대해서 어떤 걸 알면 우리 관계가 개선될까?

▶ 당신이 가진 재능이나 기술 중에 내가 간과하거나 과소평가하거나 활용하지 못한 건 무엇인가?

▶ 당신에게 의욕을 안겨주는 건 무엇이고 어떻게 하면 업무에 더 의욕적으로 임할 수 있을까?


토머스 버거(Thomas Berger)의 이 말을 되새기자. "질문하는 기술은 모든 지식의 원천이다."

# 마법의 문구를 기억하자

서로의 문제에 진심으로 귀 기울이는 건, 어쩌면 팀 문화를 형성하는 지구상에서 가장 강력한 기술일 것이다. 하지만 누군가 문제를 들고 오면, 공감보다는 지금 당장 그 문제를 해결해야 한다는 부담감이 앞서기 쉽다. 어쩔 수 없이 상대의 이야기를 듣는 일보다, 자기 입장에서의 '해결책'만 제시하게 된다.

그보다 좋은 방법이 있다. 그건 신뢰를 쌓는 정말 마법 같은 문구인 "좀 더 얘기해봐"라는 말로 시작된다. 이 말이 효과적인 이유는 우리가 마주하는 문제들이 대부분 빙산과 같기 때문이다. 표면상으로는 작고 단순하지만, 그 아래는 거대하고 복잡한 것이 도사리고 있다. 그러니 섣불리 해결책을 제시하기 전에 먼저 상황을 철저하게 조사해 알아내야 한다. 이런 문제가 생긴 원인은 무엇인가요? 이런 비슷한 일이 또 일어나고 있나요? 이 상황이 어디로 흘러가는 것 같습니까? 또 누가 도움을 줄 수 있을까요? 더 얘기해봐요.

목표는 긴장을 표면화하는 것이다. 이건 아이디오의 디렉터 로시 기베치가 사용한 개념이다. 단방향 반응을 쌍방향 대화로 전환해서 질문을 탐색하고, 도움이 될 만한 점들을 연결해 함께 답을 찾는다.

리더십 컨설팅 회사를 운영하는 잭 젠거와 조셉 포크먼이 관리자 개발 프로그램에 참여한 3492명을 분석한 결과 가장 효과적인 청자는 마치 트램펄린처럼 행동했다.(178~179쪽 참조) 문제를 흡수하고 지지하는 동시에, 에너지를 보태 원활한 대화를 촉진한다. 첫 번째 대답에 멈추는 일 없이, 해결책을 찾아 앞으로 나아가게끔 도우면서 긴장이 발생한 부분을 살핀다.

# 단 하나만 쓴다면 이 팁을!

이 책에서 소개하는 60가지 팁 중에서 딱 하나만 쓴다면, 이 팁을 추천한다. 바로 사후 검토다. 이건 간단한 사실을 기반으로 신뢰를 쌓는 강력한 도구로서, 여러분이 거둔 성과의 장단점을 함께 이야기하면 집단의 성과가 더 좋아진다. 군대에서 처음 시작된 사후검토 피드백 도구인 AAR을 네이비실이 더욱 완벽하게 다듬었고, 그들이 자랑하는 특별한 팀워크의 토대가 되었다.

프로젝트나 영업 상담, 회의 등을 마친 뒤, 팀원이 다 함께 모여서 다음 질문을 놓고 대화를 나눠보자.

▶ 잘된 일은 무엇인가?

▶ 잘 안된 일은 무엇인가?

▶ 다음번에는 어떤 부분을 다르게 할 건가?

대화의 목표는 칭찬받을 사람과 비난받을 사람을 가려내는 게 아니다. 상황을 명확하게 밝혀서 다 함께 교훈을 얻는 것이다. 네이비실 6팀의 지휘관 데이비드 쿠퍼는 이렇게 말한다. "다들 안심하고 자기 의견을 말할 수 있어야 합니다. 지위는 잊고 겸손한 태도를 가져야 해요. 다들 '내가 일을 망쳤다'라고 솔직하게 말하고 싶을 겁니다. 그러려면 일을 대충 무마

하려는 유혹을 물리치고, 벌어진 일의 진실을 파헤치려 노력해야 하죠. 그래야 거기에서 진정한 교훈을 얻을 수 있어요."

그렇게 얻은 교훈은 계속해서 쌓인다. 프란체스코 지노와 브래들리 스타츠는 한쪽 집단은 하루 15분씩 자기가 한 일을 반성하고, 두 번째 집단은 일을 15분씩 더 하는 실험을 진행했다. 15일이 지나자 반성한 집단 쪽이 기술 테스트에서 20퍼센트 더 좋은 성과를 거두었다.

몇몇 집단은 비슷한 질문을 중심으로 구성된 BAR(Before-Action Review) 기법을 사용한다.

▶ 우리가 의도한 결과는 무엇인가?

▶ 어떤 과제를 예상할 수 있는가?

▶ 이와 비슷한 상황에서 우리나 다른 사람들은 무엇을 배웠는가?

▶ 이번에는 무엇이 우리를 성공으로 이끌어 줄까?

개방성을 높이고 싶은가? 리더의 개입 없이 AAR을 실행하는 네이비실의 습관을 따라보자. 조사 결과를 적어서 전체 공유하는 방법도 좋다. 결국 AAR의 목표는 무슨 일이 일어났는지 알아내는 것뿐만 아니라, 그 집단이 미래의 문제를 헤쳐 나가도록 도와주는 공통된 멘탈 모델을 만드는 것이다. 찰폰트 프로젝트(Chalfont Project Ltd)의 CEO이자 디자이너 레안드로 헤레로(Leandro Herrero)의 말을 되새기자. "변화는 정보가 쓰나미처럼 몰려오는 게 아니다. 행동이 전염되는 것이다."

---
### 29
---

# 함께 복도를 걷자

열띤 회의를 마친 후, 동료와 함께 복도를 걸었던 순간을 떠올려보자. 그 시간은 '우리'라는 유대감이 가장 커지는 순간 중 하나다. 이때 사람들은 서로의 생각을 따라잡고 자기 생각을 공유하고 문제를 함께 처리한다. 재택근무를 할 때도 이런 마음가짐이 중요하다. 동료 한두 명과 함께 가상 복도를 걷는 시간을 마련하자. 회의가 끝난 직후에 하는 게 가장 좋다. 안건을 미리 정하지 말고 그냥 함께 생각을 나누자.

내가 가장 좋아하는 대화 패턴은 상대방에게 전할 내용과 그것이 상대방에게 중요한 이유, 상대방이 해주기를 바라는 일로 구분해서 얘기하는 거다. 먼저 서로 상황을 이해하는 데 집중한다(무엇을 알아차렸는가? 어떤 게 눈에 띄는가?). 그리고 그 의미에 대해 얘기한다(어떤 영향이 있을까? 그게 우리 상황을 어떻게 변화시킬까?). 마지막으로 할 수 있는 행동 방침을 검토한다(다음에 어떤 일이 일어날까? 앞으로 무엇에 집중해야 하는가?).

# 마법 지팡이 질문을 던지자

신뢰를 쌓는 가장 효과적인 방법은 사실 간단하다. 모든 구성원에게 이렇게 물어보자. 만약 마법 지팡이를 흔들어서 우리가 일하는 방식 중에서 하나만 완전히 바꿀 수 있다면, 뭘 바꾸고 싶은가?

휴가 정책, 퇴사 절차, 사무실 배치, 간식 제공 등 정말 온갖 대답이 나올 것이다. 이때 리더들에게 중요한 건 단순히 답을 듣는 게 아니다. 그들이 제안한 변화가 최대한 빨리 진행되도록 돕는 것이다.

1997년에 구축함 USS 벤폴드호를 지휘한 마이클 아브라쇼프 해군 함장의 사례를 살펴보자.(100~101쪽 참조) 그는 단 3가지 질문으로 최하위권의 팀을 최고의 팀으로 바꿨다. 이처럼 혁신은 간단하다. 구성원들에게 무엇을 바꿔야 하는지 물어보고 그걸 바꾸면 된다.

# 피드백은 따스하면서도 솔직하게

사람들이 냉정한 피드백을 전달할 때 사용하는 딱딱한 표현을 다들 들어본 적이 있을 것이다. '자, 지금부터 아주 솔직하게 말할 거야.' 이런 방식은 진정성 있지만 잔인한 문화를 조성한다는 큰 단점이 있다.

관계 유지와 진실이라는 2가지 신호를 동시에 전달할 때는 따뜻하면서도 허심탄회한 태도를 취하는 게 좋다. 뉴욕 최고의 레스토랑 그래머시 태번에서 스콧 라인하르트 부지배인과 휘트니 맥도널드의 일화를 다시 살펴보자.(118~119쪽 참조) 라인하르트는 엄격한 진실을 전한다. '오늘은 힘든 하루가 될 테고 당신은 실수를 저지를 것이다'라고. 하지만 동시에 생생한 유대의 신호도 함께 보냈다. '하지만 당신은 혼자가 아니다. 실수하되 거기서 교훈을 얻어라. 우리 모두 당신을 지지하며, 함께할 것이다.'

# 메신저를 껴안자

"'메신저를 쏘지 말라', 즉 엉뚱한 사람에게 화풀이하지 말라는 말은 다들 알고 있을 겁니다." 하버드대학교의 에이미 에드먼드슨(Amy Edmondson) 교수는 이렇게 말한다. "사실 쏘지 않는 것만으로는 충분하지 않아요. 메신저를 꼭 껴안고, 그런 피드백이 얼마나 필요했는지 알려줘야 하죠. 그래야 그들이 다음에도 마음 놓고 진실을 말할 수 있습니다."

물론 메신저를 껴안는 건 첫 번째 단계일 뿐이다. 중요한 건 다른 사람들과 그 순간에 대해 어떻게 이야기하느냐는 것이다. 전하기 힘든 소식을 숨기지 말고, 스포트라이트를 비춰야 한다. 그런 피드백을 받은 것에 감사하고, 앞으로도 꾸준한 발전을 위해 계속 그런 피드백을 받고 싶다고 모두에게 말하자.

# 실패의 벽을 만들자

나약한 문화는 실수를 숨기고 최소화하며, 마치 그런 일이 없었던 것처럼 행동한다. 하지만 강한 문화는 실수를 통해 학습 기회를 만든다. 대표적인 방법이 '실패의 벽'을 만드는 것이다. 눈에 잘 띄는 곳에 자기 집단이 저지른 실수를 기록한 기념 공간을 마련하자.

방법은 다양하다. 어떤 곳에서는 실수한 내용을 요약한 포스트잇으로 벽을 뒤덮거나 화이트보드 벽에 잔뜩 적어둔다. 실패한 프로젝트를 기념하는 날을 정해둔 조직도 있다(몇몇 기업에서는 이날을 '죽은 자들의 날'로 기린다). 그 주에 가장 큰 실패를 한 사람에게 트로피를 수여하거나, 자기가 직업적으로 저지른 모든 실수를 나열한 실패 이력서를 공유하기도 한다. 어떤 방법을 택하든, 리더는 자신의 실패를 조기에 자주 공유하고 새로운 실패가 추가될 여지도 남겨둬야 한다. 다 같이 실수에 휘말리자고 하는 게 아니다. 특정인에게 비난을 가하려는 것도 아니다. 그저 다 함께 잘못된 점을 반성하고, 거기서 교훈을 얻는 습관을 기르자는 것이다. 무엇보다 구성원에게 실패해도 안전할 뿐만 아니라 그것이 필수적이라는 신호를 계속 전해야 한다.

# 완전히 솔직하게 회의하자

모든 집단이 지위와 계급, 그리고 실수를 감추는 행동 없이 모든 게 투명하게 드러나는 회의를 꿈꾼다. 이런 자리는 구성원들, 특히 리더에게 현장을 제대로 들여다볼 기회를 제공한다. 충분히 가능한 일이다. 외과의사, 교사, 운동선수, 특수부대 군인 등의 집단이 이런 허심탄회한 회의를 통해 교훈을 얻고 성과를 냈다. 다만 이런 회의는 조직 문화를 파괴하는 불만이나 비난, 인신공격의 영역으로 쉽게 빠질 수 있기에, 좋게 끝내는 게 어렵다는 문제가 있다. 따라서 기본 규칙을 잘 지켜야 한다.

1. 목표를 명확하게

이 자리의 목적은 자기감정을 발산하는 게 아니다. 업무를 잘하는 데 도움이 되는 구체적인 지식을 공유하는 자리란 걸 분명히 한다. 인신공격을 하지 않도록 견고한 가드레일을 설치하고, 모든 참가자가 자신이 어려움을 겪는 분야와 다른 사람의 성과 개선에 도움이 될 만한 통찰을 전하도록 준비시킨다.

2. 멀리 떠나서

회사 밖으로 나가거나 다른 사람들이 엿듣거나 쳐다볼 걱정이 없는 장소에서 회의하자. 규모는 10명 이하로 작은 게 효과적이다.

3. 서로 감사하면서

비밀 없는 회의는 새로운 관점을 제시하고 긍정적인 면과 부정적인 면을 모두 받아들일 수 있는 공간을 만든다. 다음의 3가지 질문이 도움이 될 것이다.

▶ 내가 모르는 일 가운데 알아야만 하는 게 뭐라고 생각하는가?
▶ 어떤 부분에서 어려움을 겪고 있는가?
▶ 어떤 점을 자랑스럽게 여기는가?

회의 중이나 회의가 끝난 뒤에 반드시 서로에게 감사를 전하자. 팀이 만들어낸 가장 중요한 인식은 그 안에 존재하는 관계의 힘이란 걸 깨닫게 될 것이다.

# 개인 업무 공간을 소개하자

재택근무자들 사이에 따뜻한 분위기를 빨리 조성하는 방법이 있다. 노트북 카메라를 통해 자기 작업 공간을 다른 이들에게 보여주게 하는 것이다. 이 작업은 구성원들이 서로를 모니터 속 가상 인물이 아닌, 완전한 인간으로 보게끔 한다. 더 좋은 방법도 있다. 각자 가장 좋아하는 사진이나 개인적인 물건을 골라서, 거기 담긴 이야기를 공유하는 것이다. 물론 어떤 사람은 작업 공간을 공개하는 게 어렵거나 불가능할 수도 있다는 사실을 인식하고 배려하자.

# 서로의 정신 건강을 체크하자

동료 한 명의 다리가 부러졌다면? 다들 그를 돕기 위해 기꺼이 손을 내밀 것이다. 정신 건강 문제에도 똑같이 대응해야 하지만, 특히 재택근무를 할 때는 이런 문제를 발견하기가 더 어렵다. 강한 조직 문화는 서로의 정신 건강에 관한 대화를 공개적으로 나누고, 함부로 판단하지 않는다. 배려심 있게 서로를 살필 3가지 방법이 있다.

1. 솔직한 태도를 보인다

일상적으로 정신 건강에 관한 대화를 하려면, 리더의 행동이 가장 중요하다. 생명공학 회사인 제넨텍(Genentech)의 고위 리더들은 자신의 정신 건강 문제를 얘기하는 짧은 동영상을 제작했다. 그리고 이 주제에 대한 대화를 촉진하기 위해 '정신 건강 투사'들을 훈련시켰다.

한 헤지펀드 회사의 리더는 여기서 한 걸음 더 나아가 자신의 정신적 어려움을 공유했다. "처음에는 그러는 게 두려웠습니다. 하지만 지나고 보니, 내가 리더로서 한 일 가운데 가장 잘한 일이더군요."

2. 재택근무자들의 상태를 확인하자

사람들과 직접 대면하며 일할 때는 그들이 어떤 일상을 보내는지 감지하는 게 비교적 쉽다. 하지만 재택근무를 할 때는 그게 쉽지 않다.

6명 이하 소규모 집단의 경우에는 다들 건강 상태를 확인해도 괜찮은지 먼저 물어보자. 사람들에게 자신의 스트레스 수준과 에너지 수준을 1~5 사이의 점수로 평가한 뒤, 그 답을 공유한다. 리더가 먼저 하는 게 가장 좋다. 사람들이 원하면, 압박감을 느끼지 않는 곳에서 자기가 그렇게 느끼는 이유를 얘기하게 하자.(다른 방법이 궁금하면 43번 팁을 참조하라.)

정신 건강의 부정적 측면뿐만 아니라 긍정적 측면에도 집중해야 한다. NBA 농구팀 골든스테이트 워리어스의 코치 스티브 커(Steve Kerr)는 0점부터 100점까지 점수를 매기는 '제스트 포 라이프(Zest For Life)'를 즐겨 쓴다. "오늘의 ZFL은 얼마지?"라고 커가 물으면 상대방이 자기 점수를 알려준다. 이 방법은 몇 초밖에 걸리지 않는 편안한 대화로 시작해 더 깊은 대화로 이어지게끔 돕는다.


3. 리소스를 공유하자

눈에 띄는 곳에 정신 상담을 받을 수 있는 웹사이트 링크를 배치한다. 그걸 통해서 얻은 성공 사례를 공유하는 것도 좋다. 정신 상담을 부끄러운 일로 여겨선 안 되고, 마치 감기에 걸려 동네 병원을 찾는 것처럼 편하게 느껴야 한다.

# 비경쟁자의 관점을 배우자

어떤 팀을 혁신적으로 바꾸려면, 새로운 관점에서 자신을 바라볼 필요가 있다. 이를 실행할 가장 빠른 방법은 아이디어를 교환하는 것이다. 같은 생각을 가진 두 조직이 모여서 메모 내용을 비교하고, 공통 과제를 탐색하고, 서로에게서 배우는 날을 마련하자. 방법은 다음과 같다.

### 1. 핵심 업무를 공유하는 조직에 연락한다

그린베레 장교와 제너럴 일렉트릭 리더들이 효과적인 의사소통 방법을 논의하는 걸 본 적 있다. 또, 프로 스포츠 팀과 외상 전문 외과의들이 압박감을 적절히 통제하면서 성과를 올리는 방법을 논의하는 모습도 본 적 있다. 이처럼 근처에서 같은 문제를 겪고 있는 비경쟁자를 대화상대로 선택하자. 모든 사람이 발언권을 얻고 대화가 잘 이어질 수 있도록, 10명 내외의 적은 인원이 모이는 게 좋다.

### 2. 단점을 솔직하게 털어놓는다

지금은 자신의 장점을 보여줄 때가 아니라 부족한 부분을 솔직하게 말할 때다. 무엇 때문에 고생하는가? 개선법은 무엇인가?

### 3. 2+2 프레임워크를 사용한다

참가 팀에게 1시간 정도 논의하고 싶은 주제를 2가지 고르게 하자. 그리고 2시간 정도 대화를 나누며 좋은 관계를 맺자. 여러분 집단의 약점과 상대 집단이 지닌 장점의 간극을 메울 주제가 가장 효과적이다. '당신네는 인재를 발굴해서 채용하는 역량이 탁월한데, 우리는 이 부분에 문제가 많습니다. 당신들이 쓰는 접근 방식이나 프로세스를 설명해줄 수 있습니까?'

어떤 형식을 선택하든 목표는 같다. 세상을 바라보고 생각하는 새로운 방식을 배우고, 더욱 넓고 깊은 관계 네트워크를 만드는 것이다.

# 팀 업무를 정기적으로 조정하자

높은 성과를 올리는 팀이 주변에 있다면, 그들이 2가지에 집중한다는 걸 알게 될 것이다. 관심의 절반은 현재 진행 중인 프로젝트에 단단히 고정되어 있고, 나머지 절반은 팀 내부를 날카롭게 주시한다. 마치 카레이서처럼 그들도 집단의 엔진을 조정하고 연료 탱크를 채우기 위해 정기적으로 피트에 정차한다.

이와 유사한 것으로 디자인 컨설팅 기업 아이디오가 만든 비행 확인 시스템이나, 프로젝트 전후로 열리는 팀 회의 등이 있다. 사후 검토 피드백 도구인 AAR처럼,(28번 팁 참조) 이 방법도 팀원들이 자신이 하는 일을 명확히 확인하게끔 도와준다.

AAR과 다른 점은 팀 내부 작업을 명시적으로 강조하고 팀의 역학 관계를 표면화해서 개선한다는 것이다. 다음 질문들로 대화를 나눠보자.

1. 비행 전: 우리가 하고자 하는 일은 뭘까?

> ▶ 목표, 역할, 책임을 정의한다.

> ▶ 커뮤니케이션 흐름과 의사 결정에 대해 논의한다.

> ▶ 각자 성장하거나 배우고 싶은 분야에 대해 얘기한다.

> ▶ 사전 검토한다. 1년 뒤에 지금 시점을 돌아본다고 생각해보자. 이번 프로젝트가 실패했다면 그 이유는 뭘까? 무슨 일이 벌어졌을까?

2. 비행 중: 어떻게 되어 가는가?

　▶ 모든 팀원에게 지금까지의 팀 성과를 한마디로 설명해달라고
한다.

　▶ 모든 팀원에게 팀이 더 많이 해야 하는 일을 하나씩 말해달라
고 한다.

　▶ 모든 팀원에게 팀이 지금과 다르게 해야 하는 일을 하나씩 말해
달라고 한다.

　▶ 프로젝트 범위가 바뀌었는지, 만약 바뀌었다면 어떻게 할지 물
어본다.

3. 비행 후: 함께 얻은 교훈은?

　▶ 이 프로젝트에서 배운 것, 특히 다른 일에도 확장해 적용할 수 있
는 도구나 프로세스를 정리한 문서를 공동 작성한다.

　▶ 모든 팀원에게 다른 팀원이 잘한 일을 하나씩 칭찬해달라고 한다.

이런 대화는 팀의 자기 인식 능력을 높일 뿐만 아니라, '우리는 얼마나
잘 협력하고 있는가? 어떻게 하면 더 나아질 수 있을까?'처럼 중요한 대
화를 나누는 습관을 만든다.

# 뺄셈 게임을 하자

모든 조직이 겪는 만성적인 문제는 '더 많은 걸 추구하는 병'이다. 사실 현대인의 생활에서는 줄어드는 일보다 추가되는 일이 더 많다. 그 결과 당장 해야 하는 새로운 일들이 눈사태처럼 쌓이기 쉽다. 스탠퍼드대학교의 밥 서튼(Bob Sutton) 교수와 하야그리바 라오(Hayagreeva Rao) 교수는 '뺄셈 게임'이라는 치료법을 개발했다. 정기적으로 팀원들과 15분씩 회의를 하면서 이런 질문을 해보자.

▶ 우리 업무 중 한때는 유용했지만 지금은 방해가 되는 건 무엇인가?
▶ 불필요한 마찰을 더하는 일은 무엇인가?
▶ 무엇 때문에 주의가 산만해졌는가?

처음에는 개별적으로, 다음에는 소그룹으로, 그리고 마지막으로 큰 그룹으로 나눠서 진행한다. 이때 변경 사항을 즉시 실행에 옮길 수 있는 영향력 있는 리더도 필요하다. 그러면 효율성이 높아질 뿐 아니라 '우리는 상황을 변화시킬 힘이 있다'는 깨달음을 모두가 얻게 된다.

# 스스로 질문하게끔 하자

　피드백은 강한 문화를 만드는 핵심 요소지만, 가장 까다로운 요소이기도 하다. 피드백 제공자는 자신의 피드백이 유용한지 어떻게 확인할 수 있을까? 피드백을 받는 사람이 비판받거나 소외되는 느낌을 피하려면 어떻게 해야 할까? 이제 '피드백 샌드위치'(긍정적인 피드백 사이에 부정적 피드백을 끼워 넣는 기술) 같은 건 진부한 기술이라는 걸 다들 알고 있다.

　내가 접해본 최고의 피드백 방법은 엘렌 반 오스텐(Ellen Van Oosten)이 사용한 프레임워크다. 그녀는 케이스웨스턴 리저브대학교에서 리더십을 가르치고 있으며, 『변화를 돕는 힘(Helping People Change)』의 공저자다. 핵심 아이디어는 대화를 나누면서 피드백을 제공하는 방식에서 벗어나, 다음 질문을 통해 얻게 될 성찰에 초점을 맞추라는 것이다.

▶ 어떤 일을 더 많이 해야 한다고 생각하는가?
▶ 지금과 다르게 할 수 있는 건 무엇인가?

　다시 말해, 누군가에게 피드백을 강요하기보다, 자기 성찰을 통해 스스로 깨닫게 하는 것이다. 이런 질문은 긍정적인 면을 강조하고 섣부른 판단을 피하며 자율성을 키워준다.

---

**41**

# 부정적인 내용은 직접 전하자

  탁월한 성과를 낸 여러 조직 문화에서 실천하는 평범한 규칙이다. 누군가에게 부정적 소식이나 피드백을 전할 때(지출 품의서가 반려당한 것처럼 사소한 일이라도!), 직접 만나서 전하는 것이다. 재택근무자의 경우 일대일 화상 통화를 활용하자. 이 규칙은 생각보다 따르기 쉽지 않다. 그냥 메시지를 입력하는 편이 더 쉽고 빠르고 편하기 때문이다. 하지만 이 방법은 긴장된 상황에 솔직하게 대처하게 하기에, 상황을 명확하게 이해하고 유대감을 느끼게끔 한다.

  부정적인 문제에 대처하는 가장 창의적인 방법이 있다. 바로 메이저리그 야구 감독이자 와인 애호가 조 매든의 방식이다.(176~177쪽 참조) 문제를 일으킨 선수에게 와인을 구매하게 해서 함께 마시며 대화하는 그의 방식은 징계와 관계 회복을 하나로 묶었다. 이를 통해 부정적인 순간을 오히려 조직 문화를 강화하는 기회로 삼은 것이다.

# 타임아웃으로 활기를 불어넣자

이 제도는 원격 회의 중간에 활기를 불어넣는 역할을 한다. 다음과 같은 식으로 진행하면 된다.

1. 회의 도중에 타임아웃을 알린다. "본 회의의 목적이 ○○○라는 걸 감안할 때, 우리는 뭘 궁금해 해야 할까요?"

2. 모든 참석자에게 조용히 생각할 시간을 20초 준다.

3. 각자 자신의 답변을 두어 문장 정도로 짧고 명확하게 정리해서 사람들 앞에서 공유하게 한다.

이 활동의 목표는 단순히 질문의 답을 찾는 게 아니다. 질문을 이용해 인식과 탐구의 새로운 길을 밝히는 것이다. 사람들은 대개 침묵을 어색하게 느끼지만, 실제로는 그럴 필요가 없다. 그건 모두가 함께 생각하는 중요한 시간이다.

# 불안 파티를 열자

스트레스를 줄이고 신뢰를 높이는 이 기술은 구글 벤처스 팀들이 개발했다. 특히 재택근무에 효과적인데, 방법은 다음과 같다.

1. 6명 이하의 소그룹이 원격으로, 또는 직접 모인다.

2. 각자 10분 동안 업무와 관련해 걱정되는 사안들을 적은 다음, 가장 우려스러운 것부터 차례대로 나열한다.

3. 목록을 다른 사람들과 공유하고, 각 걱정거리에 0점(문제가 되지 않는 것)부터 5점(관심과 주의를 기울여야 하는 것) 사이로 점수를 매긴다.

4. 평균 점수가 3점이 넘는 걱정거리의 경우, 다 함께 해결책을 브레인스토밍한다.

이런 파티는 구성원이 받는 압박감을 완화하는 건 물론, 사람들이 함께 문제를 해결하는 플랫폼 역할을 한다. 또 스트레스, 불안, 정신 건강에 대한 대화를 일상화하는 데도 많은 도움이 된다.(36번 팁 참조)

# 나의 백핸드를 알리자

강한 조직 문화는 구성원의 기술과 능력을 향상시킬 방법을 찾는다. 그 방법 중에 '백핸드 공유'가 있다. 라켓 스포츠에서 비롯된 아이디어로 누구나 더 강한 기술(포핸드)과 약한 기술(백핸드)이 있다는 것이다.

전자상거래 업체인 넥스트 점프(Next Jump)에서는 신입사원들이 리더쉽 신병 훈련소에 참석한다. 거기서 자신의 포핸드와 백핸드를 확인한 뒤 다른 사람들과 공유한다. "백핸드를 공유하는 건 정말 일상적인 일이 될 수 있습니다." 넥스트 점프의 공동 CEO인 메건 메신저(Meghan Messenger)는 말한다. "자기 약점을 드러내면 놀라운 일이 일어납니다. 다른 사람들도 점차 서로에게 도움을 요청하는 거죠. 다들 완벽함에 대한 환상에서 벗어나, 누구나 혼란을 겪을 수 있다는 걸 알게 되면, 구성원들의 단결력이 더 강해집니다."

창의적인 프로젝트를 브레인스토밍하는 데 능숙하지만, 그걸 규칙적으로 실행하기가 어려운가? 혼자 하는 일은 잘하지만, 남들과 협력하는 게 어려운가? 자신의 백핸드를 타인과 공유하면 공통 인식이 생긴다. 조직과 나의 잠재적인 발전 경로가 보이며, 무엇보다 안심할 수 있다. 누구에게나 백핸드가 하나씩은 있기 때문이다.

## 옥외 관람석을 채우자

원격 근무는 사람들을 손쉽게 회의에 참여시킬 수 있다는 장점이 있다. 누구나 무료 관찰 학습이 가능한 것이다! 새로운 리더, 인턴, 그리고 보고 배우는 데 관심이 많은 이를 위해 대규모 회의에 '외야석'을 몇 개 마련하자. 목적은 외야석 사람들을 회의에 참여시키자는 게 아니다. 여러분 집단이 어떻게 소통하고 상호 작용하는지 관찰하게 하는 것이다. 이를 통해 그들이 뭘 알아차렸는지 잘 새겨 들으면 여러분도 뭔가 새로운 관점을 배울 수 있다.

# 46

# 프로젝트 종료를 기념하자

프로젝트를 끝낼 때마다 어떻게 하는가? 혹시 곧바로 다음 할 일로 넘어가는가? 그러지 말자. 강한 문화가 확립된 조직에서는 함께 숨을 돌리고, 잘된 부분을 인정하고, 잘되지 않은 부분에서는 교훈을 얻는 시간을 갖는다.(28번 팁 참조)

화려할 필요는 없다. 배우 겸 감독 에이미 폴러(Amy Poehler)는 프로젝트를 하나 마칠 때마다 관계자들끼리 축배를 하며 마무리하는 전통을 만들었다. 서로 감사편지를 쓰는 집단도 봤고, 축하 만찬을 즐길 수도 있다. 어떤 방법을 택하든 진정성 있고 유대감이 느껴지면서 재미있기만 하면 된다.

# 좋은 퇴사 문화를 만들자

모든 조직 문화에서 누군가가 합류하는 순간과 떠나는 순간은 정말 중요하다. 그래서 강한 문화를 지닌 조직에서는 떠나는 사람에게도 새로운 사람을 맞이할 때처럼 관심과 배려를 쏟는다.(7번 팁 참조) 이때 필요한 것이 다음 3가지 원칙이다.

## 1. 따스한 분위기를 극대화하자

누군가 조직을 떠나는 건 재미없는 일이다. 그래서 뒤로 물러서거나 최대한 말을 아끼고 싶은 기분이 든다. 그러나 강한 조직 문화에서는 그 반대로 한다. 그들은 서로 감사 인사를 하며 좋은 기억을 나누고, 떠나는 사람이 잘 되길 빌어주는 절차를 만든다. 물론 이 메시지는 떠나는 사람만을 위한 게 아니다. 남아 있는 다른 사람들이 유대감과 안전을 느끼게 하는 신호이기도 하다. 해군은 '환영과 작별'이라는 전통을 이용한다. 저녁 식사 모임에서 술잔을 나누고 선물과 기념품을 건네며 떠나는 사람에게 경의를 표한다. 세부적인 부분은 매우 다양하겠지만, 핵심 메시지는 동일하다. '우리는 당신이 잘 됐으면 좋겠고, 우리가 함께한 시간에 감사한다.'

## 2. 도약대를 제공하자

떠나는 사람의 성공을 적극적으로 지원하는 것도 좋다. 미식축구팀 샌프란시스코 포티나이너스의 전설적인 코치 빌 월시(Bill Walsh)는 떠나는 코치들에게 "새로운 업무를 위한 선물입니다"라는 메시지와 함께 비디오와 전술 자료를 선물한다. 대부분의 코치는 의아할 행동이다. 팀의 전술 자료는 대개 보호해야 할 독점 정보로 간주되니까. 그러나 월시는 팀의 성공 비결은 단순한 정보로 요약될 수 없고, 오히려 떠나는 코치들을 적극 지원할 때 얻는 게 훨씬 많다는 걸 알았다. 또한 떠난 이들이 다시 돌아오는 경우도 종종 있으므로, 그들을 기분 좋게 보내서 해가될 건 없다.

## 3. 피드백을 받자

떠나기로 결심한 사람은 그 순간부터 조직을 새로운 시각으로 바라본다. 강한 조직 문화는 솔직하고 철저한 출구 인터뷰를 통해 그 기회를 활용한다. 우리가 놓치고 있는 건 무엇인가? 구성원들이 더 잘할 수 있는 게 뭐가 있을까? 중요한 문제인데도 사람들이 말하기를 꺼리는 사안이 있을까? 떠나는 사람은 여러분 집단에서 가장 풍부한 학습 자원이다. 그 기회를 그냥 흘려보내지 말자.

---

##### 48

# 직장인을 위한 '어린이날'을 만들자

성공적인 조직 문화에서는 때때로 리더가 조용히 사라진다! 직장인들은 이를 '어린이날', 'NMD(No Manager Day)' 등 다양한 명칭으로 부르는데, 이때 중요한 건 팀원들이 스스로 일을 해결하도록 내버려 두는 것이다. 이걸 가장 잘하는 사람이 샌안토니오 스퍼스 코치 그레그 포포비치다. 대부분의 NBA 팀들은 정해진 규약에 따라 타임아웃을 진행한다. 코치들은 선수들에게 전할 메시지를 확정하기 위해 잠시 옹기종기 모여 있다가, 벤치로 걸어가 선수들에게 그 메시지를 전달한다.

하지만 스퍼스 코치들은 한 달에 한 번쯤은 타임아웃 내내 자기들끼리 모여 있기만 하고, 선수들에게 다가가지 않는다. 선수들은 벤치에 앉아 포포비치가 오기를 기다린다. 하지만 그가 오지 않는다는 걸 뒤늦게 알아차리면, 자기들끼리 계획을 세우기 시작한다.

뉴질랜드 올블랙 럭비팀은 정기적으로 선수들끼리 자체 연습을 진행한다. 네이비실 6팀 지휘관 데이비드 쿠퍼는 최고의 실적을 올리는 네이비실 팀들의 특징을 하나 말해주었다. "최고의 팀은 내가 별로 개입하지 않은 팀, 특히 훈련할 때 관여하지 않는 팀입니다. 그들은 그냥 눈앞에서 사라져서 내게 전혀 의지하지 않아요. 스스로 무엇을 해야 하는지 알아내죠."

# 팀 커뮤니케이션 강화

집단의 취약성을 공유하는 과정은 근육을 키우는 것과 같다. 다소의 불편함이 있겠지만, 그건 성장을 위해 꼭 필요하다.

### 개인 활동1: 대화 주도

신뢰를 쌓은 뒤에야 취약성이 공유되는 게 아니다. 오히려 취약성 공유가 먼저다. 함께 위험을 감수할 때 확실한 신뢰의 토대가 쌓인다.

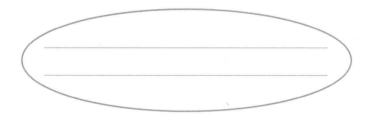

1. 원 중앙에 구성원들과 이야기해야 했지만, 아직 그러지 못한 주제를 하나 적는다. 불만을 토로하라는 게 아니다. 함께 개선 방법에 집중하자.

2. 원 바깥쪽 주위에 그 대화에 도움이 될 만한 사람들의 이름을 적는다.

**개인 활동2: 성찰을 위한 질문**

1. 위에 기록한 주제에 관해, 대화의 문을 열 방법은 무엇인가?

_____

_____

_____

2. 일을 망쳤지만, 장기적으로 도움이 됐던 교훈을 얻은 경험을 떠올리자. 이제 그 이야기가 필요한 사람들의 이름을 적자.

_____

_____

_____

3. 지금껏 만나본 최고의 청자를 떠올려보자. 만약 그에게서 한 가지 능력만 여러분 것으로 만들 수 있다면, 어떤 걸 얻고 싶은가? 그걸 어떻게 사용할 생각인가?

_____

_____

_____

**단체 활동**

35분짜리 세션으로 규모는 4~8명이 적당하다. 이보다 규모가 크다면, 몇 개 팀으로 나눠서 결과를 공유하자.


1. 아래 목록에서 시도해보고 싶은 활동을 2가지씩 선택하자. 포스트잇에 각 활동의 제목을 적어서 화이트보드에 붙인다. (5분)

□ 갈등을 피하지 말자

□ 약점을 자주 공유하자

□ 회의 전 워밍업은 필수

□ 3줄짜리 이메일을 보내자

□ 마법의 문구를 기억하자

□ 단 하나만 쓴다면 이 팁을!

□ 함께 복도를 걷자

□ 마법 지팡이 질문을 던지자

□ 피드백은 따스하면서도 솔직하게

□ 메신저를 껴안자

□ 실패의 벽을 만들자

□ 완전히 솔직하게 회의하자

□ 개인 업무 공간을 소개하자

□ 서로의 정신 건강을 체크하자

□ 비경쟁자의 관점을 배우자

□ 팀 업무를 정기적으로 조정하자

□ 뺄셈 게임을 하자

☐ 스스로 질문하게끔 하자

☐ 부정적인 내용은 직접 전하자

☐ 타임아웃으로 활기를 불어넣자

☐ 불안 파티를 열자

☐ 나의 백핸드를 알리자

☐ 옥외 관람석을 채우자

☐ 프로젝트 종료를 기념하자

☐ 좋은 퇴사 문화를 만들자

☐ 직장인을 위한 '어린이날'을 만들자


아니면, 직접 만들어도 된다.

① _____

② _____


2. 각자 선택한 활동의 목표와 영향에 대해 이야기해보자. (10분)

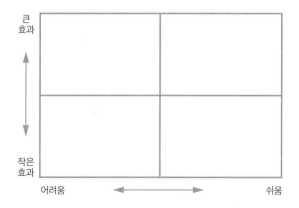

3. 다 함께 머리를 모아 각각의 활동을 위의 도표에 배치하자. 목표는 오른쪽 상단 일사분면에 속하는 활동, 즉 매우 효과적이면서 실행하기 쉬운 활동을 2~3가지 찾는 것이다. (10분)

4. 최적의 활동을 골랐으면, 이제 그 활동을 수행하기 위한 구체적 조치들을 정한다. 내일은 어떤 일을 할 생각인가? 필요한 도구나 재료는 무엇인가? 대화에는 누구를 참여시켜야 할까? (10분)

활동1

_____

_____

_____

조치

_____

_____

_____

활동2

_____

_____

조치

_____

_____

_____


활동3

_____

_____

_____


조치

_____

_____

_____

# STEP3

비전

모두가 같은 방향을
보게 하라

"올바른 방향을 찾아라."

성공적인 조직 문화를 만드는 여정은 단체로 야생 탐험을 하는 것과 같다. 팀워크가 필요하다. 체력도 필요하다. 무엇보다 명확성이 필요하다. 여러분의 집단이 혼란스럽고 산만한 일상의 덤불을 헤쳐 나가면서도, 다 함께 올바른 방향으로 나아가도록 도와줄 정확한 '나침반'이 필요하다. 그래서 목표가 중요한 것이다.

사람들은 목표라고 하면 대개 높은 직책에 있는 사람들이 엄숙한 말로 발표하는 딱딱한 성명서를 생각한다. 하지만 사실 구성원에게 목적의식을 심어주는 건 더 광범위하고 유기적인 작업이다. 단단한 화강암에 한 줄짜리 강령을 새기는 일이 아니라, 조직이 앞으로 나아갈 길을 비춰줄 여러 개의 밝은 스포트라이트를 설치하는 일과 비슷하다. 스포트라이트는 직원들이 자신의 현재 위치, 그리고 지금 팀이 나아가고 있는 목적지의 중요성을 깨닫게 하는 풍부한 이미지와 캐치프레이즈, 끊임없이 진화하는 이야기나 인공물 등으로 구성된다. 형식은 다양하지만 목적은 같다. 계속해서 가장 중요한 일이 무엇인지 숙고하고, 그 의미를 가시적이고 즉각적으로 느낄 수 있는 신호로 바꾸는 것이다.

집단의 목적의식을 만들 때 한 가지 더 명심할 게 있다. 밝고 희망적인 목표를 세우는 게 무엇보다 중요하다는 것이다. 강력한 문화는 희망을 향해 나아가지, 절대 절망을 피할 궁리만 하지 않는다. 디즈니 CEO 밥 아이거는 한 인터뷰에서 이렇게 말했다. "낙관주의는 좋은 리더십의 핵심 원칙입니다. 사람들은 비관론자를 따르고 싶어 하지 않거든요."

**대화 시작**

목표에 대해 이야기하자. 목표는 단지 문장 안에만 머물러선 안 된다. 회사 건물 전면 유리를 뒤덮고 있는 구호, 이야기와 상징, 이미지 등으로 표현되며, 계속해서 최고의 목표로 여러분을 인도해야 한다.

1. 만약 외계인이 당신 집단을 관찰하러 왔다고 상상해보자. 그들은 여러분에게 가장 중요한 게 뭔지 어떻게 알아낼까? 여러분에게 가장 우선순위가 높은 가치를 어떻게 감지할까?

_____

_____

_____

2. 사람들에게 우리 집단의 가장 중요한 목표를 설명해달라고 하면 그들의 대답은 비슷할까 아니면 다를까? 그 이유는?

_____

_____

_____

3. 여러분 집단의 본질을 가장 잘 담아낸 이야기가 있는가? 있다면 어떤 것인가?

_____

_____

_____


4. 만약 리더들이 일주일 동안 나타나지 않으면, 여러분 집단에 어떤 일이 일어날까? 최상의 시나리오는 무엇인가? 최악의 시나리오는?

_____

_____

_____

# 49

# 캐치프레이즈를 만들자

강력한 문화를 지닌 조직은 진부한 캐치프레이즈를 안 쓸까? 흔들림 없이 목표를 명확하게 바라보는 이들에겐 유치한 슬로건 따위 필요 없다고 생각할지도 모르겠다.

하지만 사실은 그와 정반대다. 네이비실("편한 날은 어제로 끝이다"), 자포스("재미를 좇자, 그리고 약간의 이상함도!", "변화를 포용하고 주도하라"), KIPP 스쿨("필요한 건 무엇이든지", "모든 학생을 위해 전력을 다하자") 등 강력한 문화를 지닌 조직들은 진부한 캐치프레이즈를 아낌없이 사용한다. 벽과 안내서에 적고, 연설할 때도 반복하면서 방문객이 질릴 정도로 그 캐치프레이즈로 곳곳을 가득 채운다.

캐치프레이즈는 구성원의 관심과 에너지를 끌어모으고, 조직 전체가 추구하는 더 큰 의미나 방향과 연결하는 중요한 신호다. 그건 '이게 바로 우리가 일하는 이유다. 이걸 위해 다 함께 에너지를 쏟자'라는 신호를 보낸다. 효과적인 캐치프레이즈에는 몇 가지 기본 특성이 있다.

▶ 짧고 생생하다.
▶ 핵심적인 행동이나 속성을 강조한다.
▶ 쉽게 기억하고 공유할 수 있다.

캐치프레이즈를 만들 때는 기발한 것보다는 명확하고 자연스러운 걸 추구해야 한다. 기존의 캐치프레이즈를 찾아서 그걸 확장하는 것부터 시작하자. 캐치프레이즈를 만들고 싶다면 다음 팁을 참고하자.

# 캐치프레이즈 맵 만드는 팁

쉐이크쉑 버거 등 뉴욕의 유명 레스토랑 체인을 다수 창업한 대니 마이어는 1985년에 첫 번째 식당을 개업해서 성공을 거뒀다. 몇 년 뒤에 두 번째 식당을 열었는데, 몇 달도 안 되어 식당 두 곳이 모두 흔들렸다. 왜 일까? 식당을 상징하는 문화 그 자체였던 그가 동시에 두 곳에 다 있을 수가 없었기 때문이다. 마이어가 옆에 있을 때는 팀원 모두가 중요한 일이 뭔지, 어떻게 행동해야 하는지 알았다. 하지만 그가 없으면 그런 문화도 사라져버렸다.

어느 날, 마이어는 웨이터 한 명이 고객을 모욕했다는 얘기를 들은 후, 뭔가 해결책이 필요하다는 걸 깨달았다. 조직의 문화적 가치를 세우고 명시하는 일이 필요했다. 그는 고민 끝에 다음과 같은 문장들을 적어 나갔다.

- ▶ 세상의 호평을 받자
- ▶ 고객의 마음을 읽어라
- ▶ 직접 뛰어가는 서비스
- ▶ 마지막을 멋지게 장식하라
- ▶ 홈 다이얼을 돌리자
- ▶ 문제 상황을 즐겨라

▶ 매사에 '예'라는 대답을 찾아 나서라

▶ 점을 찾아서 연결하라

▶ 모든 상황에 통하는 해결책은 없다

▶ 크게 생각하라

▶ 가게 문을 닫아도 좋다! 손님에게 관대해라

▶ 자신의 감정을 알아차려라

▶ 포옹을 받으려면 먼저 포옹해야 한다

▶ 빠르게 대응하라

▶ 당신은 대리인인가, 문지기인가?


맨 윗줄을 주목하자. 마이어는 '세상의 호평을 받는 것'을 자신들의 첫째 목표로 정의한다. 이건 단순히 '훌륭한 음식을 내는 일'이나 '이익을 내고 성공하는 것'을 훨씬 뛰어넘는 생생하고 강력한 비전이다. 그런 다음에 집단이 그 목표를 향해 나아가도록 돕는 핵심 행동들(긍정적인 답을 찾자, 빠르게 대응하라)을 정의한다. 그 결과, 그의 조직에는 일종의 로드맵이 만들어졌다. '우리의 목표 지점은 여기고, 거기까지 가는 방법은 이러하다'라는 게 명확해진 것이다.

그는 직원들에게 자신의 '캐치프레이즈 맵'를 가르쳤고, 직원을 평가하고, 훈련하고, 팀의 숙련도를 평가하는 기준을 명확하게 정의했다. 당신도 할 수 있다. 방법은 다음과 같다.


1. 다 함께 모인다. 집단 규모가 클 경우, 한 테이블에 6~8명씩 나눠 앉는다. 마이어의 이야기를 들려주며, 캐치프레이즈 맵을 집단 전체와 공

유한다.

2. 각자 자기 집단의 문화를 표현한 캐치프레이즈 맵을 만든다. 여러분 조직이 나아갈 방향은 어디인가? 이를 위한 핵심 행동은 무엇인가? 반복적으로 발생하는 문제는 무엇이고, 거기에 잘 대처하려면 어떻게 해야 하는가? 절대로 하면 안 되는 행동은 무엇인가? 구호를 최대한 많이 만들도록 독려하자. 내용은 진부해도 좋다.

3. 각 테이블에서 만든 캐치프레이즈 맵을 모두와 공유한다. 결과물을 화이트보드나 이젤에 게시하고, 함께 보면서 대화를 나눈다. 우리가 놓친 건 무엇인가? 이게 우리의 진짜 모습인가? 구호의 의미에 대해 팀원들과 자주 소통하면서, 그걸 업무와 결합할 다양한 방법을 찾는다. 이 맵은 영원한 게 아니다. 그저 조직의 비전을 세우기 위한 도구이며, 시간이 지나면 자연스레 변한다. 지금도 마이어는 새로운 과제, 위기와 기회들에 대처하기 위해 계속해서 구호를 작성하고 있다. 여러분 집단도 마찬가지다.

# 장단점 워크숍을 실시하자

내가 가장 좋아하는 활동 중 하나다. '우리가 최고일 때는 어떤 모습인가?' '매일 그런 상태가 유지될 수 없게 방해하는 건 무엇인가?' 단 2가지 질문을 통해 팀에 에너지를 만들어낸다. 전체 과정을 진행하는 데에는 1시간 정도 걸린다.

1. 집단을 6~8명씩, 최대 5개 테이블로 나누고 각 테이블마다 '우리가 최고일 때는 어떤 모습인가?'라는 질문을 두고 10분간 토론하게 한다. 여러분의 집단이 직접 행동이나 소통을 통해 최고의 성과를 올린 구체적인 사례들을 이야기하자.

2. 각 테이블의 답변을 다른 사람들과 공유한 뒤, 그 결과를 화이트보드나 이젤에 게시한다.(20분)

3. 이제 각 테이블에서 두 번째 질문을 토론한다. '매일 최고의 상태가 유지될 수 없게 방해하는 건 무엇인가?'에 대해 10분간 토론한다. 여러분의 조직 문화가 최고 수준에 이르는 걸 방해하는 장벽들의 이름을 대자. 구체적일수록 좋다.

4. 각 테이블의 답변을 다른 사람들과 공유한다.(20분) 이때의 목표는 판단을 내리는 게 아니다. 구성원 모두가, 집단 앞에 놓인 도전과 기회들에 대해 지속적으로 대화하게 하는 것이다.

# 회의를 이것으로 시작하자

한창 회의를 하다 보면, 엉뚱한 곳에서 헤매는 경우가 있다. 그럴 땐 시작 전에 잠깐 시간을 할애해서 회의의 목적을 되새길 필요가 있다. 오늘 진행할 안건과 여러분 집단의 중요한 목표를 연결하는 두어 문장 정도를 공유하자.

병원 체인인 옥스너 헬스(Oschner Health)에서는 회의 시작 전에 환자 이야기부터 한다. 어떤 사례는 성공담이고 어떤 사례에는 고난과 실패가 담겨 있다. 하지만 전부 옥스너 직원과 환자의 삶 사이의 관계를 강조한다. 자연히 회의는 정말 중요한 문제들 중심으로 진행된다. 리더십 전문가 켄 블랜차드(Ken Blanchard)의 말을 되새기자. "개인의 역할과 조직의 목표를 연결하라. 사람들은 그런 연결점이 보일 때, 일에서 많은 에너지를 얻는다. 그럴 때 자신이 하는 일의 중요성과 존엄성, 의미를 느낀다."

# 회의 후에는 이 습관을 들이자

회의를 하다 보면, 똑같은 대화가 끝없이 이어지는 경우가 있다. 이럴 땐 회의가 끝난 뒤, 몇 분 정도 시간을 내서 방금 있었던 일을 되짚어보자. 탐정이 됐다고 생각하는 거다. 유독 조용하거나 야단스러웠던 사람은 누구인가? 사람들이 가장 열정적으로 참여한 주제는? 다음 대화는 어떤 방향으로 진행될까? 관찰한 내용을 기록하고 가끔 검토해보자. 꼭 정답을 찾으려는 게 아니다. 질문들을 마치 손전등처럼 써서, 미처 보지 못했던 깊은 곳까지 들여다보는 게 목표다.

# 영향력 메모를 공유하자

강한 조직 문화가 활용하는 가장 강력한 신호 중 하나가 바로 생생한 스포트라이트다. 조직의 위대한 모습을 보여주는 '영향력 메모'를 매주 작성해 공유하자. 이 작업은 두 단계로 구성된다.

1. 여러분의 집단이 고객이나 커뮤니티에 좋은 영향을 미친 사례, 즉 세상에 도움이 된 구체적인 사례를 찾는다.

2. 그 사례를 정기적으로 공유한다. 메릴랜드주의 한 병원은 진료 후에 환자들에게 피드백을 요청한다. 그리고 부정적인 피드백은 서비스 복구 채널을 통해서 처리한다. 긍정적인 피드백은 병원장의 감사의 글과 함께 직원들에게 공유한다. 메모 내용은 간단하면서 구체적이다. "친절하고 다정한 태도에 감사한다. …… 애슐리의 전문적이고 뛰어난 보살핌 덕분에 나았다. …… 던리비 박사는 아주 유능하고 세심하다."

이런 피드백은 우리가 일하는 이유가 되며, 집단에 에너지를 불어넣는 원천이 된다. 일의 의미를 되새기게 하고, 구성원으로서의 정체성을 만든다. 숫자는 물론 중요하다. 하지만, 인간은 숫자가 아닌 이야기를 통해 생각하고 느낀다. 그래서 말인데…….

# 이야기를 활용하라

이야기는 지구상에서 가장 강력한 힘을 발휘하는 존재다. 신화와 전설, 모든 종교와 문화, 민족을 만든 근간이다. 스탠퍼드 경영대학원의 제니퍼 아커(Jennifer Aaker)에 따르면, 이야기는 가치를 부여하고 감정을 점화시키며 우리를 행동하게 만든다. 우리 뇌를 환하게 밝혀서, 단순한 정보보다 22배나 강하게 기억에 남게 한다. 그래서 강력한 문화는 그들의 가치관, 기술, 장점, 심지어 약점까지 포착해서, 풍부한 이야기 망을 개발한다.

일례로 난 '젊은 시절의 실수담'을 들려주기를 좋아하는 리더를 몇 명 만났다. 메이저리그 야구팀에서 성공적으로 활약한 한 단장은 신입 직원들에게 이런 얘기를 자주 한다.

"여기서 처음 일을 시작했을 때가 생각나네요. 포구의 기본 동작을 분석하는 프로젝트를 시작했었는데, 몇 달 동안 놀라운 데이터를 모아 마침내 내가 모든 걸 알아냈다고 생각했죠. 더그아웃으로 내려가 우리 팀 포수와 15분간 얘기를 나누기 전까지는 말입니다. 그때 비로소 내가 놓친 게 너무 많다는 걸 깨달았죠! 포구의 미묘한 부분을 난 전혀 몰랐던 거예요. 그런 건 현장에서 실제로 그 일을 하는 사람들에게 배워야 했는데 말이에요." 단장은 활짝 웃었다. "난 완전히 틀렸었어요! 아주 멍청했죠!"

스토리와 미소는 명확한 메시지를 전달한다. '데이터는 그걸 어디에 어떻게 적용할지 알 때 강력한 힘을 발휘한다.' 또 다음과 같은 따스한 신호

도 담겨 있다. '난 실수를 저질렀고 너도 그러겠지만, 괜찮아.'

집단의 이야기는 집단적인 문화 기억이다. 구성원의 유대감과 소속감을 높이고 싶을 때 찾아보는 공유 사진 앨범 같은 것이다. 이걸 효과적으로 실행할 몇 가지 아이디어가 있다.


1. 집단의 니즈에 맞는 이야기를 공략하자

상황에 따라 적합한 이야기가 다 다르다. '젊은 시절의 실수담' 외에도 이용할 수 있는 이야기 유형이 몇 가지 더 있다.

동기 부여에 어려움을 겪고 있다면, 일과 세상에 주는 이익을 연결하는 '영향력 이야기'를 활용하자. 예를 들어, 한 볼트 제조업체는 자사 제품이 추락하는 헬리콥터의 프로펠러를 단단히 고정한 덕분에, 조종사가 생명을 구했다는 이야기를 공유한다. 이야기의 효과를 훨씬 고조시키기 위해, 그들은 실제로 생명을 구한 조종사를 콘퍼런스에 초대하기도 했다. '우리 제품은 생명을 구한다'라는 명확한 메시지를 공유한 이들은 감동의 눈물을 흘렸다.

구성원을 집단의 뿌리와 연결시켜야 하는 경우에는 '위기 이야기'가 효과적일 수 있다. 픽사의 리더들은 작품성이 떨어졌던 비디오판 〈토이 스토리2〉 완성본을 과감히 폐기하고, 완성도를 위해 영화 전체를 다시 제작한 일을 자주 이야기한다. 픽사에서는 'B급 작품은 영혼에 해롭다' 라는 캐치프레이즈가 자주 쓰이는데, 구성원들이 목표를 높게 잡게 하고 현 상태에 안주하는 걸 막는다.

집단 구성원이 서로 단절됐거나 가치관을 제대로 공유하지 못한 상태라면, '미덕 이야기'가 효과적이다. 예를 들어, 나는 예상치 못한 질병을

앓게 된 구성원을 위해, 회사가 그 사람과 가족까지 돌봐준 감동적인
이야기를 자주 들었다.

집단이 어려운 문제를 해결하기 위해 고군분투하고 있다면, 틀에 박히
지 않은 사고를 보여주고 새로운 탐색 경로를 열어주는 '혁신 이야기'가
좋겠다. 내가 아는 어떤 네이비실 지휘관은 붐비는 파키스탄 거리를 안
전하게 지나, 부대원들을 목적지로 보내기 위해 떠올린 기가 막힌 아이
디어를 자주 이야기한다. 가장 좋은 아이디어는 우리 코앞에 있다는 말
처럼, 오히려 눈에 잘 띄는 지역 명물 징가 트럭 안에 부대원들을 숨겼
던 것이다! 아무렇게나 페인트칠을 하고 구슬이 잔뜩 달린 요란한 마을
버스에 네이비실 팀원들이 몰래 올라타 이동하는 모습은 정말 영화 같
은 장면이다.


2. CSWD 회의를 개최하자
이건 '우리가 한 근사한 일(Cool Stuff We Do)'의 약자로, 조직 내에서 일
어난 활기찬 사건을 이야기하는 정기 모임이다. 매달 1시간씩 짬을 내
서 각자가 해낸 최고 근사한 일들을 얘기해보자. 분명 최고로 효과적인
투자가 될 것이다.

# 문화 캡처를 실행하자

강력한 문화를 지닌 조직에서는 우리가 매년 신체검사를 받는 것처럼 '문화 캡처'를 한다. 이건 전체상을 확인해서 조직과 구성원들의 정확한 현재 위치를 파악하고 문제들을 발견하게 해준다. 방법은 다음과 같다.

1. 모든 구성원에게 질문을 던지자. 익명으로 답변할 수 있는 설문조사 도구를 사용해도 좋다.

  ▶ 성과 외에 우리가 조직으로서 성취하고자 하는 가치는 무엇인가?

  ▶ 여기서 일하는 가장 중요한 이유는 무엇인가?

  ▶ 우리 문화를 세 단어로 설명하라.

  ▶ 우리 문화의 중심이자 뿌리라서 절대 지켜야 하는 건 무엇인가?

  ▶ 우리는 경쟁사와 어떻게 다른가? 우리를 남들과 구분하는 가치는 무엇인가?

  ▶ 우리 문화에서 타협할 수 없는 건 무엇인가? 우리는 무엇을 지지하지 않는가?

  ▶ 다른 곳에서는 일어나지 않고, 우리 조직에서만 일어나는 일에 대해 간략하게 이야기하자.

  ▶ 우리 문화에서 바꾸고 싶은 걸 하나 말해보자.

▶ 이 설문조사에서 다루지 않은 중요한 사안 중에, 우리가 나아갈 방향을 이해하는 데 중요한 건 무엇인가?

2. 집단의 핵심 가치관을 맨 위에 나열한 스프레드시트를 만든다. 이제 설문조사 답변을 정리해서, 연결되는 부분이 가장 많은 핵심 가치관과 연결한다.

3. 결과를 요약한 메모와 함께, 결과 문서를 다시 공유한다. 이런 질문들을 던져보자. 우리는 어느 부분이 강한가? 어디가 약한가? 어떤 긴장을 수용해야 하는가? 무엇을 바꿔야 하는가?

이 활동의 목표는 구성원들이 집단의 가치관에 얼마나 잘 부응하고 있는지 살피며 계속 대화를 나누는 것이다. 이때, 기존 문화를 바꾸기 위해 과감히 도전하는 것도 두려워하지 말자. 사실 내가 만난 많은 리더는 본능적으로 이런 작업을 통해 생산적인 불만을 키웠다. 자신들의 성공에 약간 의구심을 품으며 '우리는 아직도 이걸 믿고 있는가?', '이게 정말 우리의 현재 모습인가?' 같은 질문을 하는 걸 두려워하지 않았다. 이런 질문을 던지며 다른 사람들도 안심하고 의문을 품을 수 있게 해줘야, 안주하지 않고 계속 성장할 여지가 생긴다.

# 상징물을 활용하자

강한 문화 속에 들어서면 그들의 목표가 즉시 느껴진다. 예를 들어, 네이비실 본부에 들어서면 세계무역센터에서 가져온 뒤틀린 대들보와 전사한 수많은 네이비실 대원들을 기리는 기념비가 즐비해 있다. 마치 군사박물관에 온 느낌이다. "바위를 내리치자!(Pound the Rock)"라는 구호로 유명한 샌안토니오 스퍼스 구장에서 가장 먼저 눈에 띄는 건, 짐작하겠지만 큰 바위와 망치다.

이런 상징물에 꼭 빛나는 역사가 필요한 건 아니다. 그냥 여러분 조직이 세상에 안겨주는 이점을 보여주면 된다. 만족한 고객이 보낸 이메일 내용을 아주 커다랗게 만들어서 표시하거나, 집단의 영감에 따라 회의실이름을 짓거나, 회사의 역사 일부를 가져다 유리 케이스에 전시할 수도 있다. 요점은 여러분의 목표를 생생하게 상기시키는 상징물로 물리적 공간을 채우는 것이다. 중요한 부분을 강조해서, 모두가 그걸 느낄 수 있게하자.

---

◆ 58 ◆

---

# 9가지 이유 게임을 하자

직장에서 우리는 대체로 분주하다. 사소하고 긴급한 일들이 계속 급류처럼 밀려와, 우리의 시간과 에너지를 앗아간다. 자연스레 집단의 목적의식도 약화되고 만다. 모든 게 중요하고 시급한 일로 느껴질 때, 뭐가 정말 중요한지 어떻게 알 수 있을까?

그래서 난 헨리 립마노비치(Henri Lipmanowicz)와 키스 맥캔들리스(Keith McCandless)가 만든 '9가지 이유 게임'을 좋아한다. 이 게임은 하던 일을 멈추고 뭐가 중요하고 뭐가 중요하지 않은지 더 명확하게 이해할 수 있게 해준다. 1시간 정도 걸리는데 다음과 같은 방식으로 진행된다.

1. 집단 전체가 함께 참여하는 큰 프로젝트를 하나 고르고, 해당 프로젝트를 수행하기 위해서 해야 하는 모든 활동을 나열한다.

2. 활동을 하나씩 살펴본다. 이건 어떤 영향을 미치는가? 왜 그게 우리에게 중요한가? 그 일 자체는 왜 중요한가? 이런 질문들을 9개씩 던지다 보면, 각각의 일의 근본적인 목적에 도달할 것이다.

3. 이제 다음 질문과 함께 앞을 내다보자. 그 활동들에 우리 목표가 어떤 영향을 미칠까?

여러분 앞에 놓인 일들 중 조직의 목적에 기여하지 않는 게 뭔지 알 수 있고, 반대로 아주 많이 기여하는 일을 알 수 있다. 목표는 우리가 전념해서 에너지를 쏟아야 할 부분이 어디인지 명확하게 아는 것이다.

# 지침서를 만들자

목표를 정한다는 건 의미를 만드는 행위다. 새로운 집단 구성원에게 길잡이를 제공하며 모든 구성원에게 일의 의미를 다시 일깨워주는 지침서를 만들자. 여러분이 따라 할 수 있는 쓸 만한 모델이 많다.

1. 캐치프레이즈 매뉴얼

여러분의 핵심 가치관이나 태도를 단순하고 공감 가는 캐치프레이즈로 표현해보자. 사람들이 쉽게 기억할 수 있도록 6개 이하로 유지하는 게 좋다. 리더들의 짧막한 성찰들로 구성된 『아이디오의 작은 책(The Little Book of IDEO)』가 좋은 사례다. 회사의 핵심적인 캐치프레이즈('말만 하지 말고 행동으로 옮겨라', '모호함을 받아들여라', '주인의식을 가져라', '다른 이들을 성공시켜라')를 다룬 짤막한 장에서 각 구호의 의미와 그걸 달성하는 최선의 방법을 설명한다.

2. 연감

여러분의 가치관을 행동으로 옮겼던 직원들의 생생한 이미지들을 책에 담아내자. 규모가 크고 에너지가 넘치는 조직 문화에서 잘 작동한다. 자포스가 좋은 사례다.

## 3. 전기

핵심 가치관과 정체성을 설명하기 위해 집단의 창립 역사를 사용하는 방법이다. 정체성의 뿌리가 독특한 조직 문화에 유용한 도구다.

이 중 하나만 선택할 필요는 없다. 슬라이드 덱, 비디오, 책 등 다양한 형태로 자신들의 이야기를 들려주는 집단이 많다. 여러분의 문화가 하나의 이야기만 가지고 있다고 여기지 말자. 여러분 집단은 계속 증가하는 이야기 컬렉션을 보유하고 있으며, 그건 온갖 방법으로 다양한 청중에게 다가갈 수 있다. 또 아무리 강력한 이야기도 시간이 지나면 진부해진다는 것도 항상 명심해야 한다. 따라서 꾸준히 업데이트하고 개선해야 한다.

---
◆ 60 ◆
---

# 여러분만의 모델을 찾아라

　집단이 지닌 고유의 문화와 기술은 여러분의 가장 소중한 자산이다. 그런데 문제가 하나 있다. 요새처럼 재택근무를 많이 하는 환경에서는 구성원들이 그런 기술을 육성하고 배우기 어렵기 때문이다.

　한 가지 답은 '우수성 모델'을 만드는 것이다. 이건 조직 내에서 성공하는 데 필요한 핵심 기술을 정리한 공동 작성 문서다. 이 모델은 구성원에게 비전을 보여주는 청사진이자, 학습과 발전을 인도하는 템플릿 역할도 한다. 만드는 방법은 다음과 같다.

1. 각 담당자에게 다음과 같은 질문을 한다.

　▶ 여러분이 맡은 역할에서 최고의 성과를 올리는 이를 다른 사람들과 구별하는 핵심 기술과 강점을 자세히 설명하라.

　▶ 지금까지 같이 일했던 동료 중 최고의 동료는 누구였나? 그들을 특별하게 만든 건 무엇인가?

　▶ 이 일에서 타협할 수 없는 부분은 무엇인가? 일을 잘 해내기 위해 꼭 필요한 건 무엇인가?

　▶ 이 직업에서 성공하기 위해 젊은 날의 자신에게 해주고 싶은 가장 유용한 조언이 있다면?

　▶ 외부 사람들이 이 직업에 대해 가장 크게 오해하는 건 무엇인가?

2. 10개 내외의 핵심 기술을 찾아 정의하고 스프레드시트 상단에 나열하자. 그 기술을 '자신', '타인', '조직' 같은 영역으로 구분한 뒤, 해당 기술에 대해 자세히 설명하자.

3. 정리한 모델을 사람들에게 보여주고 대화를 나누자. 우리가 놓치고 있는 게 뭔가? 이 모델의 놀라운 점은 무엇인가? 이를 통해 우리에게 필요한 핵심 기술을 명확하게 설명할 방법이 있을까?

완벽하지 않더라도 걱정하지 말자. 이 모델은 돌에 새겨진 계명 같은 게 아니니까. 중요한 건, 조직 구성원들이 '우리'로서 추구해야 할 위대함이 어떤 모습인지 지속적으로 대화하고 교감하는 일이다. 그렇게 이어지는 대화는 결국 그 자체로 여러분을 '최고의 팀'을 만드는 여정으로 인도할 것이다.

# 팀 목적의식 강화

구성원의 목적의식을 강화하고 싶은가? 그렇다면 디자이너처럼 생각하라! 정말 중요한 일에 에너지와 관심을 쏟게 하려면, 집단의 환경, 언어, 의식, 구조를 최적화해야만 한다.

### 개인 활동1: 이야기를 포착하라

여러분 집단의 가장 멋진 모습이 담긴 이야기들을 간단하게 적어보자. 아래와 같은 문제/해결책/이익 구조에 맞춰 적어도 좋다.

이야기1.

어느 날 우리는 〔문제〕에 직면했다.

_____

_____

_____

〔해결책〕 덕분에 모든 게 바뀌었다.

_____

_____

_____

그 결과, 〔이익〕이 생겼다.

_____

_____

_____

이야기2.

어느 날 우리는 〔문제〕에 직면했다.

_____

_____

_____

〔해결책〕 덕분에 모든 게 바뀌었다.

_____

_____

_____

그 결과, [이익]이 생겼다.

_____

_____

_____


이야기3.

어느 날 우리는 [문제]에 직면했다.

_____

_____

_____


[해결책] 덕분에 모든 게 바뀌었다.

_____

_____

_____


그 결과, [이익]이 생겼다.

_____

_____

_____

## 개인 활동2: 성찰을 위한 질문

1. 집단의 목적의식을 보다 뚜렷하게 하려면 어떻게 해야 할까?

_____

_____

_____

2. 지난 몇 년 동안, 여러분 집단의 목적의식에 가장 긍정적인 영향을
준 사건이나 경험을 말해보자. 왜 그것이 영향력이 있었을까?

_____

_____

_____

3. 집단의 현재 위치와 나아갈 방향에 대해 함께 성찰할 시간을 얼마나
자주 갖는가? 그런 시간을 더 가지려면 어떻게 해야 할까?

_____

_____

_____

## 단체 활동

35분짜리 세션으로 규모는 4~8명이 적당하다. 이보다 규모가 크다면,

몇 개 팀으로 나눠서 결과를 공유하자.


1. 아래 목록에서 시도해보고 싶은 활동을 2가지씩 선택하자. 포스트잇에 각 활동의 제목을 적어서 화이트보드에 붙인다. (5분)

☐ 캐치프레이즈를 만들자

☐ 캐치프레이즈 맵 만드는 팁

☐ 장단점 워크숍을 실시하자

☐ 회의를 이것으로 시작하자

☐ 회의 후에는 이 습관을 들이자

☐ 영향력 메모를 공유하자

☐ 이야기를 활용하라

☐ 문화 캡처를 실행하자

☐ 상징물을 활용하자

☐ 9가지 이유 게임을 하자

☐ 지침서를 만들자

☐ 여러분만의 모델을 찾아라


아니면 직접 만들어도 된다.

① _____

② _____


2. 각자에게 특정한 활동을 선택한 이유를 물어보고 그것이 어떤 영향을 미쳤는지 설명한다. (10분)

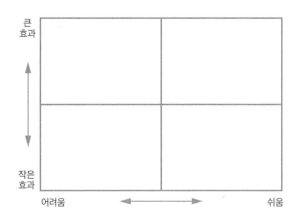

3. 다 함께 머리를 모아 각각의 활동을 위의 도표에 배치하자. 목표는 오른쪽 상단 일사분면에 속하는 활동, 즉 매우 효과적이면서 실행하기 쉬운 활동을 2~3가지 찾는 것이다. (10분)

4. 최적의 활동을 골랐으면, 이제 그 활동을 수행하기 위한 구체적 조치들을 정한다. 내일은 어떤 일을 할 생각인가? 필요한 도구나 재료는 무엇인가? 대화에는 누구를 참여시켜야 할까? (10분)

활동1

_____

_____

_____

조치

_____

_____

_____


활동2

_____

_____

_____


조치

_____

_____

_____


활동3

_____

_____

_____

조치

_____

_____

_____


**앞으로 나아가기**

여러분 집단의 문화도 생명체처럼 계속 진화하면서 바뀐다. 따라서 여러분은 그것이 어떻게 변하는지, 변화에 영향을 미치는 힘들은 어떤 것인지 살펴볼 필요가 있다.


1. 어떤 문화 활동을 이용했는가? (여기에 전부 적어보자.)

_____

_____

_____


2. 어떤 부분이 가장 흥미로웠는가?

활동1

_____

_____

_____

활동2

_____

_____

_____

활동3

_____

_____

_____

3. 활동1은 효과가 있었는가? 효과가 있었다면, 혹은 없었다면 그 이유
는 무엇인가?

_____

_____

_____

활동1을 다시 한다면, 여러분과 집단 사람들은 무엇을 더 많이 하겠는
가? 전과 다르게 할 수 있는 건 무엇인가?

_____

_____

_____

여러분은 이걸 통해 리더로서 어떻게 성장했는가? 여러분의 집단은 어떻게 성장했는가?

_____

_____

_____


4. 활동2는 효과가 있었는가? 효과가 있었다면, 혹은 없었다면 그 이유는 무엇인가?

_____

_____

_____


활동2를 다시 한다면, 여러분과 집단 사람들은 무엇을 더 많이 하겠는가? 전과 다르게 할 수 있는 건 무엇인가?

_____

_____

_____


여러분은 이걸 통해 리더로서 어떻게 성장했는가? 여러분의 집단은 어떻게 성장했는가?

_____

_____

5. 활동3은 효과가 있었는가? 효과가 있었다면, 혹은 없었다면 그 이유는 무엇인가?

_____

_____

_____

활동3을 다시 한다면, 여러분과 집단 사람들은 무엇을 더 많이 하겠는가? 전과 다르게 할 수 있는 건 무엇인가?

_____

_____

_____

여러분은 이걸 통해 리더로서 어떻게 성장했는가? 여러분의 집단은 어떻게 성장했는가?

_____

_____

_____

**앞날 내다보기**

1. 1년 뒤에 여러분 집단의 문화가 상당히 개선되었다고 상상해보자. 무엇 때문에 그런 미래가 가능해졌을까?

_____

_____

_____

2. 1년 뒤에 여러분 집단의 문화가 지금보다 훨씬 나빠졌다고 상상해보자. 무엇 때문에 그런 일이 일어났을까?

_____

_____

_____

3. 여러분의 팀 문화가 앞으로 5년간 마주할 환경에 대해 생각해보자. 그리고 집단의 성공 역량에 영향을 미치는 주요 요인 3~4가지, 예컨대 고객 선호도 변화라든지 경쟁 심화 등의 요인을 꼽아보자.

_____

_____

_____

4. 미래의 환경에서 성공하는 데 필요한 집단 기술을 3~4가지 말해보자. 예컨대, 우리 집단의 혁신 방향은 어디일까? 향후에는 고객 충성도를 어떻게 쌓을 것인가?

_____

_____

_____

5. 이를 바탕으로, 방금 설명한 기술을 뒷받침할 핵심적인 가치관을 몇 가지 정해보자. (예: 혁신을 이루려면 협업을 중시해야 한다. 고객 충성도를 높이려면 관계를 중시해야 한다.)

_____

_____

_____

6. 이제, 미래 문화에 대한 대략적인 목적 선언문을 작성하자. 세상에 미치고 싶은 영향과 그런 영향력을 손에 넣을 방법이 포함된 짤막한 문장이면 된다. 완벽하지 않더라도 걱정하지 말고, 함께 공유하면서 발전시킬 수 있는 내용을 종이에 적어보자.

_____

_____

_____

지금까지 잘 참여해주었다. 다른 모든 문화와 마찬가지로, 여러분 집단의 문화도 늘 변화 과정에 있다는 걸 명심하자. 앞으로 나아가는 동안, 계속해서 새로운 아이디어를 창출하고 다양한 가능성을 찾으며 '우리' 조직의 비전에 대해 대화하자.

**옮긴이 박지훈** 서울대학교 법과대학 사법학과를 졸업하고 동 대학원에서 회사법 석사과정을 수료하였다. KAIST 금융 전문 과정을 수료 후 현재 증권사에 근무하고 있으며, 번역 에이전시 엔터스코리아에서 출판 및 번역 전문가로 활동하고 있다. 옮긴 책으로는 『블록체인 혁명』, 『누가 더 끝까지 해내는가』, 『인디스펜서블』 등이 있으며, 다큐멘터리 〈에이즈 가설의 저편 너머〉, 〈하우스 오브 넘버스〉의 번역을 맡았다.

**박선령** 세종대학교 영어영문학과를 졸업하고 MBC방송문화원 영상번역과정을 수료했다. 현재 출판번역 에이전시 베네트랜스에서 전속 번역가로 활동 중이다. 옮긴 책으로는 『업스트림』, 『거대한 가속』, 『타이탄의 도구들』, 『더 해머』, 『리더가 다 잘할 필요는 없다』 등이 있다.

## 최고의 팀은 무엇이 다른가
개정증보판

**초판　1쇄 발행** 2018년　3월 16일
**개정판 1쇄 발행** 2022년 11월 22일
**개정판 5쇄 발행** 2024년　3월 24일

**지은이** 대니얼 코일　**옮긴이** 박지훈·박선령

**발행인** 이봉주　**단행본사업본부장** 신동해
**편집장** 김경림　**마케팅** 최혜진 백미숙　**홍보** 반여진 허지호 정지연 송임선
**국제업무** 김은정 김지민　**제작** 정석훈

**브랜드** 웅진지식하우스　**주소** 경기도 파주시 회동길 20 ㈜웅진씽크빅
**문의전화** 031-956-7350(편집) 031-956-7129(마케팅)
**홈페이지** www.wjbooks.co.kr
**인스타그램** www.instagram.com/woongjin_readers
**페이스북** https://www.facebook.com/woongjinreaders
**블로그** blog.naver.com/wj_booking

**발행처** ㈜웅진씽크빅
**출판신고** 1980년 3월 29일 제406-2007-000046호

한국어판 출판권 ⓒ ㈜웅진씽크빅, 2022
ISBN 978-89-01-26642-8 (03320)